VOCABOLARIO HINDI
per studio autodidattico

I vocabolari T&P Books si propongono come strumento di aiuto per apprendere, memorizzare e revisionare l'uso di termini stranieri. Il vocabolario contiene oltre 9000 parole di uso comune ordinate per argomenti.

* Il vocabolario contiene le parole più comunemente usate
* È consigliato in aggiunta ad un corso di lingua
* Risponde alle esigenze degli studenti di lingue straniere sia essi principianti o di livello avanzato
* Pratico per un uso quotidiano, per gli esercizi di revisione e di autovalutazione
* Consente di valutare la conoscenza del proprio lessico

Caratteristiche specifiche del vocabolario:

* Le parole sono ordinate secondo il proprio significato e non alfabeticamente
* Le parole sono riportate in tre colonne diverse per facilitare il metodo di revisione e autovalutazione
* I gruppi di parole sono divisi in sottogruppi per facilitare il processo di apprendimento
* Il vocabolario offre una pratica e semplice trascrizione fonetica per ogni termine straniero

Il vocabolario contiene 256 argomenti tra cui:

Concetti di Base, Numeri, Colori, Mesi, Stagioni, Unità di Misura, Abbigliamento e Accessori, Cibo e Alimentazione, Ristorante, Membri della Famiglia, Parenti, Personalità, Sentimenti, Emozioni, Malattie, Città, Visita Turistica, Acquisti, Denaro, Casa, Ufficio, Lavoro d'Ufficio, Import-export, Marketing, Ricerca di un Lavoro, Sport, Istruzione, Computer, Internet, Utensili, Natura, Paesi, Nazionalità e altro ancora …

INDICE

HINDI
VOCABOLARIO

ITALIANO-
HINDI

Le parole più utili
Per ampliare il proprio lessico e affinare
le proprie abilità linguistiche

9000 parole

Vocabolario Italiano-Hindi per studio autodidattico - 9000 parole

Di Andrey Taranov

I vocabolari T&P Books si propongono come strumento di aiuto per apprendere, memorizzare e revisionare l'uso di termini stranieri. Il dizionario si divide in vari argomenti che includono la maggior parte delle attività quotidiane, tra cui affari, scienza, cultura, ecc.

Il processo di apprendimento delle parole attraverso i dizionari divisi in liste tematiche della collana T&P Books offre i seguenti vantaggi:

- Le fonti d'informazione correttamente raggruppate garantiscono un buon risultato nella memorizzazione delle parole
- La possibilità di memorizzare gruppi di parole con la stessa radice (piuttosto che memorizzarle separatamente)
- Piccoli gruppi di parole facilitano il processo di apprendimento per associazione, utile al potenziamento lessicale
- Il livello di conoscenza della lingua può essere valutato attraverso il numero di parole apprese

T&P Books Publishing
www.tpbooks.com

ISBN: 978-1-78616-564-0

Questo libro è disponibile anche in formato e-book.
Visitate il sito www.tpbooks.com o le principali librerie online.

GUIDA ALLA PRONUNCIA

Lettera	Esempio hindi	Alfabeto fonetico T&P	Esempio italiano

Vocali

अ	अक्सर	[a]; [ɑ], [ə]	vantarsi; soldato
आ	आगमन	[a:]	scusare
इ	इनाम	[i]	vittoria
ई	ईश्वर	[i], [i:]	vittoria
उ	उठना	[ʊ]	prugno
ऊ	ऊपर	[u:]	discutere
ऋ	ऋग्वेद	[r, r̩]	attrice
ए	एकता	[e:]	essere
ऐ	ऐनक	[aj]	marinaio
ओ	ओला	[o:]	coordinare
औ	औरत	[au]	pausa
अं	अंजीर	[ŋ]	fango
अः	अ से अः	[h]	[h] aspirate
ऑ	ऑफिस	[ɒ]	hall

Consonanti

क	कमरा	[k]	cometa
ख	खिड़की	[kh]	[k] aspirate
ग	गरज	[g]	guerriero
घ	घर	[gh]	[g] aspirate
ङ	डाकू	[ŋ]	fango
च	चक्कर	[tʃ]	cinque
छ	छात्र	[tʃh]	[tsch] aspirate
ज	जाना	[dʒ]	piangere
झ	झलक	[dʒ]	piangere
ञ	विज्ञान	[n]	stagno
ट	मटर	[t]	tattica
ठ	ठेका	[th]	[t] aspirate
ड	डंडा	[d]	doccia
ढ	ढलान	[d]	doccia
ण	क्षण	[n]	La nasale retroflessa
त	ताकत	[t]	tattica
थ	थकना	[th]	[t] aspirate
द	दरवाज़ा	[d]	doccia
ध	धोना	[d]	doccia
न	नाई	[n]	novanta

11

Lettera	Esempio hindi	Alfabeto fonetico T&P	Esempio italiano
प	पिता	[p]	pieno
फ	फल	[f]	ferrovia
ब	बच्चा	[b]	bianco
भ	भाई	[b]	bianco
म	माता	[m]	mostra
य	याद	[j]	New York
र	रीछ	[r]	ritmo, raro
ल	लाल	[l]	saluto
व	वचन	[v]	volare
श	शिक्षक	[ʃ]	ruscello
ष	भाषा	[ʃ]	ruscello
स	सोना	[s]	sapere
ह	हज़ार	[h]	[h] aspirate

Consonanti addizionali

क़	क़लम	[q]	cometa
ख़	ख़बर	[h]	[h] aspirate
ड़	लड़का	[r]	ritmo, raro
ढ़	पढ़ना	[r]	ritmo, raro
ग़	ग़लती	[ɣ]	simile gufo, gatto
ज़	ज़िन्दगी	[z]	rosa
झ़	ट्रेझ़र	[ʒ]	beige
फ़	फ़ौज	[f]	ferrovia

ABBREVIAZIONI
usate nel vocabolario

Italiano. Abbreviazioni

agg	-	aggettivo
anim.	-	animato
avv	-	avverbio
cong	-	congiunzione
ecc.	-	eccetera
f	-	sostantivo femminile
f pl	-	femminile plurale
fem.	-	femminile
form.	-	formale
inanim.	-	inanimato
inform.	-	familiare
m	-	sostantivo maschile
m pl	-	maschile plurale
m, f	-	maschile, femminile
masc.	-	maschile
mil.	-	militare
pl	-	plurale
pron	-	pronome
qc	-	qualcosa
qn	-	qualcuno
sing.	-	singolare
v aus	-	verbo ausiliare
vi	-	verbo intransitivo
vi, vt	-	verbo intransitivo, transitivo
vr	-	verbo riflessivo
vt	-	verbo transitivo

Hindi. Abbreviazioni

f	-	sostantivo femminile
f pl	-	femminile plurale
m	-	sostantivo maschile
m pl	-	maschile plurale

CONCETTI DI BASE

Concetti di base. Parte 1

1. Pronomi

io	मैं	main
tu	तुम	tum
egli, ella, esso, essa	वह	vah

noi	हम	ham
voi	आप	āp
loro	वे	ve

2. Saluti. Convenevoli. Saluti di congedo

Salve!	नमस्कार!	namaskār!
Buongiorno!	नमस्ते!	namaste!
Buongiorno! (la mattina)	नमस्ते!	namaste!
Buon pomeriggio!	नमस्ते!	namaste!
Buonasera!	नमस्ते!	namaste!

salutare (vt)	नमस्कार कहना	namaskār kahana
Ciao! Salve!	नमस्कार!	namaskār!
saluto (m)	अभिवादन (m)	abhivādan
salutare (vt)	अभिवादन करना	abhivādan karana
Come sta? Come stai?	आप कैसे हैं?	āp kaise hain?
Che c'è di nuovo?	क्या हाल है?	kya hāl hai?

Arrivederci!	अलविदा!	alavida!
A presto!	फिर मिलेंगे!	fir milenge!
Addio! (inform.)	अलिवदा!	alivada!
Addio! (form.)	अलविदा!	alavida!
congedarsi (vr)	अलविदा कहना	alavida kahana
Ciao! (A presto!)	अलविदा!	alavida!

Grazie!	धन्यवाद!	dhanyavād!
Grazie mille!	बहुत बहुत शुक्रिया!	bahut bahut shukriya!
Prego	कोई बात नहीं	koī bāt nahin
Non c'è di che!	कोई बात नहीं	koī bāt nahin
Di niente	कोई बात नहीं	koī bāt nahin

Scusa!	माफ़ कीजिएगा!	māf kījiega!
Scusi!	माफ़ी कीजियेगा!	māfī kījiyega!
scusare (vt)	माफ़ करना	māf karana
scusarsi (vr)	माफ़ी मांगना	māfī māngana
Chiedo scusa	मुझे माफ़ कीजिएगा	mujhe māf kījiega

Mi perdoni!	मुझे माफ़ कीजिएगा!	mujhe māf kījiega!
perdonare (vt)	माफ़ करना	māf karana
per favore	कृप्या	krpya

Non dimentichi!	भूलना नहीं!	bhūlana nahin!
Certamente!	ज़रूर!	zarūr!
Certamente no!	बिल्कुल नहीं!	bilkul nahin!
D'accordo!	ठीक है।	thīk hai!
Basta!	बहुत हुआ!	bahut hua!

3. Come rivolgersi

signore	श्रीमान	shrīmān
signora	श्रीमती	shrīmatī
signorina	मैम	maim
signore	बेटा	beta
ragazzo	बेटा	beta
ragazza	कुमारी	kumārī

4. Numeri cardinali. Parte 1

zero (m)	ज़ीरो	zīro
uno	एक	ek
due	दो	do
tre	तीन	tīn
quattro	चार	chār

cinque	पाँच	pānch
sei	छह	chhah
sette	सात	sāt
otto	आठ	āth
nove	नौ	nau

dieci	दस	das
undici	ग्यारह	gyārah
dodici	बारह	bārah
tredici	तेरह	terah
quattordici	चौदह	chaudah

quindici	पन्द्रह	pandrah
sedici	सोलह	solah
diciassette	सत्रह	satrah
diciotto	अठारह	athārah
diciannove	उन्नीस	unnīs

venti	बीस	bīs
ventuno	इक्कीस	ikkīs
ventidue	बाईस	baīs
ventitre	तेईस	teīs

| trenta | तीस | tīs |
| trentuno | इकत्तीस | ikattīs |

| trentadue | बत्तीस | battīs |
| trentatre | तैंतीस | taintīs |

quaranta	चालीस	chālīs
quarantuno	इक्तालीस	iktālīs
quarantadue	बयालीस	bayālīs
quarantatre	तैंतालीस	taintālīs

cinquanta	पचास	pachās
cinquantuno	इक्यावन	ikyāvan
cinquantadue	बावन	bāvan
cinquantatre	तिरपन	tirapan

sessanta	साठ	sāth
sessantuno	इकसठ	ikasath
sessantadue	बासठ	bāsath
sessantatre	तिरसठ	tirasath

settanta	सत्तर	sattar
settantuno	इकहत्तर	ikahattar
settantadue	बहत्तर	bahattar
settantatre	तिहत्तर	tihattar

ottanta	अस्सी	assī
ottantuno	इक्यासी	ikyāsī
ottantadue	बयासी	bayāsī
ottantatre	तिरासी	tirāsī

novanta	नब्बे	nabbe
novantuno	इक्यानवे	ikyānave
novantadue	बानवे	bānave
novantatre	तिरानवे	tirānave

5. Numeri cardinali. Parte 2

cento	सौ	sau
duecento	दो सौ	do sau
trecento	तीन सौ	tīn sau
quattrocento	चार सौ	chār sau
cinquecento	पाँच सौ	pānch sau

seicento	छह सौ	chhah sau
settecento	सात सो	sāt so
ottocento	आठ सौ	āth sau
novecento	नौ सौ	nau sau

mille	एक हज़ार	ek hazār
duemila	दो हज़ार	do hazār
tremila	तीन हज़ार	tīn hazār
diecimila	दस हज़ार	das hazār
centomila	एक लाख	ek lākh

| milione (m) | दस लाख (m) | das lākh |
| miliardo (m) | अरब (m) | arab |

6. Numeri ordinali

primo	पहला	pahala
secondo	दूसरा	dūsara
terzo	तीसरा	tīsara
quarto	चौथा	chautha
quinto	पाँचवाँ	pānchavān

sesto	छठा	chhatha
settimo	सातवाँ	sātavān
ottavo	आठवाँ	āthavān
nono	नौवाँ	nauvān
decimo	दसवाँ	dasavān

7. Numeri. Frazioni

frazione (f)	अपूर्णांक (m)	apūrnānk
un mezzo	आधा	ādha
un terzo	एक तीहाई	ek tīhaī
un quarto	एक चौथाई	ek chauthaī

un ottavo	आठवां हिस्सा	āthavān hissa
un decimo	दसवां हिस्सा	dasavān hissa
due terzi	दो तिहाई	do tihaī
tre quarti	पौना	pauna

8. Numeri. Operazioni aritmetiche di base

sottrazione (f)	घटाव (m)	ghatāv
sottrarre (vt)	घटाना	ghatāna
divisione (f)	विभाजन (m)	vibhājan
dividere (vt)	विभाजित करना	vibhājit karana

addizione (f)	जोड़ (m)	jor
addizionare (vt)	जोड़ करना	jor karana
aggiungere (vt)	जोड़ना	jorana
moltiplicazione (f)	गुणन (m)	gunan
moltiplicare (vt)	गुणा करना	guna karana

9. Numeri. Varie

cifra (f)	अंक (m)	ank
numero (m)	संख्या (f)	sankhya
numerale (m)	संख्यावाचक (m)	sankhyāvāchak
meno (m)	घटाव चिह्न (m)	ghatāv chihn
più (m)	जोड़ चिह्न (m)	jor chihn
formula (f)	फ़ारमूला (m)	fāramūla
calcolo (m)	गणना (f)	ganana
contare (vt)	गिनना	ginana

| calcolare (vt) | गिनती करना | ginatī karana |
| comparare (vt) | तुलना करना | tulana karana |

Quanto? Quanti?	कितना?	kitana?
somma (f)	कुल (m)	kul
risultato (m)	नतीजा (m)	natīja
resto (m)	शेष (m)	shesh

qualche ...	कुछ	kuchh
un po' di ...	थोड़ा ...	thora ...
resto (m)	बाक़ी	bāqī
uno e mezzo	डेढ़	derh
dozzina (f)	दर्जन (m)	darjan

in due	दो भागों में	do bhāgon men
in parti uguali	बराबर	barābar
metà (f), mezzo (m)	आधा (m)	ādha
volta (f)	बार (m)	bār

10. I verbi più importanti. Parte 1

accorgersi (vr)	देखना	dekhana
afferrare (vt)	पकड़ना	pakarana
affittare (dare in affitto)	किराए पर लेना	kirae par lena
aiutare (vt)	मदद करना	madad karana
amare (qn)	प्यार करना	pyār karana

andare (camminare)	जाना	jāna
annotare (vt)	लिख लेना	likh lena
appartenere (vi)	स्वामी होना	svāmī hona
aprire (vt)	खोलना	kholana
arrivare (vi)	पहुँचना	pahunchana
aspettare (vt)	इंतज़ार करना	intazār karana

avere (vt)	होना	hona
avere fame	भूख लगना	bhūkh lagana
avere fretta	जल्दी करना	jaldī karana

avere paura	डरना	darana
avere sete	प्यास लगना	pyās lagana
avvertire (vt)	चेतावनी देना	chetāvanī dena
cacciare (vt)	शिकार करना	shikār karana
cadere (vi)	गिरना	girana

cambiare (vt)	बदलना	badalana
capire (vt)	समझना	samajhana
cenare (vi)	रात्रिभोज करना	rātribhoj karana
cercare (vt)	तलाश करना	talāsh karana
cessare (vt)	बंद करना	band karana
chiedere (~ aiuto)	बुलाना	bulāna

chiedere (domandare)	पूछना	pūchhana
cominciare (vt)	शुरू करना	shurū karana
comparare (vt)	तुलना करना	tulana karana

confondere (vt)	गड़बड़ा जाना	garabara jāna
conoscere (qn)	जानना	jānana
conservare (vt)	रखना	rakhana
consigliare (vt)	सलाह देना	salāh dena
contare (calcolare)	गिनना	ginana
contare su ...	भरोसा रखना	bharosa rakhana
continuare (vt)	जारी रखना	jārī rakhana
controllare (vt)	नियंत्रित करना	niyantrit karana
correre (vi)	दौड़ना	daurana
costare (vt)	दाम होना	dām hona
creare (vt)	बनाना	banāna
cucinare (vi)	खाना बनाना	khāna banāna

11. I verbi più importanti. Parte 2

dare (vt)	देना	dena
dare un suggerimento	इशारा करना	ishāra karana
decorare (adornare)	सजाना	sajāna
difendere (~ un paese)	रक्षा करना	raksha karana
dimenticare (vt)	भूलना	bhūlana
dire (~ la verità)	कहना	kahana
dirigere (compagnia, ecc.)	प्रबंधन करना	prabandhan karana
discutere (vt)	चर्चा करना	charcha karana
domandare (vt)	माँगना	māngana
dubitare (vi)	शक करना	shak karana
entrare (vi)	अंदर आना	andar āna
esigere (vt)	माँगना	māngana
esistere (vi)	होना	hona
essere (vi)	होना	hona
essere d'accordo	राज़ी होना	rāzī hona
fare (vt)	करना	karana
fare colazione	नाश्ता करना	nāshta karana
fare il bagno	तैरना	tairana
fermarsi (vr)	रुकना	rukana
fidarsi (vr)	यकीन करना	yakīn karana
finire (vt)	ख़त्म करना	khatm karana
firmare (~ un documento)	हस्ताक्षर करना	hastākshar karana
giocare (vi)	खेलना	khelana
girare (~ a destra)	मुड़ जाना	mur jāna
gridare (vi)	चिल्लाना	chillāna
indovinare (vt)	अंदाज़ा लगाना	andāza lagāna
informare (vt)	खबर देना	khabar dena
ingannare (vt)	धोखा देना	dhokha dena
insistere (vi)	आग्रह करना	āgrah karana
insultare (vt)	अपमान करना	apamān karana
interessarsi di ...	रुचि लेना	ruchi lena

invitare (vt)	आमंत्रित करना	āmantrit karana
lamentarsi (vr)	शिकायत करना	shikāyat karana
lasciar cadere	गिराना	girāna
lavorare (vi)	काम करना	kām karana
leggere (vi, vt)	पढ़ना	parhana
liberare (vt)	आज़ाद करना	āzād karana

12. I verbi più importanti. Parte 3

mancare le lezioni	ग़ैर-हाज़िर होना	gair-hāzir hona
mandare (vt)	भेजना	bhejana
menzionare (vt)	उल्लेख करना	ullekh karana
minacciare (vt)	धमकाना	dhamakāna
mostrare (vt)	दिखाना	dikhāna

nascondere (vt)	छिपाना	chhipāna
nuotare (vi)	तैरना	tairana
obiettare (vt)	एतराज़ करना	etarāz karana
occorrere (vimp)	आवश्यक होना	āvashyak hona
ordinare (~ il pranzo)	ऑर्डर करना	ordar karana

ordinare (mil.)	हुक्म देना	hukm dena
osservare (vt)	देखना	dekhana
pagare (vi, vt)	दाम चुकाना	dām chukāna
parlare (vi, vt)	बोलना	bolana
partecipare (vi)	भाग लेना	bhāg lena

pensare (vi, vt)	सोचना	sochana
perdonare (vt)	क्षमा करना	kshama karana
permettere (vt)	अनुमति देना	anumati dena
piacere (vi)	पसंद करना	pasand karana
piangere (vi)	रोना	rona

pianificare (vt)	योजना बनाना	yojana banāna
possedere (vt)	मालिक होना	mālik hona
potere (v aus)	सकना	sakana
pranzare (vi)	दोपहर का भोजन करना	dopahar ka bhojan karana
preferire (vt)	तरजीह देना	tarajīh dena

pregare (vi, vt)	दुआ देना	dua dena
prendere (vt)	लेना	lena
prevedere (vt)	उम्मीद करना	ummīd karana
promettere (vt)	वचन देना	vachan dena
pronunciare (vt)	उच्चारण करना	uchchāran karana

proporre (vt)	प्रस्ताव रखना	prastāv rakhana
punire (vt)	सज़ा देना	saza dena
raccomandare (vt)	सिफ़ारिश करना	sifārish karana
ridere (vi)	हंसना	hansana
rifiutarsi (vr)	इन्कार करना	inkār karana

rincrescere (vi)	अफ़सोस जताना	afasos jatāna
ripetere (ridire)	दोहराना	doharāna
riservare (vt)	बुक करना	buk karana

rispondere (vi, vt)	जवाब देना	javāb dena
rompere (spaccare)	तोड़ना	torana
rubare (~ i soldi)	चुराना	churāna

13. I verbi più importanti. Parte 4

salvare (~ la vita a qn)	बचाना	bachāna
sapere (vt)	मालूम होना	mālūm hona
sbagliare (vi)	गलती करना	galatī karana
scavare (vt)	खोदना	khodana
scegliere (vt)	चुनना	chunana

scendere (vi)	उतरना	utarana
scherzare (vi)	मज़ाक करना	mazāk karana
scrivere (vt)	लिखना	likhana
scusarsi (vr)	माफ़ी मांगना	māfī māngana

sedersi (vr)	बैठना	baithana
seguire (vt)	पीछे चलना	pīchhe chalana
sgridare (vt)	डाँटना	dāntana
significare (vt)	अर्थ होना	arth hona
sorridere (vi)	मुस्कुराना	muskurāna

sottovalutare (vt)	कम मूल्यांकन करना	kam mūlyānkan karana
sparare (vi)	गोली चलाना	golī chalāna
sperare (vi, vt)	आशा करना	āsha karana
spiegare (vt)	समझाना	samajhāna
studiare (vt)	पढ़ाई करना	parhaī karana

stupirsi (vr)	हैरान होना	hairān hona
tacere (vi)	चुप रहना	chup rahana
tentare (vt)	कोशिश करना	koshish karana
toccare (~ con le mani)	छूना	chhūna
tradurre (vt)	अनुवाद करना	anuvād karana

trovare (vt)	ढूँढना	dhūrhana
uccidere (vt)	मार डालना	mār dālana
udire (percepire suoni)	सुनना	sunana
unire (vt)	संयुक्त करना	sanyukt karana
uscire (vi)	बाहर जाना	bāhar jāna

vantarsi (vr)	डींग मारना	dīng mārana
vedere (vt)	देखना	dekhana
vendere (vt)	बेचना	bechana
volare (vi)	उड़ना	urana
volere (desiderare)	चाहना	chāhana

14. Colori

colore (m)	रंग (m)	rang
sfumatura (f)	रंग (m)	rang
tono (m)	रंग (m)	rang

arcobaleno (m)	इन्द्रधनुष (f)	indradhanush
bianco (agg)	सफ़ेद	safed
nero (agg)	काला	kāla
grigio (agg)	धूसर	dhūsar

verde (agg)	हरा	hara
giallo (agg)	पीला	pīla
rosso (agg)	लाल	lāl

blu (agg)	नीला	nīla
azzurro (agg)	हल्का नीला	halka nīla
rosa (agg)	गुलाबी	gulābī
arancione (agg)	नारंगी	nārangī
violetto (agg)	बैंगनी	bainganī
marrone (agg)	भूरा	bhūra

| d'oro (agg) | सुनहरा | sunahara |
| argenteo (agg) | चांदी-जैसा | chāndī-jaisa |

beige (agg)	हल्का भूरा	halka bhūra
color crema (agg)	क्रीम	krīm
turchese (agg)	फ़ीरोज़ी	fīrozī
rosso ciliegia (agg)	चेरी जैसा लाल	cherī jaisa lāl
lilla (agg)	हल्का बैंगनी	halka bainganī
rosso lampone (agg)	गहरा लाल	gahara lāl

chiaro (agg)	हल्का	halka
scuro (agg)	गहरा	gahara
vivo, vivido (agg)	चमकीला	chamakīla

colorato (agg)	रंगीन	rangīn
a colori	रंगीन	rangīn
bianco e nero (agg)	काला-सफ़ेद	kāla-safed
in tinta unita	एक रंग का	ek rang ka
multicolore (agg)	बहुरंगी	bahurangī

15. Domande

Chi?	कौन?	kaun?
Che cosa?	क्या?	kya?
Dove? (in che luogo?)	कहाँ?	kahān?
Dove? (~ vai?)	किधर?	kidhar?
Di dove?, Da dove?	कहाँ से?	kahān se?
Quando?	कब?	kab?
Perché? (per quale scopo?)	क्यों?	kyon?
Perché? (per quale ragione?)	क्यों?	kyon?

Per che cosa?	किस लिये?	kis liye?
Come?	कैसे?	kaise?
Che? (~ colore è?)	कौन-सा?	kaun-sa?
Quale?	कौन-सा?	kaun-sa?

| A chi? | किसको? | kisako? |
| Di chi? | किसके बारे में? | kisake bāre men? |

Di che cosa?	किसके बारे में?	kisake bāre men?
Con chi?	किसके?	kisake?
Quanti?, Quanto?	कितना?	kitana?
Di chi?	किसका?	kisaka?

16. Preposizioni

con (tè ~ il latte)	के साथ	ke sāth
senza	के बिना	ke bina
a (andare ~ ...)	की तरफ़	kī taraf
di (parlare ~ ...)	के बारे में	ke bāre men
prima di ...	के पहले	ke pahale
di fronte a ...	के सामने	ke sāmane

sotto (avv)	के नीचे	ke nīche
sopra (al di ~)	के ऊपर	ke ūpar
su (sul tavolo, ecc.)	पर	par
da, di (via da ..., fuori di ...)	से	se
di (fatto ~ cartone)	से	se

| fra (~ dieci minuti) | में | men |
| attraverso (dall'altra parte) | के ऊपर चढ़कर | ke ūpar charhakar |

17. Parole grammaticali. Avverbi. Parte 1

Dove?	कहाँ?	kahān?
qui (in questo luogo)	यहाँ	yahān
lì (in quel luogo)	वहां	vahān

| da qualche parte (essere ~) | कहीं | kahīn |
| da nessuna parte | कहीं नहीं | kahīn nahin |

| vicino a ... | के पास | ke pās |
| vicino alla finestra | खिड़की के पास | khirakī ke pās |

Dove?	किधर?	kidhar?
qui (vieni ~)	इधर	idhar
ci (~ vado stasera)	उधर	udhar
da qui	यहां से	yahān se
da lì	वहां से	vahān se

| vicino, accanto (avv) | पास | pās |
| lontano (avv) | दूर | dūr |

vicino (~ a Parigi)	निकट	nikat
vicino (qui ~)	पास	pās
non lontano	दूर नहीं	dūr nahin

sinistro (agg)	बायाँ	bāyān
a sinistra (rimanere ~)	बायीं तरफ़	bāyīn taraf
a sinistra (girare ~)	बायीं तरफ़	bāyīn taraf

destro (agg)	दायां	dāyān
a destra (rimanere ~)	दायीं तरफ़	dāyīn taraf
a destra (girare ~)	दायीं तरफ़	dāyīn taraf

davanti	सामने	sāmane
anteriore (agg)	सामने का	sāmane ka
avanti	आगे	āge

dietro (avv)	पीछे	pīchhe
da dietro	पीछे से	pīchhe se
indietro	पीछे	pīchhe

| mezzo (m), centro (m) | बीच (m) | bīch |
| in mezzo, al centro | बीच में | bīch men |

di fianco	कोने में	kone men
dappertutto	सभी	sabhī
attorno	आस-पास	ās-pās

da dentro	अंदर से	andar se
da qualche parte (andare ~)	कहीं	kahīn
dritto (direttamente)	सीधे	sīdhe
indietro	वापस	vāpas

| da qualsiasi parte | कहीं से भी | kahīn se bhī |
| da qualche posto (veniamo ~) | कहीं से | kahīn se |

in primo luogo	पहले	pahale
in secondo luogo	दूसरा	dūsara
in terzo luogo	तीसरा	tīsara

all'improvviso	अचानक	achānak
all'inizio	शुरू में	shurū men
per la prima volta	पहली बार	pahalī bār
molto tempo prima di...	बहुत समय पहले ...	bahut samay pahale ...
di nuovo	नई शुरुआत	naī shurūāt
per sempre	हमेशा के लिए	hamesha ke lie

mai	कभी नहीं	kabhī nahin
ancora	फिर से	fir se
adesso	अब	ab
spesso (avv)	अकसर	akasar
allora	तब	tab
urgentemente	तत्काल	tatkāl
di solito	आमतौर पर	āmataur par

a proposito, ...	प्रसंगवश	prasangavash
è possibile	मुमकिन	mumakin
probabilmente	संभव	sambhav
forse	शायद	shāyad
inoltre ...	इस के अलावा	is ke alāva
ecco perché ...	इस लिए	is lie
nonostante (~ tutto)	फिर भी ...	fir bhī ...
grazie a ...	... की मेहरबानी से	... kī meharabānī se
che cosa (pron)	क्या	kya

che (cong)	कि	ki
qualcosa (qualsiasi cosa)	कुछ	kuchh
qualcosa (le serve ~?)	कुछ भी	kuchh bhī
niente	कुछ नहीं	kuchh nahin
chi (pron)	कौन	kaun
qualcuno (annuire a ~)	कोई	koī
qualcuno (dipendere da ~)	कोई	koī
nessuno	कोई नहीं	koī nahin
da nessuna parte	कहीं नहीं	kahīn nahin
di nessuno	किसी का नहीं	kisī ka nahin
di qualcuno	किसी का	kisī ka
così (era ~ arrabbiato)	कितना	kitana
anche (penso ~ a …)	भी	bhī
anche, pure	भी	bhī

18. Parole grammaticali. Avverbi. Parte 2

Perché?	क्यों?	kyon?
per qualche ragione	किसी कारणवश	kisī kāranavash
perché …	क्यों कि ,,,	kyon ki ,,,
per qualche motivo	किसी वजह से	kisī vajah se
e (cong)	और	aur
o (sì ~ no?)	या	ya
ma (però)	लेकिन	lekin
per (~ me)	के लिए	ke lie
troppo	ज़्यादा	zyāda
solo (avv)	सिर्फ़	sirf
esattamente	ठीक	thīk
circa (~ 10 dollari)	करीब	karīb
approssimativamente	लगभग	lagabhag
approssimativo (agg)	अनुमानित	anumānit
quasi	करीब	karīb
resto	बाक़ी	bāqī
ogni (agg)	हर एक	har ek
qualsiasi (agg)	कोई	koī
molti, molto	बहुत	bahut
molta gente	बहुत लोग	bahut log
tutto, tutti	सभी	sabhī
in cambio di …	… के बदले में	… ke badale men
in cambio	की जगह	kī jagah
a mano (fatto ~)	हाथ से	hāth se
poco probabile	शायद ही	shāyad hī
probabilmente	शायद	shāyad
apposta	जानबूझकर	jānabūjhakar
per caso	संयोगवश	sanyogavash

molto (avv)	बहुत	bahut
per esempio	उदाहरण के लिए	udāharan ke lie
fra (~ due)	के बीच	ke bīch
fra (~ più di due)	में	men
tanto (quantità)	इतना	itana
soprattutto	ख़ासतौर पर	khāsataur par

Concetti di base. Parte 2

19. Giorni della settimana

lunedì (m)	सोमवार (m)	somavār
martedì (m)	मंगलवार (m)	mangalavār
mercoledì (m)	बुधवार (m)	budhavār
giovedì (m)	गुरूवार (m)	gurūvār
venerdì (m)	शुक्रवार (m)	shukravār
sabato (m)	शनिवार (m)	shanivār
domenica (f)	रविवार (m)	ravivār
oggi (avv)	आज	āj
domani	कल	kal
dopodomani	परसों	parason
ieri (avv)	कल	kal
l'altro ieri	परसों	parason
giorno (m)	दिन (m)	din
giorno (m) lavorativo	कार्यदिवस (m)	kāryadivas
giorno (m) festivo	सार्वजनिक छुट्टी (f)	sārvajanik chhuttī
giorno (m) di riposo	छुट्टी का दिन (m)	chhuttī ka din
fine (m) settimana	सप्ताहांत (m)	saptāhānt
tutto il giorno	सारा दिन	sāra din
l'indomani	अगला दिन	agala din
due giorni fa	दो दिन पहले	do din pahale
il giorno prima	एक दिन पहले	ek din pahale
quotidiano (agg)	दैनिक	dainik
ogni giorno	हर दिन	har din
settimana (f)	हफ़्ता (f)	hafata
la settimana scorsa	पिछले हफ़्ते	pichhale hafate
la settimana prossima	अगले हफ़्ते	agale hafate
settimanale (agg)	साप्ताहिक	saptāhik
ogni settimana	हर हफ़्ते	har hafate
due volte alla settimana	हफ़्ते में दो बार	hafate men do bār
ogni martedì	हर मंगलवार को	har mangalavār ko

20. Ore. Giorno e notte

mattina (f)	सुबह (m)	subah
di mattina	सुबह में	subah men
mezzogiorno (m)	दोपहर (m)	dopahar
nel pomeriggio	दोपहर में	dopahar men
sera (f)	शाम (m)	shām
di sera	शाम में	shām men

notte (f)	रात (f)	rāt
di notte	रात में	rāt men
mezzanotte (f)	आधी रात (f)	ādhī rāt

secondo (m)	सेकन्ड (m)	sekand
minuto (m)	मिनट (m)	minat
ora (f)	घंटा (m)	ghanta
mezzora (f)	आधा घंटा	ādha ghanta
un quarto d'ora	सवा	sava
quindici minuti	पंद्रह मीनट	pandrah mīnat
ventiquattro ore	24 घंटे (m)	chaubīs ghante

levata (f) del sole	सूर्योदय (m)	sūryoday
alba (f)	सूर्योदय (m)	sūryoday
mattutino (m)	प्रातःकाल (m)	prātahkāl
tramonto (m)	सूर्यास्त (m)	sūryāst

di buon mattino	सुबह-सवेरे	subah-savere
stamattina	इस सुबह	is subah
domattina	कल सुबह	kal subah
oggi pomeriggio	आज शाम	āj shām
nel pomeriggio	दोपहर में	dopahar men
domani pomeriggio	कल दोपहर	kal dopahar
stasera	आज शाम	āj shām
domani sera	कल रात	kal rāt

alle tre precise	ठीक तीन बजे में	thīk tīn baje men
verso le quattro	लगभग चार बजे	lagabhag chār baje
per le dodici	बारह बजे तक	bārah baje tak

fra venti minuti	बीस मीनट में	bīs mīnat men
fra un'ora	एक घंटे में	ek ghante men
puntualmente	ठीक समय पर	thīk samay par

un quarto di ...	पौने ... बजे	paune ... baje
entro un'ora	एक घंटे के अंदर	ek ghante ke andar
ogni quindici minuti	हर पंद्रह मीनट	har pandrah mīnat
giorno e notte	दिन-रात (m pl)	din-rāt

21. Mesi. Stagioni

gennaio (m)	जनवरी (m)	janavarī
febbraio (m)	फ़रवरी (m)	faravarī
marzo (m)	मार्च (m)	mārch
aprile (m)	अप्रैल (m)	aprail
maggio (m)	माई (m)	maī
giugno (m)	जून (m)	jūn

luglio (m)	जुलाई (m)	julaī
agosto (m)	अगस्त (m)	agast
settembre (m)	सितम्बर (m)	sitambar
ottobre (m)	अक्तूबर (m)	aktūbar
novembre (m)	नवम्बर (m)	navambar
dicembre (m)	दिसम्बर (m)	disambar

primavera (f)	वसन्त (m)	vasant
in primavera	वसन्त में	vasant men
primaverile (agg)	वसन्त	vasant
estate (f)	गरमी (f)	garamī
in estate	गरमियों में	garamiyon men
estivo (agg)	गरमी	garamī
autunno (m)	शरद (m)	sharad
in autunno	शरद में	sharad men
autunnale (agg)	शरद	sharad
inverno (m)	सर्दी (f)	sardī
in inverno	सर्दियों में	sardiyon men
invernale (agg)	सर्दी	sardī
mese (m)	महीना (m)	mahīna
questo mese	इस महीने	is mahīne
il mese prossimo	अगले महीने	agale mahīne
il mese scorso	पिछले महीने	pichhale mahīne
un mese fa	एक महीने पहले	ek mahīne pahale
fra un mese	एक महीने में	ek mahīne men
fra due mesi	दो महीने में	do mahīne men
un mese intero	पूरे महीने	pūre mahīne
per tutto il mese	पूरे महीने	pūre mahīne
mensile (rivista ~)	मासिक	māsik
mensilmente	हर महीने	har mahīne
ogni mese	हर महीने	har mahīne
due volte al mese	महीने में दो बार	mahine men do bār
anno (m)	वर्ष (m)	varsh
quest'anno	इस साल	is sāl
l'anno prossimo	अगले साल	agale sāl
l'anno scorso	पिछले साल	pichhale sāl
un anno fa	एक साल पहले	ek sāl pahale
fra un anno	एक साल में	ek sāl men
fra due anni	दो साल में	do sāl men
un anno intero	पूरा साल	pūra sāl
per tutto l'anno	पूरा साल	pūra sāl
ogni anno	हर साल	har sāl
annuale (agg)	वार्षिक	vārshik
annualmente	वार्षिक	vārshik
quattro volte all'anno	साल में चार बार	sāl men chār bār
data (f) (~ di oggi)	तारीख़ (f)	tārīkh
data (f) (~ di nascita)	तारीख़ (f)	tārīkh
calendario (m)	कैलेन्डर (m)	kailendar
mezz'anno (m)	आधे वर्ष (m)	ādhe varsh
semestre (m)	छमाही (f)	chhamāhī
stagione (f) (estate, ecc.)	मौसम (m)	mausam
secolo (m)	शताब्दी (f)	shatābadī

22. Orario. Varie

tempo (m)	वक्त (m)	vakt
istante (m)	क्षण (m)	kshan
momento (m)	क्षण (m)	kshan
istantaneo (agg)	तुरंत	turant
periodo (m)	बीता (m)	bīta
vita (f)	जीवन (m)	jīvan
eternità (f)	शाश्वतता (f)	shāshvatata

epoca (f)	युग (f)	yug
era (f)	संम्वत् (f)	samvat
ciclo (m)	काल (m)	kāl
periodo (m)	काल (m)	kāl
scadenza (f)	समय (m)	samay

futuro (m)	भविष्य (m)	bhavishy
futuro (agg)	आगामी	āgāmī
la prossima volta	अगली बार	agalī bār
passato (m)	भूतकाल (m)	bhūtakāl
scorso (agg)	पिछला	pichhala
la volta scorsa	पिछली बार	pichhalī bār

più tardi	बाद में	bād men
dopo	के बाद	ke bād
oggigiorno	आज़काल	ājakāl
adesso, ora	अभी	abhī
immediatamente	तुरंत	turant
fra poco, presto	थोड़ी ही देर में	thorī hī der men
in anticipo	पहले से	pahale se

tanto tempo fa	बहुत समय पहले	bahut samay pahale
di recente	हाल ही में	hāl hī men
destino (m)	भाग्य (f)	bhāgy
ricordi (m pl)	यादगार (f)	yādagār
archivio (m)	पुरालेखागार (m)	purālekhāgār

durante ...	... के दौरान	... ke daurān
a lungo	ज़्यादा समय	zyāda samay
per poco tempo	ज़्यादा समय नहीं	zyāda samay nahin
presto (al mattino ~)	जल्दी	jaldī
tardi (non presto)	देर	der

per sempre	सदा के लिए	sada ke lie
cominciare (vt)	शुरू करना	shurū karana
posticipare (vt)	स्थगित करना	sthagit karana

simultaneamente	एक ही समय पर	ek hī samay par
tutto il tempo	स्थायी रूप से	sthāyī rūp se
costante (agg)	लगातार	lagātār
temporaneo (agg)	अस्थायी रूप से	asthāyī rūp se

a volte	कभी-कभी	kabhī-kabhī
raramente	शायद ही	shāyad hī
spesso (avv)	अक्सर	aksar

23. Contrari

| ricco (agg) | अमीर | amīr |
| povero (agg) | ग़रीब | garīb |

| malato (agg) | बीमार | bīmār |
| sano (agg) | तंदरुस्त | tandarūst |

| grande (agg) | बड़ा | bara |
| piccolo (agg) | छोटा | chhota |

| rapidamente | जल्दी से | jaldī se |
| lentamente | धीरे | dhīre |

| veloce (agg) | तेज़ | tez |
| lento (agg) | धीमा | dhīma |

| allegro (agg) | हँसमुख | hansamukh |
| triste (agg) | उदास | udās |

| insieme | साथ-साथ | sāth-sāth |
| separatamente | अलग-अलग | alag-alag |

| ad alta voce (leggere ~) | बोलकर | bolakar |
| in silenzio | मन ही मन | man hī man |

| alto (agg) | लंबा | lamba |
| basso (agg) | नीचा | nīcha |

| profondo (agg) | गहरा | gahara |
| basso (agg) | छिछला | chhichhala |

| sì | हाँ | hān |
| no | नहीं | nahin |

| lontano (agg) | दूर | dūr |
| vicino (agg) | निकट | nikat |

| lontano (avv) | दूर | dūr |
| vicino (avv) | पास | pās |

| lungo (agg) | लंबा | lamba |
| corto (agg) | छोटा | chhota |

| buono (agg) | नेक | nek |
| cattivo (agg) | दुष्ट | dusht |

| sposato (agg) | शादीशुदा | shādīshuda |
| celibe (agg) | अविवाहित | avivāhit |

| vietare (vt) | प्रतिबंधित करना | pratibandhit karana |
| permettere (vt) | अनुमति देना | anumati dena |

| fine (f) | अंत (m) | ant |
| inizio (m) | शुरू (m) | shurū |

sinistro (agg)	बायाँ	bāyān
destro (agg)	दायां	dāyān
primo (agg)	पहला	pahala
ultimo (agg)	आखिरी	ākhirī
delitto (m)	जुर्म (m)	jurm
punizione (f)	सज़ा (f)	saza
ordinare (vt)	हुक्म देना	hukm dena
obbedire (vi)	मानना	mānana
dritto (agg)	सीधा	sīdha
curvo (agg)	टेढ़ा	terha
paradiso (m)	जन्नत (m)	jannat
inferno (m)	नरक (m)	narak
nascere (vi)	जन्म होना	janm hona
morire (vi)	मरना	marana
forte (agg)	शक्तिशाली	shaktishālī
debole (agg)	कमज़ोर	kamazor
vecchio (agg)	बूढ़ा	būrha
giovane (agg)	जवान	javān
vecchio (agg)	पुराना	purāna
nuovo (agg)	नया	naya
duro (agg)	कठोर	kathor
morbido (agg)	नरम	naram
caldo (agg)	गरम	garam
freddo (agg)	ठंडा	thanda
grasso (agg)	मोटा	mota
magro (agg)	दुबला	dubala
stretto (agg)	तंग	tang
largo (agg)	चौड़ा	chaura
buono (agg)	अच्छा	achchha
cattivo (agg)	बुरा	bura
valoroso (agg)	बहादुर	bahādur
codardo (agg)	कायर	kāyar

24. Linee e forme

quadrato (m)	चतुष्कोण (m)	chatushkon
quadrato (agg)	चौकोना	chaukona
cerchio (m)	घेरा (m)	ghera
rotondo (agg)	गोलाकार	golākār

| triangolo (m) | त्रिकोण (m) | trikon |
| triangolare (agg) | त्रिकोना | trikona |

ovale (m)	ओवल (m)	oval
ovale (agg)	ओवल	oval
rettangolo (m)	आयत (m)	āyat
rettangolare (agg)	आयताकार	āyatākār

piramide (f)	शुंडाकार स्तंभ (m)	shundākār stambh
rombo (m)	रॉम्बस (m)	rombas
trapezio (m)	विषम चतुर्भुज (m)	visham chaturbhuj
cubo (m)	घनक्षेत्र (m)	ghanakshetr
prisma (m)	क्रकच आयत (m)	krakach āyat

circonferenza (f)	परिधि (f)	paridhi
sfera (f)	गोला (m)	gola
palla (f)	गोला (m)	gola

diametro (m)	व्यास (m)	vyās
raggio (m)	व्यासार्ध (m)	vyāsārdh
perimetro (m)	परिणिति (f)	pariniti
centro (m)	केन्द्र (m)	kendr

orizzontale (agg)	क्षैतिज	kshaitij
verticale (agg)	ऊर्ध्व	ūrdhv
parallela (f)	समांतर-रेखा (f)	samāntar-rekha
parallelo (agg)	समानान्तर	samānāntar

linea (f)	रेखा (f)	rekha
tratto (m)	लकीर (f)	lakīr
linea (f) retta	सीधी रेखा (f)	sīdhī rekha
linea (f) curva	टेढ़ी रेखा (f)	terhī rekha
sottile (uno strato ~)	पतली	patalī
contorno (m)	परिरेखा (f)	parirekha

intersezione (f)	प्रतिच्छेदन (f)	pratichchhedan
angolo (m) retto	समकोण (m)	samakon
segmento	खंड (m)	khand
settore (m)	क्षेत्र (m)	kshetr
lato (m)	साइड (m)	said
angolo (m)	कोण (m)	kon

25. Unità di misura

peso (m)	वज़न (m)	vazan
lunghezza (f)	लम्बाई (f)	lambaī
larghezza (f)	चौड़ाई (f)	chauraī
altezza (f)	ऊंचाई (f)	ūnchaī
profondità (f)	गहराई (f)	gaharaī
volume (m)	घनत्व (f)	ghanatv
area (f)	क्षेत्रफल (m)	kshetrafal

| grammo (m) | ग्राम (m) | grām |
| milligrammo (m) | मिलीग्राम (m) | milīgrām |

chilogrammo (m)	किलोग्राम (m)	kilogrām
tonnellata (f)	टन (m)	tan
libbra (f)	पौण्ड (m)	paund
oncia (f)	औन्स (m)	auns

metro (m)	मीटर (m)	mītar
millimetro (m)	मिलीमीटर (m)	milīmītar
centimetro (m)	सेंटीमीटर (m)	sentīmītar
chilometro (m)	किलोमीटर (m)	kilomītar
miglio (m)	मील (m)	mīl

pollice (m)	इंच (m)	inch
piede (f)	फुट (m)	fut
iarda (f)	गज (m)	gaj

| metro (m) quadro | वर्ग मीटर (m) | varg mītar |
| ettaro (m) | हेक्टेयर (m) | hekteyar |

litro (m)	लीटर (m)	lītar
grado (m)	डिग्री (m)	digrī
volt (m)	वोल्ट (m)	volt
ampere (m)	ऐम्पेयर (m)	aimpeyar
cavallo vapore (m)	अश्व शक्ति (f)	ashv shakti

quantità (f)	मात्रा (f)	mātra
un po' di ...	कुछ ...	kuchh ...
metà (f)	आधा (m)	ādha
dozzina (f)	दर्जन (m)	darjan
pezzo (m)	टुकड़ा (m)	tukara

| dimensione (f) | माप (m) | māp |
| scala (f) (modello in ~) | पैमाना (m) | paimāna |

minimo (agg)	न्यूनतम	nyūnatam
minore (agg)	सब से छोटा	sab se chhota
medio (agg)	मध्य	madhy
massimo (agg)	अधिकतम	adhikatam
maggiore (agg)	सबसे बड़ा	sabase bara

26. Contenitori

barattolo (m) di vetro	शीशी (f)	shīshī
latta, lattina (f)	डिब्बा (m)	dibba
secchio (m)	बाल्टी (f)	bāltī
barile (m), botte (f)	पीपा (m)	pīpa

catino (m)	चिलमची (f)	chilamachī
serbatoio (m) (per liquidi)	कुण्ड (m)	kund
fiaschetta (f)	फ्लास्क (m)	flāsk
tanica (f)	जेरिकैन (m)	jerikain
cisterna (f)	टंकी (f)	tankī

| tazza (f) | मग (m) | mag |
| tazzina (f) (~ di caffé) | प्याली (f) | pyālī |

piattino (m)	सॉसर (m)	sosar
bicchiere (m) (senza stelo)	गिलास (m)	gilās
calice (m)	वाइन गिलास (m)	vain gilās
casseruola (f)	सॉसपैन (m)	sosapain
bottiglia (f)	बोतल (f)	botal
collo (m) (~ della bottiglia)	गला (m)	gala
caraffa (f)	जग (m)	jag
brocca (f)	सुराही (f)	surāhī
recipiente (m)	बर्तन (m)	baratan
vaso (m) di coccio	घड़ा (m)	ghara
vaso (m) di fiori	फूलदान (m)	fūladān
boccetta (f) (~ di profumo)	शीशी (f)	shīshī
fiala (f)	शीशी (f)	shīshī
tubetto (m)	ट्यूब (m)	tyūb
sacco (m) (~ di patate)	थैला (m)	thaila
sacchetto (m) (~ di plastica)	थैली (f)	thailī
pacchetto (m)	पैकेट (f)	paiket
(~ di sigarette, ecc.)		
scatola (f) (~ per scarpe)	डिब्बा (m)	dibba
cassa (f) (~ di vino, ecc.)	डिब्बा (m)	dibba
cesta (f)	टोकरी (f)	tokarī

27. Materiali

materiale (m)	सामग्री (f)	sāmagrī
legno (m)	लकड़ी (f)	lakarī
di legno	लकड़ी का बना	lakarī ka bana
vetro (m)	कांच (f)	kānch
di vetro	काँच का	kānch ka
pietra (f)	पत्थर (m)	patthar
di pietra	पत्थर का	patthar ka
plastica (f)	प्लास्टिक (m)	plāstik
di plastica	प्लास्टिक का	plāstik ka
gomma (f)	रबड़ (f)	rabar
di gomma	रबड़ का	rabar ka
stoffa (f)	कपड़ा (m)	kapara
di stoffa	कपड़े का	kapare ka
carta (f)	काग़ज़ (m)	kāgaz
di carta	काग़ज़ का	kāgaz ka
cartone (m)	दफ़्ती (f)	dafatī
di cartone	दफ़्ती का	dafatī ka
polietilene (m)	पॉलीएथीलीन (m)	polīethīlīn

| cellofan (m) | सेल्लोफ़ेन (m) | sellofen |
| legno (m) compensato | प्लाईवुड (m) | plaīvud |

porcellana (f)	चीनी मिट्टी (f)	chīnī mittī
di porcellana	चीनी मिट्टी का	chīnī mittī ka
argilla (f)	मिट्टी (f)	mittī
d'argilla	मिट्टी का	mittī ka
ceramica (f)	चीनी मिट्टी (f)	chīnī mittī
ceramico	चीनी मिट्टी का	chīnī mittī ka

28. Metalli

metallo (m)	धातु (m)	dhātu
metallico	धात्वीय	dhātvīy
lega (f)	मिश्रधातु (m)	mishradhātu

oro (m)	सोना (m)	sona
d'oro	सोना	sona
argento (m)	चाँदी (f)	chāndī
d'argento	चाँदी का	chāndī ka

ferro (m)	लोहा (m)	loha
di ferro	लोहे का बना	lohe ka bana
acciaio (m)	इस्पात (f)	ispāt
d'acciaio	इस्पात का	ispāt ka
rame (m)	ताँबा (f)	tānba
di rame	ताँबे का	tānbe ka

alluminio (m)	अल्युमीनियम (m)	alyumīniyam
di alluminio, alluminico	अलुमीनियम का बना	alumīniyam ka bana
bronzo (m)	काँसा (f)	kānsa
di bronzo	काँसे का	kānse ka

ottone (m)	पीतल (f)	pītal
nichel (m)	निकल (m)	nikal
platino (m)	प्लैटिनम (m)	plaitinam
mercurio (m)	पारा (f)	pāra
stagno (m)	टिन (m)	tin
piombo (m)	सीसा (f)	sīsa
zinco (m)	जस्ता (m)	jasta

ESSERE UMANO

Essere umano. Il corpo umano

29. L'uomo. Concetti di base

uomo (m) (essere umano)	मुनष्य (m)	munashy
uomo (m) (adulto maschio)	आदमी (m)	ādamī
donna (f)	औरत (f)	aurat
bambino (m) (figlio)	बच्चा (m)	bachcha
bambina (f)	लड़की (f)	larakī
bambino (m)	लड़का (m)	laraka
adolescente (m, f)	किशोर (m)	kishor
vecchio (m)	बूढ़ा (m)	būrha
vecchia (f)	बूढ़िया (f)	būrhiya

30. Anatomia umana

organismo (m)	शरीर (m)	sharīr
cuore (m)	दिल (m)	dil
sangue (m)	खून (f)	khūn
arteria (f)	धमनी (f)	dhamanī
vena (f)	नस (f)	nas
cervello (m)	मास्तिष्क (m)	māstishk
nervo (m)	नस (f)	nas
nervi (m pl)	नसें (f)	nasen
vertebra (f)	कशेरुका (m)	kasheruka
colonna (f) vertebrale	रीढ़ की हड्डी	rīrh kī haddī
stomaco (m)	पेट (m)	pet
intestini (m pl)	आँतें (f)	ānten
intestino (m)	आँत (f)	ānt
fegato (m)	जिगर (f)	jigar
rene (m)	गुर्दा (f)	gurda
osso (m)	हड्डी (f)	haddī
scheletro (m)	कंकाल (m)	kankāl
costola (f)	पसली (f)	pasalī
cranio (m)	खोपड़ी (f)	khoparī
muscolo (m)	मांसपेशी (f)	mānsapeshī
bicipite (m)	बाइसेप्स (m)	baiseps
tricipite (m)	ट्राईसेप्स (m)	traīseps
tendine (m)	कंडरा (m)	kandara
articolazione (f)	जोड़ (m)	jor

polmoni (m pl)	फेफड़े (m pl)	fefare
genitali (m pl)	गुसांग (m)	guptāng
pelle (f)	त्वचा (f)	tvacha

31. Testa

testa (f)	सिर (m)	sir
viso (m)	चेहरा (m)	chehara
naso (m)	नाक (f)	nāk
bocca (f)	मुँह (m)	munh

occhio (m)	आँख (f)	ānkh
occhi (m pl)	आँखें (f)	ānkhen
pupilla (f)	आँख की पुतली (f)	ānkh kī putalī
sopracciglio (m)	भौंह (f)	bhaunh
ciglio (m)	बरौनी (f)	baraunī
palpebra (f)	पलक (m)	palak

lingua (f)	जीभ (m)	jībh
dente (m)	दाँत (f)	dānt
labbra (f pl)	होंठ (m)	honth
zigomi (m pl)	गाल की हड्डी (f)	gāl kī haddī
gengiva (f)	मसूड़ा (m)	masūra
palato (m)	तालु (m)	tālu

narici (f pl)	नथने (m pl)	nathane
mento (m)	ठोड़ी (f)	thorī
mascella (f)	जबड़ा (m)	jabara
guancia (f)	गाल (m)	gāl

fronte (f)	माथा (m)	mātha
tempia (f)	कनपट्टी (f)	kanapattī
orecchio (m)	कान (m)	kān
nuca (f)	सिर का पिछला हिस्सा (m)	sir ka pichhala hissa
collo (m)	गरदन (m)	garadan
gola (f)	गला (m)	gala

capelli (m pl)	बाल (m pl)	bāl
pettinatura (f)	हेयरस्टाइल (m)	heyarastail
taglio (m)	हेयरकट (m)	heyarakat
parrucca (f)	नकली बाल (m)	nakalī bāl

baffi (m pl)	मूँछें (f pl)	mūnchhen
barba (f)	दाढ़ी (f)	dārhī
portare (~ la barba, ecc.)	होना	hona
treccia (f)	चोटी (f)	chotī
basette (f pl)	गलमुच्छा (m)	galamuchchha

rosso (agg)	लाल बाल	lāl bāl
brizzolato (agg)	सफेद बाल	safed bāl
calvo (agg)	गंजा	ganja
calvizie (f)	गंजाई (f)	ganjaī
coda (f) di cavallo	पोनी-टेल (f)	ponī-tel
frangetta (f)	बेंग (m)	beng

32. Corpo umano

Italiano	Hindi	Traslitterazione
mano (f)	हाथ (m)	hāth
braccio (m)	बाँह (m)	bānh
dito (m)	उँगली (m)	ungalī
pollice (m)	अँगूठा (m)	angūtha
mignolo (m)	छोटी उंगली (f)	chhotī ungalī
unghia (f)	नाखून (m)	nākhūn
pugno (m)	मुट्ठी (m)	mutthī
palmo (m)	हथेली (f)	hathelī
polso (m)	कलाई (f)	kalaī
avambraccio (m)	प्रकोष्ठ (m)	prakoshth
gomito (m)	कोहनी (f)	kohanī
spalla (f)	कंधा (m)	kandha
gamba (f)	टाँग (f)	tāng
pianta (f) del piede	पैर का तलवा (m)	pair ka talava
ginocchio (m)	घुटना (m)	ghutana
polpaccio (m)	पिंडली (f)	pindalī
anca (f)	जाँघ (f)	jāngh
tallone (m)	एड़ी (f)	erī
corpo (m)	शरीर (m)	sharīr
pancia (f)	पेट (m)	pet
petto (m)	सीना (m)	sīna
seno (m)	स्तन (f)	stan
fianco (m)	कूल्हा (m)	kūlha
schiena (f)	पीठ (f)	pīth
zona (f) lombare	पीठ का निचला हिस्सा (m)	pīth ka nichala hissa
vita (f)	कमर (f)	kamar
ombelico (m)	नाभी (f)	nābhī
natiche (f pl)	नितंब (m pl)	nitamb
sedere (m)	नितम्ब (m)	nitamb
neo (m)	सौंदर्य चिन्ह (f)	saundary chinh
voglia (f) (~ di fragola)	जन्म चिह्न (m)	janm chihn
tatuaggio (m)	टैटू (m)	taitū
cicatrice (f)	घाव का निशान (m)	ghāv ka nishān

Abbigliamento e Accessori

33. Indumenti. Soprabiti

vestiti (m pl)	कपड़े (m)	kapare
soprabito (m)	बाहरी पोशाक (m)	bāharī poshāk
abiti (m pl) invernali	सर्दियों की पोशक (f)	sardiyon kī poshak
cappotto (m)	ओवरकोट (m)	ovarakot
pelliccia (f)	फरकोट (m)	farakot
pellicciotto (m)	फ़र की जैकेट (f)	far kī jaiket
piumino (m)	फ़ेदर कोट (m)	fedar kot
giubbotto (m), giaccha (f)	जैकेट (f)	jaiket
impermeabile (m)	बरसाती (f)	barasātī
impermeabile (agg)	जलरोधक	jalarodhak

34. Abbigliamento uomo e donna

camicia (f)	कमीज़ (f)	kamīz
pantaloni (m pl)	पैंट (m)	paint
jeans (m pl)	जीन्स (m)	jīns
giacca (f) (~ di tweed)	कोट (m)	kot
abito (m) da uomo	सूट (m)	sūt
abito (m)	फ़्रॉक (f)	frok
gonna (f)	स्कर्ट (f)	skart
camicetta (f)	ब्लाउज़ (f)	blauz
giacca (f) a maglia	कार्डिगन (f)	kārdigan
giacca (f) tailleur	जैकेट (f)	jaiket
maglietta (f)	टी-शर्ट (f)	tī-shart
pantaloni (m pl) corti	शोट्स (m pl)	shorts
tuta (f) sportiva	ट्रैक सूट (m)	traik sūt
accappatoio (m)	बाथ रोब (m)	bāth rob
pigiama (m)	पजामा (m)	pajāma
maglione (m)	सूटर (m)	sūtar
pullover (m)	पुलोवर (m)	pulovar
gilè (m)	बण्डी (m)	bandī
frac (m)	टेल-कोट (m)	tel-kot
smoking (m)	डिनर-जैकेट (f)	dinar-jaiket
uniforme (f)	वर्दी (f)	vardī
tuta (f) da lavoro	वर्दी (f)	vardī
salopette (f)	ओवरऑल्स (m)	ovarols
camice (m) (~ del dottore)	कोट (m)	kot

35. Abbigliamento. Biancheria intima

biancheria (f) intima	अंगवस्त्र (m)	angavastr
maglietta (f) intima	बनियान (f)	baniyān
calzini (m pl)	मोज़े (m pl)	moze
camicia (f) da notte	नाइट गाउन (m)	nait gaun
reggiseno (m)	ब्रा (f)	bra
calzini (m pl) alti	घुटनों तक के मोज़े (m)	ghutanon tak ke moze
collant (m)	टाइट्स (m pl)	taits
calze (f pl)	स्टाकिंग (m pl)	stāking
costume (m) da bagno	स्विम सूट (m)	svim sūt

36. Copricapo

cappello (m)	टोपी (f)	topī
cappello (m) di feltro	हैट (f)	hait
cappello (m) da baseball	बैस्बॉल कैप (f)	baisbol kaip
coppola (f)	फ़्लैट कैप (f)	flait kaip
basco (m)	बेरेट (m)	beret
cappuccio (m)	हुड (m)	hūd
panama (m)	पनामा हैट (m)	panāma hait
berretto (m) a maglia	बुनी हुई टोपी (f)	bunī huī topī
fazzoletto (m) da capo	सिर का स्कार्फ़ (m)	sir ka skārf
cappellino (m) donna	महिलाओं की टोपी (f)	mahilaon kī topī
casco (m) (~ di sicurezza)	हेलमेट (f)	helamet
bustina (f)	पुलिसीया टोपी (f)	pulisīya topī
casco (m) (~ moto)	हेलमेट (f)	helamet
bombetta (f)	बॉलर हैट (m)	bolar hait
cilindro (m)	टॉप हैट (m)	top hait

37. Calzature

calzature (f pl)	पनही (f)	panahī
stivaletti (m pl)	जूते (m pl)	jūte
scarpe (f pl)	जूते (m pl)	jūte
stivali (m pl)	बूट (m pl)	būt
pantofole (f pl)	चप्पल (f pl)	chappal
scarpe (f pl) da tennis	टेनिस के जूते (m)	tenis ke jūte
scarpe (f pl) da ginnastica	स्नीकर्स (m)	snīkars
sandali (m pl)	सैन्डल (f)	saindal
calzolaio (m)	मोची (m)	mochī
tacco (m)	एड़ी (f)	erī
paio (m)	जोड़ा (m)	jora
laccio (m)	जूते का फ़ीता (m)	jūte ka fīta

allacciare (vt)	फ़ीता बाँधना	fīta bāndhana
calzascarpe (m)	शू-होर्न (m)	shū-horn
lucido (m) per le scarpe	बूट-पालिश (m)	būt-pālish

38. Tessuti. Stoffe

cotone (m)	कपास (m)	kapās
di cotone	सूती	sūtī
lino (m)	फ़्लैक्स (m)	flaiks
di lino	फ़्लैक्स का	flaiks ka

seta (f)	रेशम (f)	resham
di seta	रेशमी	reshamī
lana (f)	ऊन (m)	ūn
di lana	ऊनी	ūnī

velluto (m)	मख़मल (m)	makhamal
camoscio (m)	स्वैड (m)	svaid
velluto (m) a coste	कॉरडरॉय (m)	koradaroy

nylon (m)	नायलॉन (m)	nāyalon
di nylon	नायलॉन का	nāyalon ka
poliestere (m)	पॉलिएस्टर (m)	poliestar
di poliestere	पॉलिएस्टर का	poliestar ka

pelle (f)	चमड़ा (m)	chamara
di pelle	चमड़े का	chamare ka
pelliccia (f)	फ़र (m)	far
di pelliccia	फ़र का	far ka

39. Accessori personali

guanti (m pl)	दस्ताने (m pl)	dastāne
manopole (f pl)	दस्ताने (m pl)	dastāne
sciarpa (f)	मफ़लर (m)	mafalar

occhiali (m pl)	ऐनक (m pl)	ainak
montatura (f)	चश्मे का फ़्रेम (m)	chashme ka frem
ombrello (m)	छतरी (f)	chhatarī
bastone (m)	छड़ी (f)	chharī
spazzola (f) per capelli	ब्रश (m)	brash
ventaglio (m)	पंखा (m)	pankha

cravatta (f)	टाई (f)	taī
cravatta (f) a farfalla	बो टाई (f)	bo taī
bretelle (f pl)	पतलून बाँधने का फ़ीता (m)	patalūn bāndhane ka fīta
fazzoletto (m)	रूमाल (m)	rūmāl

pettine (m)	कंघा (m)	kangha
fermaglio (m)	बालपिन (f)	bālapin
forcina (f)	हेयरक्लीप (f)	heyaraklīp
fibbia (f)	बकसुआ (m)	bakasua

cintura (f)	बेल्ट (m)	belt
spallina (f)	कंधे का पट्टा (m)	kandhe ka patta
borsa (f)	बैग (m)	baig
borsetta (f)	पर्स (m)	pars
zaino (m)	बैकपैक (m)	baikapaik

40. Abbigliamento. Varie

moda (f)	फ़ैशन (m)	faishan
di moda	प्रचलन में	prachalan men
stilista (m)	फ़ैशन डिज़ाइनर (m)	faishan dizainar
collo (m)	कॉलर (m)	kolar
tasca (f)	जेब (m)	jeb
tascabile (agg)	जेब	jeb
manica (f)	आस्तीन (f)	āstīn
asola (f) per appendere	हैंगिंग लूप (f)	hainging lūp
patta (f) (~ dei pantaloni)	ज़िप (f)	zip
cerniera (f) lampo	ज़िप (f)	zip
chiusura (f)	हुक (m)	huk
bottone (m)	बटन (m)	batan
occhiello (m)	बटन का काज (m)	batan ka kāj
staccarsi (un bottone)	निकल जाना	nikal jāna
cucire (vi, vt)	सीना	sīna
ricamare (vi, vt)	काढ़ना	kārhana
ricamo (m)	कढ़ाई (f)	karhaī
ago (m)	सूई (f)	sūī
filo (m)	धागा (m)	dhāga
cucitura (f)	सीवन (m)	sīvan
sporcarsi (vr)	मैला होना	maila hona
macchia (f)	धब्बा (m)	dhabba
sgualcirsi (vr)	शिकन पड़ जाना	shikan par jāna
strappare (vt)	फट जाना	fat jāna
tarma (f)	कपड़ों के कीड़े (m)	kaparon ke kīre

41. Cura della persona. Cosmetici

dentifricio (m)	टूथपेस्ट (m)	tūthapest
spazzolino (m) da denti	टूथब्रश (m)	tūthabrash
lavarsi i denti	दांत साफ़ करना	dānt sāf karana
rasoio (m)	रेज़र (f)	rezar
crema (f) da barba	हजामत का क्रीम (m)	hajāmat ka krīm
rasarsi (vr)	शेव करना	shev karana
sapone (m)	साबुन (m)	sābun
shampoo (m)	शैम्पू (m)	shaimpū
forbici (f pl)	कैंची (f pl)	kainchī

limetta (f)	नाख़ून चिसनी (f)	nākhūn ghisanī
tagliaunghie (m)	नाख़ून कतरनी (f)	nākhūn kataranī
pinzette (f pl)	ट्वीज़र्स (f)	tvīzars

cosmetica (f)	श्रृंगार-सामग्री (f)	shrrngār-sāmagrī
maschera (f) di bellezza	चेहरे का लेप (m)	chehare ka lep
manicure (m)	मैनीक्योर (m)	mainīkyor
fare la manicure	मैनीक्योर करवाना	mainīkyor karavāna
pedicure (m)	पेडिक्यूर (m)	pedikyūr

borsa (f) del trucco	श्रृंगार थैली (f)	shrrngār thailī
cipria (f)	पाउडर (m)	paudar
portacipria (m)	कॉम्पैक्ट पाउडर (m)	kompaikt paudar
fard (m)	ब्लशर (m)	blashar

profumo (m)	ख़ुशबू (f)	khushabū
acqua (f) da toeletta	टॉयलेट वॉटर (m)	tāyalet votar
lozione (f)	लोशन (m)	loshan
acqua (f) di Colonia	कोलोन (m)	kolon

ombretto (m)	आई-शैडो (m)	āī-shaido
eyeliner (m)	आई-पेंसिल (f)	āī-pensil
mascara (m)	मस्कारा (m)	maskāra

rossetto (m)	लिपस्टिक (m)	lipastik
smalto (m)	नेल पॉलिश (f)	nel polish
lacca (f) per capelli	हेयर स्प्रे (m)	heyar spre
deodorante (m)	डिओडरेन्ट (m)	diodarent

crema (f)	क्रीम (m)	krīm
crema (f) per il viso	चेहरे की क्रीम (f)	chehare kī krīm
crema (f) per le mani	हाथ की क्रीम (f)	hāth kī krīm
crema (f) antirughe	एंटी रिंकल क्रीम (f)	entī rinkal krīm
da giorno	दिन का	din ka
da notte	रात का	rāt ka

tampone (m)	टैम्पन (m)	taimpan
carta (f) igienica	टॉयलेट पेपर (m)	toyalet pepar
fon (m)	हेयर ड्रायर (m)	heyar drāyar

42. Gioielli

gioielli (m pl)	ज़ेवर (m pl)	zevar
prezioso (agg)	बहुमूल्य	bahumūly
marchio (m)	छाप (m)	chhāp

anello (m)	अंगूठी (f)	angūthī
anello (m) nuziale	शादी की अंगूठी (f)	shādī kī angūthī
braccialetto (m)	चूड़ी (m)	chūrī

orecchini (m pl)	कान की रिंग (f)	kān kī ring
collana (f)	माला (f)	māla
corona (f)	ताज (m)	tāj
perline (f pl)	मोती की माला (f)	motī kī māla

diamante (m)	हीरा (m)	hīra
smeraldo (m)	पन्ना (m)	panna
rubino (m)	माणिक (m)	mānik
zaffiro (m)	नीलम (m)	nīlam
perle (f pl)	मुक्ताफल (m)	muktāfal
ambra (f)	एम्बर (m)	embar

43. Orologi da polso. Orologio

orologio (m) (~ da polso)	घड़ी (f pl)	gharī
quadrante (m)	डायल (m)	dāyal
lancetta (f)	सुई (f)	suī
braccialetto (m)	धातु से बनी घड़ी का पट्टा (m)	dhātu se banī gharī ka patta
cinturino (m)	घड़ी का पट्टा (m)	gharī ka patta
pila (f)	बैटरी (f)	baiterī
essere scarico	ख़त्म हो जाना	khatm ho jāna
cambiare la pila	बैटरी बदलना	baiterī badalana
andare avanti	तेज़ चलना	tez chalana
andare indietro	धीमी चलना	dhīmī chalana
orologio (m) da muro	दीवार-घड़ी (f pl)	dīvār-gharī
clessidra (f)	रेत-घड़ी (f pl)	ret-gharī
orologio (m) solare	सूरज-घड़ी (f pl)	sūraj-gharī
sveglia (f)	अलार्म घड़ी (f)	alārm gharī
orologiaio (m)	घड़ीसाज़ (m)	gharīsāz
riparare (vt)	मरम्मत करना	marammat karana

Cibo. Alimentazione

44. Cibo

carne (f)	गोश्त (m)	gosht
pollo (m)	चीकन (m)	chīkan
pollo (m) novello	रॉक कोर्निश मुर्गी (f)	rok kornish murgī
anatra (f)	बतख़ (f)	battakh
oca (f)	हंस (m)	hans
cacciagione (f)	शिकार के पशुपक्षी (f)	shikār ke pashupakshī
tacchino (m)	टर्की (m)	tarkī
maiale (m)	सुअर का गोश्त (m)	suar ka gosht
vitello (m)	बछड़े का गोश्त (m)	bachhare ka gosht
agnello (m)	भेड़ का गोश्त (m)	bher ka gosht
manzo (m)	गाय का गोश्त (m)	gāy ka gosht
coniglio (m)	खरगोश (m)	kharagosh
salame (m)	सॉसेज (f)	sosej
w?rstel (m)	वियना सॉसेज (m)	viyana sosej
pancetta (f)	बेकन (m)	bekan
prosciutto (m)	हैम (m)	haim
prosciutto (m) affumicato	सुअर की जांघ (f)	suar kī jāngh
pâté (m)	पिसा हुआ गोश्त (m)	pisa hua gosht
fegato (m)	जिगर (f)	jigar
carne (f) trita	कीमा (m)	kīma
lingua (f)	जीभ (m)	jībh
uovo (m)	अंडा (m)	anda
uova (f pl)	अंडे (m pl)	ande
albume (m)	अंडे की सफ़ेदी (m)	ande kī safedī
tuorlo (m)	अंडे की ज़र्दी (m)	ande kī zardī
pesce (m)	मछली (f)	machhalī
frutti (m pl) di mare	समुद्री खाना (m)	samudrī khāna
caviale (m)	मछली के अंडे (m)	machhalī ke ande
granchio (m)	केकड़ा (m)	kekara
gamberetto (m)	चिंगड़ा (m)	chingara
ostrica (f)	सीप (m)	sīp
aragosta (f)	लोबस्टर (m)	lobastar
polpo (m)	ओक्टोपस (m)	oktopas
calamaro (m)	स्कीड (m)	skīd
storione (m)	स्टर्जन (f)	starjan
salmone (m)	सालमन (m)	sālaman
ippoglosso (m)	हैलिबट (f)	hailibat
merluzzo (m)	कॉड (f)	kod
scombro (m)	माक्रैल (f)	mākrail

tonno (m)	टूना (f)	tūna
anguilla (f)	बाम मछली (f)	bām machhalī
trota (f)	ट्राउट मछली (f)	traut machhalī
sardina (f)	सार्डीन (f)	sārdīn
luccio (m)	पाइक (f)	paik
aringa (f)	हेरिंग मछली (f)	hering machhalī
pane (m)	ब्रेड (f)	bred
formaggio (m)	पनीर (m)	panīr
zucchero (m)	चीनी (f)	chīnī
sale (m)	नमक (m)	namak
riso (m)	चावल (m)	chāval
pasta (f)	पास्ता (m)	pāsta
tagliatelle (f pl)	नूडल्स (m)	nūdals
burro (m)	मक्खन (m)	makkhan
olio (m) vegetale	तेल (m)	tel
olio (m) di girasole	सूरजमुखी तेल (m)	sūrajamukhī tel
margarina (f)	नकली मक्खन (m)	nakalī makkhan
olive (f pl)	जैतून (m)	jaitūn
olio (m) d'oliva	जैतून का तेल (m)	jaitūn ka tel
latte (m)	दूध (m)	dūdh
latte (m) condensato	रबड़ी (f)	rabarī
yogurt (m)	दही (m)	dahī
panna (f) acida	खट्टी क्रीम (f)	khattī krīm
panna (f)	मलाई (f pl)	malaī
maionese (m)	मेयोनेज़ (m)	meyonez
crema (f)	क्रीम (m)	krīm
cereali (m pl)	अनाज के दाने (m)	anāj ke dāne
farina (f)	आटा (m)	āta
cibi (m pl) in scatola	डिब्बाबन्द खाना (m)	dibbāband khāna
fiocchi (m pl) di mais	कॉर्नफ्लेक्स (m)	kornafleks
miele (m)	शहद (m)	shahad
marmellata (f)	जैम (m)	jaim
gomma (f) da masticare	चूइन्ग गम (m)	chūing gam

45. Bevande

acqua (f)	पानी (m)	pānī
acqua (f) potabile	पीने का पानी (f)	pīne ka pānī
acqua (f) minerale	मिनरल वॉटर (m)	minaral votar
liscia (non gassata)	स्टिल वॉटर	stil votar
gassata (agg)	कार्बोनेटेड	kārboneted
frizzante (agg)	स्पार्कलिंग	spārkaling
ghiaccio (m)	बर्फ़ (m)	barf
con ghiaccio	बर्फ़ के साथ	barf ke sāth

analcolico (agg)	शराब रहित	sharāb rahit
bevanda (f) analcolica	कोल्ड ड्रिंक (f)	kold drink
bibita (f)	शीतलक ड्रिंक (f)	shītalak drink
limonata (f)	लेमोनेड (m)	lemoned
bevande (f pl) alcoliche	शराब (m pl)	sharāb
vino (m)	वाइन (f)	vain
vino (m) bianco	सफ़ेद वाइन (f)	safed vain
vino (m) rosso	लाल वाइन (f)	lāl vain
liquore (m)	लिकर (m)	likar
champagne (m)	शैम्पेन (f)	shaimpen
vermouth (m)	वर्माठथ (f)	varmauth
whisky	विस्की (f)	viskī
vodka (f)	वोडका (m)	vodaka
gin (m)	जिन (f)	jin
cognac (m)	कोन्याक (m)	konyāk
rum (m)	रम (m)	ram
caffè (m)	कॉफ़ी (f)	kofī
caffè (m) nero	काली कॉफ़ी (f)	kālī kofī
caffè latte (m)	दूध के साथ कॉफ़ी (f)	dūdh ke sāth kofī
cappuccino (m)	कैपूचिनो (f)	kaipūchino
caffè (m) solubile	इन्सटेन्ट-काफ़ी (f)	insatent-kāfī
latte (m)	दूध (m)	dūdh
cocktail (m)	कॉकटेल (m)	kokatel
frullato (m)	मिल्कशेक (m)	milkashek
succo (m)	रस (m)	ras
succo (m) di pomodoro	टमाटर का रस (m)	tamātar ka ras
succo (m) d'arancia	संतरे का रस (m)	santare ka ras
spremuta (f)	ताज़ा रस (m)	tāza ras
birra (f)	बियर (m)	biyar
birra (f) chiara	हल्का बियर (m)	halka biyar
birra (f) scura	डार्क बियर (m)	dārk biyar
tè (m)	चाय (f)	chāy
tè (m) nero	काली चाय (f)	kālī chāy
tè (m) verde	हरी चाय (f)	harī chāy

46. Verdure

ortaggi (m pl)	सब्ज़ियाँ (f pl)	sabziyān
verdura (f)	हरी सब्ज़ियाँ (f)	harī sabziyān
pomodoro (m)	टमाटर (m)	tamātar
cetriolo (m)	खीरा (m)	khīra
carota (f)	गाजर (f)	gājar
patata (f)	आलू (m)	ālū
cipolla (f)	प्याज़ (m)	pyāz
aglio (m)	लहसुन (m)	lahasun

cavolo (m)	पत्ता गोभी (f)	patta gobhī
cavolfiore (m)	फूल गोभी (f)	fūl gobhī
cavoletti (m pl) di Bruxelles	ब्रसेल्स स्प्राउट्स (m)	brasels sprauts
broccolo (m)	ब्रोकोली (f)	brokolī
barbabietola (f)	चुकन्दर (m)	chukandar
melanzana (f)	बैंगन (m)	baingan
zucchina (f)	तुरई (f)	turī
zucca (f)	कद्दू (f)	kaddū
rapa (f)	शलजम (f)	shalajam
prezzemolo (m)	अजमोद (f)	ajamod
aneto (m)	सोआ (m)	soa
lattuga (f)	सलाद पत्ता (m)	salād patta
sedano (m)	सेलरी (m)	selarī
asparago (m)	एस्पैरेगस (m)	espairegas
spinaci (m pl)	पालक (m)	pālak
pisello (m)	मटर (m)	matar
fave (f pl)	फली (f pl)	falī
mais (m)	मकई (f)	makī
fagiolo (m)	राजमा (f)	rājama
peperone (m)	शिमला मिर्च (m)	shimala mirch
ravanello (m)	मूली (f)	mūlī
carciofo (m)	हाथीचक (m)	hāthīchak

47. Frutta. Noci

frutto (m)	फल (m)	fal
mela (f)	सेब (m)	seb
pera (f)	नाशपाती (f)	nāshapātī
limone (m)	नींबू (m)	nīmbū
arancia (f)	संतरा (m)	santara
fragola (f)	स्ट्रॉबेरी (f)	stroberī
mandarino (m)	नारंगी (m)	nārangī
prugna (f)	आलूबुखारा (m)	ālūbukhāra
pesca (f)	आड़ू (m)	ārū
albicocca (f)	खूबानी (f)	khūbānī
lampone (m)	रसभरी (f)	rasabharī
ananas (m)	अनानास (m)	anānās
banana (f)	केला (m)	kela
anguria (f)	तरबूज़ (m)	tarabūz
uva (f)	अंगूर (m)	angūr
amarena (f), ciliegia (f)	चेरी (f)	cherī
melone (m)	खरबूज़ा (f)	kharabūza
pompelmo (m)	ग्रेपफ्रूट (m)	grepafrūt
avocado (m)	एवोकाडो (m)	evokādo
papaia (f)	पपीता (f)	papīta
mango (m)	आम (m)	ām
melagrana (f)	अनार (m)	anār

ribes (m) rosso	लाल किशमिश (f)	lāl kishamish
ribes (m) nero	काली किशमिश (f)	kālī kishamish
uva (f) spina	आमला (f)	āmala
mirtillo (m)	बिलबेरी (f)	bilaberī
mora (f)	ब्लैकबेरी (f)	blaikaberī

uvetta (f)	किशमिश (m)	kishamish
fico (m)	अंजीर (m)	anjīr
dattero (m)	खजूर (m)	khajūr

arachide (f)	मूँगफली (m)	mūngafalī
mandorla (f)	बादाम (f)	bādām
noce (f)	अखरोट (m)	akharot
nocciola (f)	हेज़लनट (m)	hezalanat
noce (f) di cocco	नारियल (m)	nāriyal
pistacchi (m pl)	पिस्ता (m)	pista

48. Pane. Dolci

pasticceria (f)	मिठाई (f pl)	mithaī
pane (m)	ब्रेड (f)	bred
biscotti (m pl)	बिस्कुट (m)	biskut

cioccolato (m)	चॉकलेट (m)	chokalet
al cioccolato (agg)	चॉकलेटी	chokaletī
caramella (f)	टॉफ़ी (f)	tofī
tortina (f)	पेस्ट्री (f)	pestrī
torta (f)	केक (m)	kek

crostata (f)	पाई (m)	paī
ripieno (m)	फ़िलिंग (f)	filing

marmellata (f)	जैम (m)	jaim
marmellata (f) di agrumi	मुरब्बा (m)	murabba
wafer (m)	वेफ़र (m pl)	vefar
gelato (m)	आईस-क्रीम (f)	āīs-krīm

49. Pietanze cucinate

piatto (m) (~ principale)	पकवान (m)	pakavān
cucina (f)	व्यंजन (m)	vyanjan
ricetta (f)	रैसीपी (f)	raisīpī
porzione (f)	भाग (m)	bhāg

insalata (f)	सलाद (m)	salād
minestra (f)	सूप (m)	sūp

brodo (m)	यख़नी (f)	yakhanī
panino (m)	सैन्डविच (m)	saindavich
uova (f pl) al tegamino	आमलेट (m)	āmalet
hamburger (m)	हैमबर्गर (m)	haimabargar
bistecca (f)	बीफ़स्टीक (m)	bīfastīk

contorno (m)	साइड डिश (f)	said dish
spaghetti (m pl)	स्पेघेटी (f)	speghetī
purè (m) di patate	आलू भरता (f)	ālū bharata
pizza (f)	पीट्ज़ा (f)	pītza
porridge (m)	दलिया (f)	daliya
frittata (f)	आमलेट (m)	āmalet

bollito (agg)	उबला	ubala
affumicato (agg)	धुएँ में पकाया हुआ	dhuen men pakāya hua
fritto (agg)	भुना	bhuna
secco (agg)	सूखा	sūkha
congelato (agg)	फ्रोज़न	frozan
sottoaceto (agg)	अचार	achār

dolce (gusto)	मीठा	mītha
salato (agg)	नमकीन	namakīn
freddo (agg)	ठंडा	thanda
caldo (agg)	गरम	garam
amaro (agg)	कड़वा	karava
buono, gustoso (agg)	स्वादिष्ट	svādisht

cuocere, preparare (vt)	उबलते पानी में पकाना	ubalate pānī men pakāna
cucinare (vi)	खाना बनाना	khāna banāna
friggere (vt)	भूलना	bhūnana
riscaldare (vt)	गरम करना	garam karana

salare (vt)	नमक डालना	namak dālana
pepare (vt)	मिर्च डालना	mirch dālana
grattugiare (vt)	कद्दूकश करना	kaddūkash karana
buccia (f)	छिलका (f)	chhilaka
sbucciare (vt)	छिलका निकलना	chhilaka nikalana

50. Spezie

sale (m)	नमक (m)	namak
salato (agg)	नमकीन	namakīn
salare (vt)	नमक डालना	namak dālana

pepe (m) nero	काली मिर्च (f)	kālī mirch
peperoncino (m)	लाल मिर्च (m)	lāl mirch
senape (f)	सरसों (m)	sarason
cren (m)	अरब मूली (f)	arab mūlī

condimento (m)	मसाला (m)	masāla
spezie (f pl)	मसाला (m)	masāla
salsa (f)	चटनी (f)	chatanī
aceto (m)	सिरका (m)	siraka

anice (m)	सौंफ (f)	saumf
basilico (m)	तुलसी (f)	tulasī
chiodi (m pl) di garofano	लौंग (f)	laung
zenzero (m)	अदरक (m)	adarak
coriandolo (m)	धनिया (m)	dhaniya
cannella (f)	दालचीनी (f)	dālachīnī

sesamo (m)	तिल (m)	til
alloro (m)	तेजपत्ता (m)	tejapatta
paprica (f)	लाल शिमला मिर्च पाउडर (m)	lāl shimala mirch paudar
cumino (m)	ज़ीरा (m)	zīra
zafferano (m)	ज़ाफ़रान (m)	zāfarān

51. Pasti

cibo (m)	खाना (m)	khāna
mangiare (vi, vt)	खाना खाना	khāna khāna

colazione (f)	नाश्ता (m)	nāshta
fare colazione	नाश्ता करना	nāshta karana
pranzo (m)	दोपहर का भोजन (m)	dopahar ka bhojan
pranzare (vi)	दोपहर का भोजन करना	dopahar ka bhojan karana
cena (f)	रात्रिभोज (m)	rātribhoj
cenare (vi)	रात्रिभोज करना	rātribhoj karana

appetito (m)	भूख (f)	bhūkh
Buon appetito!	अपने भोजन का आनंद उठाएं!	apane bhojan ka ānand uthaen!

aprire (vt)	खोलना	kholana
rovesciare (~ il vino, ecc.)	गिराना	girāna
rovesciarsi (vr)	गिराना	girāna
bollire (vi)	उबालना	ubālana
far bollire	उबालना	ubālana
bollito (agg)	उबला हुआ	ubala hua
raffreddare (vt)	ठंडा करना	thanda karana
raffreddarsi (vr)	ठंडा करना	thanda karana

gusto (m)	स्वाद (m)	svād
retrogusto (m)	स्वाद (m)	svād

essere a dieta	वज़न घटाना	vazan ghatāna
dieta (f)	डाइट (m)	dait
vitamina (f)	विटामिन (m)	vitāmin
caloria (f)	कैलोरी (f)	kailorī
vegetariano (m)	शाकाहारी (m)	shākāhārī
vegetariano (agg)	शाकाहारी	shākāhārī

grassi (m pl)	वसा (m pl)	vasa
proteine (f pl)	प्रोटीन (m pl)	protīn
carboidrati (m pl)	कार्बोहाइड्रेट (m)	kārbohaidret
fetta (f), fettina (f)	टुकड़ा (m)	tukara
pezzo (m) (~ di torta)	टुकड़ा (m)	tukara
briciola (f) (~ di pane)	टुकड़ा (m)	tukara

52. Preparazione della tavola

cucchiaio (m)	चम्मच (m)	chammach
coltello (m)	छुरी (f)	chhurī

forchetta (f)	काँटा (m)	kānta
tazza (f)	प्याला (m)	pyāla
piatto (m)	तश्तरी (f)	tashtarī
piattino (m)	सॉसर (m)	sosar
tovagliolo (m)	नैपकीन (m)	naipakīn
stuzzicadenti (m)	टूथपिक (m)	tūthapik

53. Ristorante

ristorante (m)	रेस्टराँ (m)	restarān
caffè (m)	कॉफ़ी हाउस (m)	kofī haus
pub (m), bar (m)	बार (m)	bār
sala (f) da tè	चायख़ाना (m)	chāyakhāna

cameriere (m)	बैरा (m)	baira
cameriera (f)	बैरी (f)	bairī
barista (m)	बारमैन (m)	bāramain

menù (m)	मेनू (m)	menū
lista (f) dei vini	वाइन सूची (f)	vain sūchī
prenotare un tavolo	मेज़ बुक करना	mez buk karana

piatto (m)	पकवान (m)	pakavān
ordinare (~ il pranzo)	आर्डर देना	ārdar dena
fare un'ordinazione	आर्डर देना	ārdar dena

aperitivo (m)	एपेरेतीफ़ (m)	eperetīf
antipasto (m)	एपेटाइज़र (m)	epetaizar
dolce (m)	मीठा (m)	mītha

conto (m)	बिल (m)	bil
pagare il conto	बील का भुगतान करना	bīl ka bhugatān karana
dare il resto	खुले पैसे देना	khule paise dena
mancia (f)	टिप (f)	tip

Famiglia, parenti e amici

54. Informazioni personali. Moduli

nome (m)	पहला नाम (m)	pahala nām
cognome (m)	उपनाम (m)	upanām
data (f) di nascita	जन्म-दिवस (m)	janm-divas
luogo (m) di nascita	मातृभूमि (f)	mātrbhūmi
nazionalità (f)	नागरिकता (f)	nāgarikata
domicilio (m)	निवास स्थान (m)	nivās sthān
paese (m)	देश (m)	desh
professione (f)	पेशा (m)	pesha
sesso (m)	लिंग (m)	ling
statura (f)	क़द (m)	qad
peso (m)	वज़न (m)	vazan

55. Membri della famiglia. Parenti

madre (f)	माँ (f)	mān
padre (m)	पिता (m)	pita
figlio (m)	बेटा (m)	beta
figlia (f)	बेटी (f)	betī
figlia (f) minore	छोटी बेटी (f)	chhotī betī
figlio (m) minore	छोटा बेटा (m)	chhota beta
figlia (f) maggiore	बड़ी बेटी (f)	barī betī
figlio (m) maggiore	बड़ा बेटा (m)	bara beta
fratello (m)	भाई (m)	bhaī
sorella (f)	बहन (f)	bahan
cugino (m)	चचेरा भाई (m)	chachera bhaī
cugina (f)	चचेरी बहन (f)	chacherī bahan
mamma (f)	अम्मा (f)	amma
papà (m)	पापा (m)	pāpa
genitori (m pl)	माँ-बाप (m pl)	mān-bāp
bambino (m)	बच्चा (m)	bachcha
bambini (m pl)	बच्चे (m pl)	bachche
nonna (f)	दादी (f)	dādī
nonno (m)	दादा (m)	dāda
nipote (m) (figlio di un figlio)	पोता (m)	pota
nipote (f)	पोती (f)	potī
nipoti (pl)	पोते (m)	pote
zio (m)	चाचा (m)	chācha
zia (f)	चाची (f)	chāchī

| nipote (m) (figlio di un fratello) | भतीजा (m) | bhatīja |
| nipote (f) | भतीजी (f) | bhatījī |

suocera (f)	सास (f)	sās
suocero (m)	ससुर (m)	sasur
genero (m)	दामाद (m)	dāmād
matrigna (f)	सौतेली माँ (f)	sautelī mān
patrigno (m)	सौतेले पिता (m)	sautele pita

neonato (m)	दूधमुँहा बच्चा (m)	dudhamunha bachcha
infante (m)	शिशु (f)	shishu
bimbo (m), ragazzino (m)	छोटा बच्चा (m)	chhota bachcha

moglie (f)	पत्नी (f)	patnī
marito (m)	पति (m)	pati
coniuge (m)	पति (m)	pati
coniuge (f)	पत्नी (f)	patnī

sposato (agg)	शादीशुदा	shādīshuda
sposata (agg)	शादीशुदा	shādīshuda
celibe (agg)	अविवाहित	avivāhit
scapolo (m)	कुँआरा (m)	kunāra
divorziato (agg)	तलाक़शुदा	talāqashuda
vedova (f)	विधवा (f)	vidhava
vedovo (m)	विधुर (m)	vidhur

parente (m)	रिश्तेदार (m)	rishtedār
parente (m) stretto	सम्बंधी (m)	sambandhī
parente (m) lontano	दूर का रिश्तेदार (m)	dūr ka rishtedār
parenti (m pl)	रिश्तेदार (m pl)	rishtedār

orfano (m), orfana (f)	अनाथ (m)	anāth
tutore (m)	अभिभावक (m)	abhibhāvak
adottare (~ un bambino)	लड़का गोद लेना	laraka god lena
adottare (~ una bambina)	लड़की गोद लेना	larakī god lena

56. Amici. Colleghi

amico (m)	दोस्त (m)	dost
amica (f)	सहेली (f)	sahelī
amicizia (f)	दोस्ती (f)	dostī
essere amici	दोस्त होना	dost hona

amico (m) (inform.)	मित्र (m)	mitr
amica (f) (inform.)	सहेली (f)	sahelī
partner (m)	पार्टनर (m)	pārtanar

capo (m)	चीफ़ (m)	chīf
capo (m), superiore (m)	अधीक्षक (m)	adhīkshak
subordinato (m)	अधीनस्थ (m)	adhīnasth
collega (m)	सहकर्मी (m)	sahakarmī

| conoscente (m) | परिचित आदमी (m) | parichit ādamī |
| compagno (m) di viaggio | सहगामी (m) | sahagāmī |

compagno (m) di classe	सहपाठी (m)	sahapāthī
vicino (m)	पड़ोसी (m)	parosī
vicina (f)	पड़ोसन (f)	parosan
vicini (m pl)	पड़ोसी (m pl)	parosī

57. Uomo. Donna

donna (f)	औरत (f)	aurat
ragazza (f)	लड़की (f)	larakī
sposa (f)	दुल्हन (f)	dulhan
bella (agg)	सुंदर	sundar
alta (agg)	लम्बा	lamba
snella (agg)	सुडौल	sudaul
bassa (agg)	छोटे क़द का	chhote qad ka
bionda (f)	हल्के रंगे के बालोंवाली औरत (f)	halke range ke bālonvālī aurat
bruna (f)	काले बालोंवाली औरत (f)	kāle bālonvālī aurat
da donna (agg)	महिलाओं का	mahilaon ka
vergine (f)	कुमारिनी (f)	kumārinī
incinta (agg)	गर्भवती	garbhavatī
uomo (m) (adulto maschio)	आदमी (m)	ādamī
biondo (m)	हल्के रंगे के बालोंवाला आदमी (m)	halke range ke bālonvāla ādamī
bruno (m)	काले बालोंवाला (m)	kāle bālonvāla
alto (agg)	लम्बा	lamba
basso (agg)	छोटे क़द का	chhote qad ka
sgarbato (agg)	अभद्र	abhadr
tozzo (agg)	हृष्ट-पुष्ट	hrasht-pusht
robusto (agg)	तगड़ा	tagara
forte (agg)	ताक़तवर	tākatavar
forza (f)	ताक़त (f)	tāqat
grasso (agg)	मोटा	mota
bruno (agg)	साँवला	sānvala
snello (agg)	सुडौल	sudaul
elegante (agg)	सजिला	sajila

58. Età

età (f)	उम्र (f)	umr
giovinezza (f)	युवा (f)	yuva
giovane (agg)	जवान	javān
più giovane (agg)	कनिष्ठ	kanishth
più vecchio (agg)	बड़ा	bara
giovane (m)	युवक (m)	yuvak
adolescente (m, f)	किशोर (m)	kishor

ragazzo (m)	लड़का (m)	laraka
vecchio (m)	बूढ़ा आदमी (m)	būrha ādamī
vecchia (f)	बूढ़ी औरत (f)	būrhī aurat
adulto (m)	व्यस्क	vyask
di mezza età	अधेड़	adhed
anziano (agg)	बुजुर्ग	buzurg
vecchio (agg)	साल	sāl
pensionamento (m)	सेवा-निवृत्ति (f)	seva-nivrtti
andare in pensione	सेवा-निवृत होना	seva-nivrtt hona
pensionato (m)	सेवा-निवृत (m)	seva-nivrtt

59. Bambini

bambino (m), bambina (f)	बच्चा (m)	bachcha
bambini (m pl)	बच्चे (m pl)	bachche
gemelli (m pl)	जुड़वाँ (m pl)	juravān
culla (f)	पालना (m)	pālana
sonaglio (m)	झुनझुना (m)	jhunajhuna
pannolino (m)	डायपर (m)	dāyapar
tettarella (f)	चुसनी (f)	chusanī
carrozzina (f)	बच्चा गाड़ी (f)	bachcha gārī
scuola (f) materna	बालवाड़ी (f)	bālavārī
baby-sitter (f)	दाई (f)	daī
infanzia (f)	बचपन (m)	bachapan
bambola (f)	गुड़िया (f)	guriya
giocattolo (m)	खिलौना (m)	khilauna
gioco (m) di costruzione	निर्माण सेट खिलौना (m)	nirmān set khilauna
educato (agg)	तमीज़दार	tamīzadār
maleducato (agg)	बदतमीज़	badatamīz
viziato (agg)	सिरचढ़ा	siracharha
essere disubbidiente	शरारत करना	sharārat karana
birichino (agg)	नटखट	natakhat
birichinata (f)	नटखटपन (m)	natakhatapan
bambino (m) birichino	नटखट बच्चा (m)	natakhat bachcha
ubbidiente (agg)	आज्ञाकारी	āgyākārī
disubbidiente (agg)	अनुज्ञाकारी	anugyākārī
docile (agg)	विनम्र	vinamr
intelligente (agg)	बुद्धिमान	buddhimān
bambino (m) prodigio	अद्भुत बच्चा (m)	adbhut bachcha

60. Coppie sposate. Vita di famiglia

baciare (vt)	चुम्बन करना	chumban karana
baciarsi (vr)	चुम्बन करना	chumban karana

famiglia (f)	परिवार (m)	parivār
familiare (agg)	परिवारिक	parivārik
coppia (f)	दंपति (m)	dampatti
matrimonio (m)	शादी (f)	shādī
focolare (m) domestico	गृह-चूल्हा (m)	grh-chūlha
dinastia (f)	वंश (f)	vansh
appuntamento (m)	मुलाक़ात (f)	mulāqāt
bacio (m)	चुम्बन (m)	chumban
amore (m)	प्रेम (m)	prem
amare (qn)	प्यार करना	pyār karana
amato (agg)	प्यारा	pyāra
tenerezza (f)	स्नेह (f)	sneh
dolce, tenero (agg)	स्नेही	snehī
fedeltà (f)	वफ़ादारी (f)	vafādārī
fedele (agg)	वफ़ादार	vafādār
premura (f)	देखभाल (f)	dekhabhāl
premuroso (agg)	परवाह करने वाला	paravāh karane vāla
sposi (m pl) novelli	नवविवाहित (m pl)	navavivāhit
luna (f) di miele	हनीमून (m)	hanīmūn
sposarsi (per una donna)	शादी करना	shādī karana
sposarsi (per un uomo)	शादी करना	shādī karana
nozze (f pl)	शादी (f)	shādī
nozze (f pl) d'oro	विवाह की पचासवीं वर्षगांठ (m)	vivāh kī pachāsavīn varshagānth
anniversario (m)	वर्षगांठ (m)	varshagānth
amante (m)	प्रेमी (m)	premī
amante (f)	प्रेमिका (f)	premika
adulterio (m)	व्यभिचार (m)	vyabhichār
tradire (commettere adulterio)	संबंधों में धोखा देना	sambandhon men dhokha dena
geloso (agg)	ईष्यालु	īshyālu
essere geloso	ईष्या करना	īshya karana
divorzio (m)	तलाक़ (m)	talāq
divorziare (vi)	तलाक़ देना	talāq dena
litigare (vi)	झगड़ना	jhagarana
fare pace	सुलह करना	sulah karana
insieme	साथ	sāth
sesso (m)	यौन-क्रिया (f)	yaun-kriya
felicità (f)	खुशी (f)	khushī
felice (agg)	खुश	khush
disgrazia (f)	दुर्घटना (f)	durghatana
infelice (agg)	नाखुश	nākhush

Personalità. Sentimenti. Emozioni

61. Sentimenti. Emozioni

sentimento (m)	भावना (f)	bhāvana
sentimenti (m pl)	भावनाएं (f)	bhāvanaen
sentire (vt)	महसूस करना	mahasūs karana
fame (f)	भूख (f)	bhūkh
avere fame	भूख लगना	bhūkh lagana
sete (f)	प्यास (f)	pyās
avere sete	प्यास लगना	pyās lagana
sonnolenza (f)	उनींदापन (f)	unīndāpan
avere sonno	नींद आना	nīnd āna
stanchezza (f)	थकान (f)	thakān
stanco (agg)	थका हुआ	thaka hua
stancarsi (vr)	थक जाना	thak jāna
umore (m) (buon ~)	मन (m)	man
noia (f)	ऊब (m)	ūb
annoiarsi (vr)	ऊब जाना	ūb jāna
isolamento (f)	अकेलापन (m)	akelāpan
isolarsi (vr)	एकांत में रहना	ekānt men rahana
preoccupare (vt)	चिन्ता करना	chinta karana
essere preoccupato	फ़िक्रमंद होना	fikramand hona
agitazione (f)	फ़िक्र (f)	fikr
preoccupazione (f)	चिन्ता (f)	chinta
preoccupato (agg)	चिंताकुल	chintākul
essere nervoso	घबराना	ghabarāna
andare in panico	घबरा जाना	ghabara jāna
speranza (f)	आशा (f)	āsha
sperare (vi, vt)	आशा रखना	āsha rakhana
certezza (f)	विश्वास (m)	vishvās
sicuro (agg)	विश्वास होना	vishvās hona
incertezza (f)	अविश्वास (m)	avishvās
incerto (agg)	विश्वास न होना	vishvās na hona
ubriaco (agg)	मदहोश	madahosh
sobrio (agg)	बिना नशे के	bina nashe ke
debole (agg)	कमज़ोर	kamazor
fortunato (agg)	ख़ुश	khush
spaventare (vt)	डराना	darāna
furia (f)	रोष (m)	rosh
rabbia (f)	रोष (m)	rosh
depressione (f)	उदासी (f)	udāsī
disagio (m)	असुविधा (f)	asuvidha

conforto (m)	सुविधा (f)	suvidha
rincrescere (vi)	अफ़सोस करना	afasos karana
rincrescimento (m)	अफ़सोस (m)	afasos
sfortuna (f)	दुर्भाग्य (f)	durbhāgy
tristezza (f)	दुख (m)	dukh

vergogna (f)	शर्म (m)	sharm
allegria (f)	प्रसन्नता (f)	prasannata
entusiasmo (m)	उत्साह (m)	utsāh
entusiasta (m)	उत्साही (m)	utsāhī
mostrare entusiasmo	उत्साह दिखाना	utsāh dikhāna

62. Personalità. Carattere

carattere (m)	चरित्र (m)	charitr
difetto (m)	चरित्र दोष (m)	charitr dosh
mente (f)	अक्ल (m)	aql
intelletto (m)	तर्क करने की क्षमता (f)	tark karane kī kshamata

coscienza (f)	अन्तरात्मा (f)	antarātma
abitudine (f)	आदत (f)	ādat
capacità (f)	क्षमता (f)	kshamata
sapere (~ nuotare)	कर सकना	kar sakana

paziente (agg)	धैर्यशील	dhairyashīl
impaziente (agg)	बेसब्र	besabr
curioso (agg)	उत्सुक	utsuk
curiosità (f)	उत्सुकता (f)	utsukata

modestia (f)	लज्जा (f)	lajja
modesto (agg)	विनम्र	vinamr
immodesto (agg)	अविनम्र	avinamr

pigrizia (f)	आलस्य (m)	ālasy
pigro (agg)	आलसी	ālasī
poltrone (m)	सुस्त आदमी (m)	sust ādamī

furberia (f)	चालाक (m)	chālāk
furbo (agg)	चालाकी	chālākī
diffidenza (f)	अविश्वास (m)	avishvās
diffidente (agg)	अविश्वासपूर्ण	avishvāsapūrn

generosità (f)	उदारता (f)	udārata
generoso (agg)	उदार	udār
di talento	प्रतिभाशाली	pratibhāshālī
talento (m)	प्रतिभा (m)	pratibha

coraggioso (agg)	साहसी	sāhasī
coraggio (m)	साहस (m)	sāhas
onesto (agg)	ईमानदार	īmānadār
onestà (f)	ईमानदारी (f)	īmānadārī

| prudente (agg) | सावधान | sāvadhān |
| valoroso (agg) | बहादुर | bahādur |

| serio (agg) | गम्भीर | gambhīr |
| severo (agg) | सख्त | sakht |

deciso (agg)	निर्णयात्मक	nirnayātmak
indeciso (agg)	अनिर्णायक	anirnāyak
timido (agg)	शर्मीला	sharmīla
timidezza (f)	संकोच (m)	sankoch

fiducia (f)	यक़ीन (m)	yaqīn
fidarsi (vr)	यक़ीन करना	yaqīn karana
fiducioso (agg)	भरोसा	bharosa

sinceramente	हार्दिक	hārdik
sincero (agg)	हार्दिक	hārdik
sincerità (f)	निष्ठा (f)	nishtha
aperto (agg)	अनावृत	anāvrt

tranquillo (agg)	शांत	shānt
sincero (agg)	स्पष्ट	spasht
ingenuo (agg)	भोला	bhola
distratto (agg)	भुलक्कड़	bhulakkar
buffo (agg)	अजीब	ajīb

avidità (f)	लालच (m)	lālach
avido (agg)	लालची	lālachī
avaro (agg)	कंजूस	kanjūs
cattivo (agg)	दुष्ट	dusht
testardo (agg)	ज़िद्दी	ziddī
antipatico (agg)	अप्रिय	apriy

egoista (m)	स्वार्थी (m)	svārthī
egoistico (agg)	स्वार्थ	svārth
codardo (m)	कायर (m)	kāyar
codardo (agg)	कायरता	kāyarata

63. Dormire. Sogni

dormire (vi)	सोना	sona
sonno (m) (stato di sonno)	सोना (m)	sona
sogno (m)	सपना (f)	sapana
sognare (fare sogni)	सपना देखना	sapana dekhana
sonnolento (agg)	ऊनिंदा	uninda

letto (m)	पलंग (m)	palang
materasso (m)	गद्दा (m)	gadda
coperta (f)	कम्बल (m)	kambal
cuscino (m)	तकिया (m)	takiya
lenzuolo (m)	चादर (f)	chādar

insonnia (f)	अनिद्रा (m)	anidra
insonne (agg)	अनिद्र	anidr
sonnifero (m)	नींद की गोली (f)	nīnd kī golī
prendere il sonnifero	नींद की गोली लेना	nīnd kī golī lena
avere sonno	नींद आना	nīnd āna

sbadigliare (vi)	जँभाई लेना	janbhaī lena
andare a letto	सोने जाना	sone jāna
fare il letto	बिस्तर बिछाना	bistar bichhāna
addormentarsi (vr)	सो जाना	so jāna

incubo (m)	डरावना सपना (m)	darāvana sapana
russare (m)	खर्राटे (m)	kharrāte
russare (vi)	खर्राटे लेना	kharrāte lena

sveglia (f)	अलार्म घड़ी (f)	alārm gharī
svegliare (vt)	जगाना	jagāna
svegliarsi (vr)	जगना	jagana
alzarsi (vr)	उठना	uthana
lavarsi (vr)	हाथ-मुँह धोना	hāth-munh dhona

64. Umorismo. Risata. Felicità

umorismo (m)	हास्य (m)	hāsy
senso (m) dello humour	मज़ाक करने की आदत (m)	mazāk karane kī ādat
divertirsi (vr)	आनंद उठाना	ānand uthāna
allegro (agg)	हँसमुख	hansamukh
allegria (f)	उत्सव (m)	utsav

sorriso (m)	मुस्कान (f)	muskān
sorridere (vi)	मुस्कुराना	muskurāna
mettersi a ridere	हंसना शुरू करना	hansana shurū karana
ridere (vi)	हंसना	hansana
riso (m)	हंसी (f)	hansī

aneddoto (m)	चुटकुला (f)	chutakula
divertente (agg)	मज़ाकीय	mazākīy
ridicolo (agg)	हास्यास्प्रद	hāsyāsprad

scherzare (vi)	मज़ाक करना	mazāk karana
scherzo (m)	लतीफ़ा (f)	latīfa
gioia (f) (fare salti di ~)	ख़ुशी (f)	khushī
rallegrarsi (vr)	ख़ुश होना	khush hona
allegro (agg)	ख़ुश	khush

65. Discussione. Conversazione. Parte 1

comunicazione (f)	संवाद (m)	sanvād
comunicare (vi)	संवाद करना	sanvād karana

conversazione (f)	बातचीत (f)	bātachīt
dialogo (m)	बातचीत (f)	bātachīt
discussione (f)	चर्चा (f)	charcha
dibattito (m)	बहस (f)	bahas
discutere (vi)	बहस करना	bahas karana

interlocutore (m)	वार्तिकार (m)	vārtākār
tema (m)	विषय (m)	vishay

punto (m) di vista	दृष्टिकोण (m)	drshtikon
opinione (f)	राय (f)	rāy
discorso (m)	भाषण (m)	bhāshan

discussione (f)	चर्चा (f)	charcha
discutere (~ una proposta)	चर्चा करना	charcha karana
conversazione (f)	बातचीत (f)	bātachīt
conversare (vi)	बात करना	bāt karana
incontro (m)	भेंट (f)	bhent
incontrarsi (vr)	मिलना	milana

proverbio (m)	लोकोक्ति (f)	lokokti
detto (m)	कहावत (f)	kahāvat
indovinello (m)	पहेली (f)	pahelī
fare un indovinello	पहेली पूछना	pahelī pūchhana
parola (f) d'ordine	पासवर्ड (m)	pāsavard
segreto (m)	भेद (m)	bhed

giuramento (m)	शपथ (f)	shapath
giurare (prestare giuramento)	शपथ लेना	shapath lena
promessa (f)	वचन (m)	vachan
promettere (vt)	वचन देना	vachan dena

consiglio (m)	सलाह (f)	salāh
consigliare (vt)	सलाह देना	salāh dena
ubbidire (ai genitori)	कहना मानना	kahana mānana

notizia (f)	समाचार (m)	samāchār
sensazione (f)	सनसनी (f)	sanasanī
informazioni (f pl)	सूचना (f)	sūchana
conclusione (f)	निष्कर्ष (m)	nishkarsh
voce (f)	आवाज़ (f)	āvāz
complimento (m)	प्रशंसा (m)	prashansa
gentile (agg)	दयालु	dayālu

parola (f)	शब्द (m)	shabd
frase (f)	जुमला (m)	jumala
risposta (f)	जवाब (m)	javāb

| verità (f) | सच (f) | sach |
| menzogna (f) | झूठ (f) | jhūth |

pensiero (m)	ख्याल (f)	khyāl
idea (f)	विचार (f)	vichār
fantasia (f)	कल्पना (f)	kalpana

66. Discussione. Conversazione. Parte 2

rispettato (agg)	आदरणीय	ādaranīy
rispettare (vt)	आदर करना	ādar karana
rispetto (m)	इज़्ज़त (m)	izzat
Egregio ...	माननीय	mānanīy
presentare (~ qn)	परिचय देना	parichay dena
intenzione (f)	इरादा (m)	irāda

avere intenzione	इरादा करना	irāda karana
augurio (m)	इच्छा (f)	ichchha
augurare (vt)	इच्छा करना	ichchha karana

sorpresa (f)	हैरानी (f)	hairānī
sorprendere (stupire)	हैरान करना	hairān karana
stupirsi (vr)	हैरान होना	hairān hona

dare (vt)	देना	dena
prendere (vt)	लेना	lena
rendere (vt)	वापस देना	vāpas dena
restituire (vt)	वापस करना	vāpas karana

scusarsi (vr)	माफ़ी मांगना	māfī māngana
scusa (f)	माफ़ी (f)	māfī
perdonare (vt)	क्षमा करना	kshama karana

parlare (vi, vt)	बात करना	bāt karana
ascoltare (vi)	सुनना	sunana
ascoltare fino in fondo	सुन लेना	sun lena
capire (vt)	समझना	samajhana

mostrare (vt)	दिखाना	dikhāna
guardare (vt)	देखना	dekhana
chiamare (rivolgersi a)	बुलाना	bulāna
disturbare (vt)	परेशान करना	pareshān karana
consegnare (vt)	भिजवाना	bhijavāna

richiesta (f)	प्रार्थना (f)	prārthana
chiedere (vt)	अनुरोध करना	anurodh karana
esigenza (f)	मांग (f)	māng
esigere (vt)	मांगना	māngana

stuzzicare (vt)	चिढ़ाना	chirhāna
canzonare (vt)	मज़ाक उड़ाना	mazāk urāna
burla (f), beffa (f)	मज़ाक (m)	mazāk
soprannome (m)	मुंह बोला नाम (m)	munh bola nām

allusione (f)	इशारा (m)	ishāra
alludere (vi)	इशारा करना	ishāra karana
intendere (cosa intendi dire?)	मतलब होना	matalab hona

| descrizione (f) | वर्णन (m) | varnan |
| descrivere (vt) | वर्णन करना | varnan karana |

| lode (f) | प्रशंसा (m) | prashansa |
| lodare (vt) | प्रशंसा करना | prashansa karana |

delusione (f)	निराशा (m)	nirāsha
deludere (vt)	निराश करना	nirāsh karana
rimanere deluso	निराश होना	nirāsh hona

supposizione (f)	अंदाज़ा (m)	andāza
supporre (vt)	अंदाज़ा करना	andāza karana
avvertimento (m)	चेतावनी (f)	chetāvanī
avvertire (vt)	चेतावनी देना	chetāvanī dena

67. Discussione. Conversazione. Parte 3

persuadere (vt)	मना लेना	mana lena
tranquillizzare (vt)	शांत करना	shānt karana
silenzio (m) (il ~ è d'oro)	ख़ामोशी (f)	khāmoshī
tacere (vi)	चुप रहना	chup rahana
sussurrare (vt)	फुसफुसाना	fusafusāna
sussurro (m)	फुसफुस (m)	fusafus
francamente	साफ़ साफ़	sāf sāf
secondo me ...	मेरे ख़्याल में ...	mere khyāl men ...
dettaglio (m)	विस्तार (m)	vistār
dettagliato (agg)	विस्तृत	vistrt
dettagliatamente	विस्तार से	vistār se
suggerimento (m)	सुराग़ (m)	surāg
suggerire (vt)	सुराग़ देना	surāg dena
sguardo (m)	नज़र (m)	nazar
gettare uno sguardo	देखना	dekhana
fisso (agg)	स्थिर	sthir
battere le palpebre	झपकना	jhapakana
ammiccare (vi)	आँख मारना	ānkh mārana
accennare col capo	सिर हिलाना	sir hilāna
sospiro (m)	आह (f)	āh
sospirare (vi)	आह भरना	āh bharana
sussultare (vi)	काँपना	kānpana
gesto (m)	इशारा (m)	ishāra
toccare (~ il braccio)	छू	chhūa
afferrare (~ per il braccio)	पकड़ना	pakarana
picchiettare (~ la spalla)	थपथपाना	thapathapāna
Attenzione!	ख़बरदार!	khabaradār!
Davvero?	सचमुच?	sachamuch?
Sei sicuro?	क्या तुम्हें यक़ीन है?	kya tumhen yaqīn hai?
Buona fortuna!	सफल हो!	safal ho!
Capito!	समझ आया!	samajh āya!
Peccato!	अफ़सोस की बात है!	afasos kī bāt hai!

68. Accordo. Rifiuto

accordo (m)	सहमति (f)	sahamati
essere d'accordo	राज़ी होना	rāzī hona
approvazione (f)	स्वीकृति (f)	svīkrti
approvare (vt)	स्वीकार करना	svīkār karana
rifiuto (m)	इन्कार (m)	inkār
rifiutarsi (vr)	इन्कार करना	inkār karana
Perfetto!	बहुत बढ़िया!	bahut barhiya!
Va bene!	अच्छा है!	achchha hai!

D'accordo!	ठीक!	thīk!
vietato, proibito (agg)	वर्जित	varjit
è proibito	मना है	mana hai
è impossibile	सम्भव नहीं	sambhav nahin
sbagliato (agg)	ग़लत	galat

respingere (~ una richiesta)	अस्वीकार करना	asvīkār karana
sostenere (~ un'idea)	समर्थन करना	samarthan karana
accettare (vt)	स्वीकार करना	svīkār karana

confermare (vt)	पुष्टि करना	pushti karana
conferma (f)	पुष्टि (f)	pushti
permesso (m)	अनुमति (f)	anumati
permettere (vt)	अनुमति देना	anumati dena
decisione (f)	फ़ैसला (m)	faisala
non dire niente	चुप रहना	chup rahana

condizione (f)	हालत (m)	hālat
pretesto (m)	बहाना (m)	bahāna
lode (f)	प्रशंसा (m)	prashansa
lodare (vt)	तारीफ़ करना	tārīf karana

69. Successo. Fortuna. Fiasco

successo (m)	सफलता (f)	safalata
con successo	सफलतापूर्वक	safalatāpūrvak
ben riuscito (agg)	सफल	safal
fortuna (f)	सौभाग्य (m)	saubhāgy
Buona fortuna!	सफल हो!	safal ho!
fortunato (giorno ~)	भाग्यशाली	bhāgyashālī
fortunato (persona ~a)	भाग्यशाली	bhāgyashālī

fiasco (m)	विफलता (f)	vifalata
disdetta (f)	नाकामयाबी (f)	nākāmayābī
sfortuna (f)	दुर्भाग्य (m)	durbhāgy
fallito (agg)	असफल	asafal
disastro (m)	दुर्घटना (f)	durghatana

orgoglio (m)	गर्व (m)	garv
orgoglioso (agg)	गर्व	garv
essere fiero di ...	गर्व करना	garv karana
vincitore (m)	विजेता (m)	vijeta
vincere (vi)	जीतना	jītana
perdere (subire una sconfitta)	हार जाना	hār jāna
tentativo (m)	कोशिश (f)	koshish
tentare (vi)	कोशिश करना	koshish karana
chance (f)	मौक़ा (m)	mauqa

70. Dispute. Sentimenti negativi

| grido (m) | चिल्लाहट (f) | chillāhat |
| gridare (vi) | चिल्लाना | chillāna |

mettersi a gridare	चीख़ना	chīkhana
litigio (m)	झगड़ा (m)	jhagara
litigare (vi)	झगड़ना	jhagarana
lite (f)	झगड़ा (m)	jhagara
dare scandalo (litigare)	झगड़ना	jhagarana
conflitto (m)	टकराव (m)	takarāv
fraintendimento (m)	ग़लतफ़हमी (m)	galatafahamī
insulto (m)	अपमान (m)	apamān
insultare (vt)	अपमान करना	apamān karana
offeso (agg)	अपमानित	apamānit
offesa (f)	द्वेष (f)	dvesh
offendere (qn)	नाराज़ करना	nārāz karana
offendersi (vr)	बुरा मानना	bura mānana
indignazione (f)	क्रोध (m)	krodh
indignarsi (vr)	ग़ुस्से में आना	gusse men āna
lamentela (f)	शिकायत (f)	shikāyat
lamentarsi (vr)	शिकायत करना	shikāyat karana
scusa (f)	माफ़ी (f)	māfī
scusarsi (vr)	माफ़ी मांगना	māfī māngana
chiedere scusa	क्षमा मांगना	kshama māngana
critica (f)	आलोचना (f)	ālochana
criticare (vt)	आलोचना करना	ālochana karana
accusa (f)	आरोप (m)	ārop
accusare (vt)	आरोप लगाना	ārop lagāna
vendetta (f)	बदला (m)	badala
vendicare (vt)	बदला लेना	badala lena
vendicarsi (vr)	बदला लेना	badala lena
disprezzo (m)	नफ़रत (m)	nafarat
disprezzare (vt)	नफ़रत करना	nafarat karana
odio (m)	नफ़रत (m)	nafarat
odiare (vt)	नफ़रत करना	nafarat karana
nervoso (agg)	घबराना	ghabarāna
essere nervoso	घबराना	ghabarāna
arrabbiato (agg)	नाराज़	nārāz
fare arrabbiare	नाराज़ करना	nārāz karana
umiliazione (f)	बेइज़्ज़ती (f)	bezzatī
umiliare (vt)	निरादर करना	nirādar karana
umiliarsi (vr)	अपमान होना	apamān hona
shock (m)	हैरानी (f)	hairānī
scandalizzare (vt)	हैरान होना	hairān hona
problema (m) (avere ~i)	परेशानियाँ (f)	pareshāniyān
spiacevole (agg)	अप्रिय	apriy
spavento (m), paura (f)	डर (f)	dar
terribile (una tempesta ~)	भयानक	bhayānak
spaventoso (un racconto ~)	भयंकर	bhayankar

orrore (m)	दहशत (f)	dahashat
orrendo (un crimine ~)	भयानक	bhayānak
piangere (vi)	रोना	rona
mettersi a piangere	रोने लगना	rone lagana
lacrima (f)	आँसु (f)	ānsu
colpa (f)	ग़लती (f)	galatī
senso (m) di colpa	दोष का एहसास (m)	dosh ka ehasās
vergogna (f)	बदनामी (f)	badanāmī
protesta (f)	विरोध (m)	virodh
stress (m)	तनाव (m)	tanāv
disturbare (vt)	परेशान करना	pareshān karana
essere arrabbiato	गुस्सा करना	gussa karana
arrabbiato (agg)	क्रोधित	krodhit
porre fine a …	ख़त्म करना	khatm karana
(~ una relazione)		
rimproverare (vt)	कसम खाना	kasam khāna
spaventarsi (vr)	डराना	darāna
colpire (vt)	मारना	mārana
picchiarsi (vr)	झगड़ना	jhagarana
regolare (~ un conflitto)	सुलझाना	sulajhāna
scontento (agg)	असंतुष्ट	asantusht
furioso (agg)	गुस्सा	gussa
Non sta bene!	यह ठीक नहीं!	yah thīk nahin!
Fa male!	यह बुरा है!	yah bura hai!

Medicinali

71. Malattie

malattia (f)	बीमारी (f)	bīmārī
essere malato	बीमार होना	bīmār hona
salute (f)	सेहत (f)	sehat
raffreddore (m)	नज़ला (m)	nazala
tonsillite (f)	टॉन्सिल (m)	tonsil
raffreddore (m)	ज़ुकाम (f)	zukām
raffreddarsi (vr)	ज़ुकाम हो जाना	zukām ho jāna
bronchite (f)	ब्रॉन्काइटिस (m)	bronkaitis
polmonite (f)	निमोनिया (f)	nimoniya
influenza (f)	फ़्लू (m)	flū
miope (agg)	कमबीन	kamabīn
presbite (agg)	कमज़ोर दूरदृष्टि	kamazor dūradrshti
strabismo (m)	तिरछी नज़र (m)	tirachhī nazar
strabico (agg)	तिरछी नज़रवाला	tirachhī nazaravāla
cateratta (f)	मोतिया बिंद (m)	motiya bind
glaucoma (m)	काला मोतिया (m)	kāla motiya
ictus (m) cerebrale	स्ट्रोक (m)	strok
attacco (m) di cuore	दिल का दौरा (m)	dil ka daura
infarto (m) miocardico	मायोकार्डियल इन्फ़ार्क्शन (m)	māyokārdiyal infārkshan
paralisi (f)	लकवा (m)	lakava
paralizzare (vt)	लक़वा मारना	laqava mārana
allergia (f)	एलर्जी (f)	elarjī
asma (f)	दमा (f)	dama
diabete (m)	शूगर (f)	shūgar
mal (m) di denti	दाँत दर्द (m)	dānt dard
carie (f)	दाँत में कीड़ा (m)	dānt men kīra
diarrea (f)	दस्त (m)	dast
stitichezza (f)	कब्ज़ (m)	kabz
disturbo (m) gastrico	पेट ख़राब (m)	pet kharāb
intossicazione (f) alimentare	ख़राब खाने से हुई बीमारी (f)	kharāb khāne se huī bīmārī
intossicarsi (vr)	ख़राब खाने से बीमार पड़ना	kharāb khāne se bīmār parana
artrite (f)	गठिया (m)	gathiya
rachitide (f)	बालवक्र (m)	bālavakr
reumatismo (m)	आमवात (m)	āmavāt
aterosclerosi (f)	धमनीकलाकाठिन्य (m)	dhamanīkalākāthiny
gastrite (f)	जठर-शोथ (m)	jathar-shoth
appendicite (f)	उण्डुक-शोथ (m)	unduk-shoth

colecistite (f)	पित्ताशय (m)	pittāshay
ulcera (f)	अल्सर (m)	alsar

morbillo (m)	मीज़ल्स (m)	mīzals
rosolia (f)	जर्मन मीज़ल्स (m)	jarman mīzals
itterizia (f)	पीलिया (m)	pīliya
epatite (f)	हेपेटाइटिस (m)	hepetaitis

schizofrenia (f)	शीज़ोफ्रेनीय (f)	shīzofrenīy
rabbia (f)	रेबीज़ (m)	rebīz
nevrosi (f)	न्यूरोसिस (m)	nyūrosis
commozione (f) cerebrale	आघात (m)	āghāt

cancro (m)	कर्क रोग (m)	kark rog
sclerosi (f)	काठिन्य (m)	kāthiny
sclerosi (f) multipla	मल्टीपल स्क्लेरोसिस (m)	maltīpal sklerosis

alcolismo (m)	शराबीपन (m)	sharābīpan
alcolizzato (m)	शराबी (m)	sharābī
sifilide (f)	सीफ़ीलिस (m)	sīfīlis
AIDS (m)	ऐड्स (m)	aids

tumore (m)	ट्यूमर (m)	tyūmar
maligno (agg)	घातक	ghātak
benigno (agg)	अर्बुद	arbud

febbre (f)	बुखार (m)	bukhār
malaria (f)	मलेरिया (f)	maleriya
cancrena (f)	गैन्ग्रीन (m)	gaingrīn
mal (m) di mare	जहाज़ी मतली (f)	jahāzī matalī
epilessia (f)	मिरगी (f)	miragī

epidemia (f)	महामारी (f)	mahāmārī
tifo (m)	टाइफ़स (m)	taifas
tubercolosi (f)	टीबी (m)	tībī
colera (m)	हैज़ा (f)	haiza
peste (f)	प्लेग (f)	pleg

72. Sintomi. Cure. Parte 1

sintomo (m)	लक्षण (m)	lakshan
temperatura (f)	तापमान (m)	tāpamān
febbre (f) alta	बुखार (f)	bukhār
polso (m)	नब्ज़ (f)	nabz

capogiro (m)	सिर का चक्कर (m)	sir ka chakkar
caldo (agg)	गरम	garam
brivido (m)	कंपकंपी (f)	kampakampī
pallido (un viso ~)	पीला	pīla

tosse (f)	खाँसी (f)	khānsī
tossire (vi)	खाँसना	khānsana
starnutire (vi)	छींकना	chhīnkana
svenimento (m)	बेहोशी (f)	behoshī

svenire (vi)	बेहोश होना	behosh hona
livido (m)	नील (m)	nīl
bernoccolo (m)	गुमड़ा (m)	gumara
farsi un livido	चोट लगना	chot lagana
contusione (f)	चोट (f)	chot
farsi male	घाव लगना	ghāv lagana
zoppicare (vi)	लँगड़ाना	langarāna
slogatura (f)	हड्डी खिसकना (f)	haddī khisakana
slogarsi (vr)	हड्डी खिसकना	haddī khisakana
frattura (f)	हड्डी टूट जाना (f)	haddī tūt jāna
fratturarsi (vr)	हड्डी टूट जाना	haddī tūt jāna
taglio (m)	कट जाना (m)	kat jāna
tagliarsi (vr)	खुद को काट लेना	khud ko kāt lena
emorragia (f)	रक्त-स्राव (m)	rakt-srāv
scottatura (f)	जला होना	jala hona
scottarsi (vr)	जल जाना	jal jāna
pungere (vt)	चुभाना	chubhāna
pungersi (vr)	खुद को चुभाना	khud ko chubhāna
ferire (vt)	घायल करना	ghāyal karana
ferita (f)	चोट (f)	chot
lesione (f)	घाव (m)	ghāv
trauma (m)	चोट (f)	chot
delirare (vi)	बेहोशी में बड़बड़ाना	behoshī men barabadāna
tartagliare (vi)	हकलाना	hakalāna
colpo (m) di sole	धूप आघात (m)	dhūp āghāt

73. Sintomi. Cure. Parte 2

dolore (m), male (m)	दर्द (f)	dard
scheggia (f)	चुभ जाना (m)	chubh jāna
sudore (m)	पसीना (f)	pasīna
sudare (vi)	पसीना निकलना	pasīna nikalana
vomito (m)	वमन (m)	vaman
convulsioni (f pl)	दौरा (m)	daura
incinta (agg)	गर्भवती	garbhavatī
nascere (vi)	जन्म लेना	janm lena
parto (m)	पैदा करना (m)	paida karana
essere in travaglio di parto	पैदा करना	paida karana
aborto (m)	गर्भपात (m)	garbhapāt
respirazione (f)	साँस (f)	sāns
inspirazione (f)	साँस अंदर खींचना (f)	sāns andar khīnchana
espirazione (f)	साँस बाहर छोड़ना (f)	sāns bāhar chhorana
espirare (vi)	साँस बाहर छोड़ना	sāns bāhar chhorana
inspirare (vi)	साँस अंदर खींचना	sāns andar khīnchana
invalido (m)	अपाहिज (m)	apāhij
storpio (m)	लूला (m)	lūla

drogato (m)	नशेबाज़ (m)	nashebāz
sordo (agg)	बहरा	bahara
muto (agg)	गूँगा	gūnga
sordomuto (agg)	बहरा और गूँगा	bahara aur gūnga

matto (agg)	पागल	pāgal
matto (m)	पगला (m)	pagala
matta (f)	पगली (f)	pagalī
impazzire (vi)	पागल हो जाना	pāgal ho jāna

gene (m)	वंशाणु (m)	vanshānu
immunità (f)	रोग प्रतिरोधक शक्ति (f)	rog pratirodhak shakti
ereditario (agg)	जन्मजात	janmajāt
innato (agg)	पैदाइशी	paidaishī

virus (m)	विषाणु (m)	vishānu
microbo (m)	कीटाणु (m)	kītānu
batterio (m)	जीवाणु (m)	jīvānu
infezione (f)	संक्रमण (m)	sankraman

74. Sintomi. Cure. Parte 3

| ospedale (m) | अस्पताल (m) | aspatāl |
| paziente (m) | मरीज़ (m) | marīz |

diagnosi (f)	रोग-निर्णय (m)	rog-nirnay
cura (f)	इलाज (m)	ilāj
trattamento (m)	चिकित्सीय उपचार (m)	chikitsīy upachār
curarsi (vr)	इलाज कराना	ilāj karāna
curare (vt)	इलाज करना	ilāj karana
accudire (un malato)	देखभाल करना	dekhabhāl karana
assistenza (f)	देखभाल (f)	dekhabhāl

operazione (f)	ऑपरेशन (m)	opareshan
bendare (vt)	पट्टी बाँधना	pattī bāndhana
fasciatura (f)	पट्टी (f)	pattī

vaccinazione (f)	टीका (m)	tīka
vaccinare (vt)	टीका लगाना	tīka lagāna
iniezione (f)	इंजेक्शन (m)	injekshan
fare una puntura	इंजेक्शन लगाना	injekshan lagāna

amputazione (f)	अंगविच्छेद (f)	angavichchhed
amputare (vt)	अंगविच्छेद करना	angavichchhed karana
coma (m)	कोमा (m)	koma
essere in coma	कोमा में चले जाना	koma men chale jāna
rianimazione (f)	गहन चिकित्सा (f)	gahan chikitsa

guarire (vi)	ठीक हो जाना	thīk ho jāna
stato (f) (del paziente)	हालत (m)	hālat
conoscenza (f)	होश (m)	hosh
memoria (f)	याददाश्त (f)	yādadāsht
estrarre (~ un dente)	दाँत निकालना	dānt nikālana
otturazione (f)	भराव (m)	bharāv

otturare (vt)	दाँत को भरना	dānt ko bharana
ipnosi (f)	हिप्नोसिस (m)	hipanosis
ipnotizzare (vt)	हिप्नोटाइज़ करना	hipanotaiz karana

75. Medici

medico (m)	डॉक्टर (m)	doktar
infermiera (f)	नर्स (m)	nars
medico (m) personale	निजी डॉक्टर (m)	nijī doktar

dentista (m)	दंत-चिकित्सक (m)	dant-chikitsak
oculista (m)	आँखों का डॉक्टर (m)	ānkhon ka doktar
internista (m)	चिकित्सक (m)	chikitsak
chirurgo (m)	शल्य-चिकित्सक (m)	shaly-chikitsak

psichiatra (m)	मनोरोग चिकित्सक (m)	manorog chikitsak
pediatra (m)	बाल-चिकित्सक (m)	bāl-chikitsak
psicologo (m)	मनोवैज्ञानिक (m)	manovaigyānik
ginecologo (m)	प्रसूतिशास्त्री (f)	prasūtishāsrī
cardiologo (m)	हृदय रोग विशेषज्ञ (m)	hrday rog visheshagy

76. Medicinali. Farmaci. Accessori

medicina (f)	दवा (f)	dava
rimedio (m)	दवाई (f)	davaī
prescrivere (vt)	नुस्खा लिखना	nusakha likhana
prescrizione (f)	नुस्खा (m)	nusakha

compressa (f)	गोली (f)	golī
unguento (m)	मरहम (m)	maraham
fiala (f)	एम्प्यूल (m)	empyūl
pozione (f)	सिरप (m)	sirap
sciroppo (m)	शरबत (m)	sharabat
pillola (f)	गोली (f)	golī
polverina (f)	चूरन (m)	chūran

benda (f)	पट्टी (f)	pattī
ovatta (f)	रूई का गोला (m)	rūī ka gola
iodio (m)	आयोडीन (m)	āyodīn
cerotto (m)	बैंड-एड (m)	baind-ed
contagocce (m)	आई-ड्रॉपर (m)	āī-dropar
termometro (m)	थरमामीटर (m)	tharamāmītar
siringa (f)	इंजेक्शन (m)	injekshan

| sedia (f) a rotelle | व्हीलचेयर (f) | vhīlacheyar |
| stampelle (f pl) | बैसाखी (m pl) | baisākhī |

analgesico (m)	दर्द-निवारक (f)	dard-nivārak
lassativo (m)	जुलाब की गोली (f)	julāb kī golī
alcol (m)	स्पिरिट (m)	spirit
erba (f) officinale	जड़ी-बूटी (f)	jarī-būtī
d'erbe (infuso ~)	जड़ी-बूटियों से बना	jarī-būtiyon se bana

77. Fumo. Prodotti di tabaccheria

tabacco (m)	तम्बाकू (m)	tambākū
sigaretta (f)	सिगरेट (m)	sigaret
sigaro (m)	सिगार (m)	sigār
pipa (f)	पाइप (f)	paip
pacchetto (m) (di sigarette)	पैक (m)	paik
fiammiferi (m pl)	माचिस (f pl)	māchis
scatola (f) di fiammiferi	माचिस का डिब्बा (m)	māchis ka dibba
accendino (m)	लाइटर (f)	laitar
portacenere (m)	राखदानी (f)	rākhadānī
portasigarette (m)	सिगरेट केस (m)	sigaret kes
bocchino (m)	सिगरेट होलडर (m)	sigaret holadar
filtro (m)	फ़िल्टर (m)	filtar
fumare (vi, vt)	धुम्रपान करना	dhumrapān karana
accendere una sigaretta	सिगरेट जलाना	sigaret jalāna
fumo (m)	धुम्रपान (m)	dhumrapān
fumatore (m)	धूम्रपान करने वाला (m)	dhūmrapān karane vāla
cicca (f), mozzicone (m)	सिगरेट का बचा हुआ टुकड़ा (m)	sigaret ka bacha hua tukara
fumo (m)	सिगरेट का धुँआ (m)	sigaret ka dhuna
cenere (f)	राख (m)	rākh

HABITAT UMANO

Città

78. Città. Vita di città

città (f)	नगर (m)	nagar
capitale (f)	राजधानी (f)	rājadhānī
villaggio (m)	गांव (m)	gānv
mappa (f) della città	नगर का नक्शा (m)	nagar ka naksha
centro (m) della città	नगर का केन्द्र (m)	nagar ka kendr
sobborgo (m)	उपनगर (m)	upanagar
suburbano (agg)	उपनगरिक	upanagarik
periferia (f)	बाहरी इलाका (m)	bāharī ilāka
dintorni (m pl)	इर्दगिर्द के इलाके (m pl)	irdagird ke ilāke
isolato (m)	सेक्टर (m)	sektar
quartiere residenziale	मुहल्ला (m)	muhalla
traffico (m)	यातायात (f)	yātāyāt
semaforo (m)	यातायात सिग्नल (m)	yātāyāt signal
trasporti (m pl) urbani	जन परिवहन (m)	jan parivahan
incrocio (m)	चौराहा (m)	chaurāha
passaggio (m) pedonale	ज़ेबरा क्रॉसिंग (f)	zebara krosing
sottopassaggio (m)	पैदल यात्रियों के लिए अंडरपास (f)	paidal yātriyon ke lie andarapās
attraversare (vt)	सड़क पार करना	sarak pār karana
pedone (m)	पैदल-यात्री (m)	paidal-yātrī
marciapiede (m)	फुटपाथ (m)	futapāth
ponte (m)	पुल (m)	pul
banchina (f)	तट (m)	tat
fontana (f)	फौवारा (m)	fauvāra
vialetto (m)	छायापथ (f)	chhāyāpath
parco (m)	पार्क (m)	pārk
boulevard (m)	चौड़ी सड़क (m)	chaurī sarak
piazza (f)	मैदान (m)	maidān
viale (m), corso (m)	मार्ग (m)	mārg
via (f), strada (f)	सड़क (f)	sarak
vicolo (m)	गली (f)	galī
vicolo (m) cieco	बंद गली (f)	band galī
casa (f)	मकान (m)	makān
edificio (m)	इमारत (f)	imārat
grattacielo (m)	गगनचुंबी भवन (f)	gaganachumbī bhavan
facciata (f)	अगवाड़ा (m)	agavāra

tetto (m)	छत (f)	chhat
finestra (f)	खिड़की (f)	khirakī
arco (m)	मेहराब (m)	meharāb
colonna (f)	स्तंभ (m)	stambh
angolo (m)	कोना (m)	kona
vetrina (f)	दुकान का शो-केस (m)	dukān ka sho-kes
insegna (f) (di negozi, ecc.)	साईनबोर्ड (m)	saīnabord
cartellone (m)	पोस्टर (m)	postar
cartellone (m) pubblicitario	विज्ञापन पोस्टर (m)	vigyāpan postar
tabellone (m) pubblicitario	बिलबोर्ड (m)	bilabord
pattume (m), spazzatura (f)	कूड़ा (m)	kūra
pattumiera (f)	कूड़े का डिब्बा (m)	kūre ka dibba
sporcare (vi)	कूड़ा-करकट डालना	kūra-karkat dālana
discarica (f) di rifiuti	डम्पिंग ग्राउंड (m)	damping graund
cabina (f) telefonica	फ़ोन बूथ (m)	fon būth
lampione (m)	बिजली का खंभा (m)	bijalī ka khambha
panchina (f)	पार्क-बेंच (f)	pārk-bench
poliziotto (m)	पुलिसवाला (m)	pulisavāla
polizia (f)	पुलिस (m)	pulis
mendicante (m)	भिखारी (m)	bhikhārī
barbone (m)	बेघर (m)	beghar

79. Servizi cittadini

negozio (m)	दुकान (f)	dukān
farmacia (f)	दवाख़ाना (m)	davākhāna
ottica (f)	चश्मे की दुकान (f)	chashme kī dukān
centro (m) commerciale	शॉपिंग मॉल (m)	shoping mol
supermercato (m)	सुपर बाज़ार (m)	supar bāzār
panetteria (f)	बेकरी (f)	bekarī
fornaio (m)	बेकर (m)	bekar
pasticceria (f)	टॉफ़ी की दुकान (f)	tofī kī dukān
drogheria (f)	परचून की दुकान (f)	parachūn kī dukān
macelleria (f)	गोश्ते की दुकान (f)	gosht kī dukān
fruttivendolo (m)	सब्ज़ियों की दुकान (f)	sabziyon kī dukān
mercato (m)	बाज़ार (m)	bāzār
caffè (m)	काफ़ी हाउस (m)	kāfī haus
ristorante (m)	रेस्टरॉं (m)	restarān
birreria (f), pub (m)	शराबख़ाना (m)	sharābakhāna
pizzeria (f)	पिट्ज़ा की दुकान (f)	pitza kī dukān
salone (m) di parrucchiere	नाई की दुकान (f)	naī kī dukān
ufficio (m) postale	डाकघर (m)	dākaghar
lavanderia (f) a secco	ड्राइक्लीनर (m)	draiklīnar
studio (m) fotografico	फ़ोटो की दुकान (f)	foto kī dukān
negozio (m) di scarpe	जूते की दुकान (f)	jūte kī dukān
libreria (f)	किताबों की दुकान (f)	kitābon kī dukān

negozio (m) sportivo	खेलकूद की दुकान (f)	khelakūd kī dukān
riparazione (f) di abiti	कपड़ों की मरम्मत की दुकान (f)	kaparon kī marammat kī dukān
noleggio (m) di abiti	कपड़ों को किराए पर देने की दुकान (f)	kaparon ko kirae par dene kī dukān
noleggio (m) di film	वीडियो रेन्टल दुकान (f)	vīdiyo rental dukān

circo (m)	सर्कस (m)	sarkas
zoo (m)	चिड़ियाघर (m)	chiriyāghar
cinema (m)	सिनेमाघर (m)	sinemāghar
museo (m)	संग्रहालय (m)	sangrahālay
biblioteca (f)	पुस्तकालय (m)	pustakālay

teatro (m)	रंगमंच (m)	rangamanch
teatro (m) dell'opera	ओपेरा (m)	opera
locale notturno (m)	नाईट क्लब (m)	naīt klab
casinò (m)	केसिनो (m)	kesino

moschea (f)	मस्जिद (m)	masjid
sinagoga (f)	सीनागोग (m)	sīnāgog
cattedrale (f)	गिरजाघर (m)	girajāghar
tempio (m)	मंदिर (m)	mandir
chiesa (f)	गिरजाघर (m)	girajāghar

istituto (m)	कॉलेज (m)	kolej
università (f)	विश्वविद्यालय (m)	vishvavidyālay
scuola (f)	विद्यालय (m)	vidyālay

prefettura (f)	प्रशासक प्रान्त (m)	prashāsak prānt
municipio (m)	सिटी हॉल (m)	sitī hol
albergo, hotel (m)	होटल (f)	hotal
banca (f)	बैंक (m)	baink

ambasciata (f)	दूतावस (m)	dūtāvas
agenzia (f) di viaggi	पर्यटन आफ़िस (m)	paryatan āfis
ufficio (m) informazioni	पूछताछ कार्यालय (m)	pūchhatāchh kāryālay
ufficio (m) dei cambi	मुद्रालय (m)	mudrālay

metropolitana (f)	मेट्रो (m)	metro
ospedale (m)	अस्पताल (m)	aspatāl

distributore (m) di benzina	पेट्रोल पम्प (f)	petrol pamp
parcheggio (m)	पार्किंग (f)	pārking

80. Cartelli

insegna (f) (di negozi, ecc.)	साईनबोर्ड (m)	saīnabord
iscrizione (f)	दुकान का साईन (m)	dukān ka saīn
cartellone (m)	पोस्टर (m)	postar
segnale (m) di direzione	दिशा संकेतक (m)	disha sanketak
freccia (f)	तीर दिशा संकेतक (m)	tīr disha sanketak

avvertimento (m)	चेतावनी (f)	chetāvanī
avviso (m)	चेतावनी संकेतक (m)	chetāvanī sanketak

avvertire, avvisare (vt)	चेतावनी देना	chetāvanī dena
giorno (m) di riposo	छुट्टी का दिन (m)	chhuttī ka din
orario (m)	समय सारणी (f)	samay sāranī
orario (m) di apertura	खुलने का समय (m)	khulane ka samay
BENVENUTI!	आपका स्वागत है!	āpaka svāgat hai!
ENTRATA	प्रवेश	pravesh
USCITA	निकास	nikās
SPINGERE	धक्का दें	dhakka den
TIRARE	खींचे	khīnche
APERTO	खुला	khula
CHIUSO	बंद	band
DONNE	औरतों के लिये	auraton ke liye
UOMINI	आदमियों के लिये	ādamiyon ke liye
SCONTI	डिस्काउन्ट	diskaunt
SALDI	सेल	sel
NOVITÀ!	नया!	naya!
GRATIS	मुफ्त	muft
ATTENZIONE!	ध्यान दें!	dhyān den!
COMPLETO	कोई जगह खाली नहीं है	koī jagah khālī nahin hai
RISERVATO	रिज़र्वड	rizarvad
AMMINISTRAZIONE	प्रशासन	prashāsan
RISERVATO AL PERSONALE	केवल कर्मचारियों के लिए	keval karmachāriyon ke lie
ATTENTI AL CANE	कुत्ते से सावधान!	kutte se sāvadhān!
VIETATO FUMARE!	धूम्रपान निषेध!	dhumrapān nishedh!
NON TOCCARE	छूना मना!	chhūna mana!
PERICOLOSO	खतरा	khatara
PERICOLO	खतरा	khatara
ALTA TENSIONE	उच्च वोल्टेज	uchch voltej
DIVIETO DI BALNEAZIONE	तैरना मना!	tairana mana!
GUASTO	ख़राब	kharāb
INFIAMMABILE	ज्वलनशील	jvalanashīl
VIETATO	निषिद्ध	nishiddh
VIETATO L'INGRESSO	प्रवेश निषेध!	pravesh nishedh!
VERNICE FRESCA	गीला पेंट	gīla pent

81. Mezzi pubblici in città

autobus (m)	बस (f)	bas
tram (m)	ट्रैम (m)	traim
filobus (m)	ट्रॉलीबस (f)	trolības
itinerario (m)	मार्ग (m)	mārg
numero (m)	नम्बर (m)	nambar
andare in ...	के माध्यम से जाना	ke mādhyam se jāna
salire (~ sull'autobus)	सवार होना	savār hona

scendere da ...	उतरना	utarana
fermata (f) (~ dell'autobus)	बस स्टॉप (m)	bas stop
prossima fermata (f)	अगला स्टॉप (m)	agala stop
capolinea (m)	अंतिम स्टेशन (m)	antim steshan
orario (m)	समय सारणी (f)	samay sāranī
aspettare (vt)	इंतज़ार करना	intazār karana

biglietto (m)	टिकट (m)	tikat
prezzo (m) del biglietto	टिकट का किराया (m)	tikat ka kirāya

cassiere (m)	कैशियर (m)	kaishiyar
controllo (m) dei biglietti	टिकट जाँच (f)	tikat jānch
bigliettaio (m)	कंडक्टर (m)	kandaktar

essere in ritardo	देर हो जाना	der ho jāna
perdere (~ il treno)	छूट जाना	chhūt jāna
avere fretta	जल्दी में रहना	jaldī men rahana

taxi (m)	टैक्सी (m)	taiksī
taxista (m)	टैक्सीवाला (m)	taiksīvāla
in taxi	टैक्सी से (m)	taiksī se
parcheggio (m) di taxi	टैक्सी स्टैंड (m)	taiksī staind
chiamare un taxi	टैक्सी बुलाना	taiksī bulāna
prendere un taxi	टैक्सी लेना	taiksī lena

traffico (m)	यातायात (f)	yātāyāt
ingorgo (m)	ट्रैफिक जाम (m)	traifik jām
ore (f pl) di punta	भीड़ का समय (m)	bhīr ka samay
parcheggiarsi (vr)	पार्क करना	pārk karana
parcheggiare (vt)	पार्क करना	pārk karana
parcheggio (m)	पार्किंग (f)	pārking

metropolitana (f)	मेट्रो (m)	metro
stazione (f)	स्टेशन (m)	steshan
prendere la metropolitana	मेट्रो लेना	metro lena
treno (m)	रेलगाड़ी, ट्रेन (f)	relagārī, tren
stazione (f) ferroviaria	स्टेशन (m)	steshan

82. Visita turistica

monumento (m)	स्मारक (m)	smārak
fortezza (f)	किला (m)	kila
palazzo (m)	भवन (m)	bhavan
castello (m)	महल (m)	mahal
torre (f)	मीनार (m)	mīnār
mausoleo (m)	समाधि (f)	samādhi

architettura (f)	वस्तुशाला (m)	vastushāla
medievale (agg)	मध्ययुगीय	madhayayugīy
antico (agg)	प्राचीन	prāchīn
nazionale (agg)	राष्ट्रीय	rāshtrīy
famoso (agg)	मशहूर	mashhūr
turista (m)	पर्यटक (m)	paryatak
guida (f)	गाइड (m)	gaid

escursione (f)	पर्यटन यात्रा (m)	paryatan yātra
fare vedere	दिखाना	dikhāna
raccontare (vt)	बताना	batāna

trovare (vt)	ढूँढना	dhūnrhana
perdersi (vr)	खो जाना	kho jāna
mappa (f)	नक्शा (m)	naksha
(~ della metropolitana)		
piantina (f) (~ della città)	नक्शा (m)	naksha

souvenir (m)	याद्गार (m)	yādagār
negozio (m) di articoli	गिफ़्ट शॉप (f)	gift shop
da regalo		
fare foto	फोटो खींचना	foto khīnchana
fotografarsi	अपना फ़ोटो खिंचवाना	apana foto khinchavāna

83. Acquisti

comprare (vt)	खरीदना	kharīdana
acquisto (m)	खरीदारी (f)	kharīdārī
fare acquisti	खरीदारी करने जाना	kharīdārī karane jāna
shopping (m)	खरीदारी (f)	kharīdārī

| essere aperto (negozio) | खुला होना | khula hona |
| essere chiuso | बन्द होना | band hona |

calzature (f pl)	जूता (m)	jūta
abbigliamento (m)	पोशाक (m)	poshāk
cosmetica (f)	श्रृंगार-सामग्री (f)	shrrngār-sāmagrī
alimentari (m pl)	खाने-पीने की चीज़ें (f pl)	khāne-pīne kī chīzen
regalo (m)	उपहार (m)	upahār

| commesso (m) | बेचनेवाला (m) | bechanevāla |
| commessa (f) | बेचनेवाली (f) | bechanevālī |

cassa (f)	कैश-काउन्टर (m)	kaish-kauntar
specchio (m)	आईना (m)	āīna
banco (m)	काउन्टर (m)	kauntar
camerino (m)	ट्राई करने का कमरा (m)	traī karane ka kamara

provare (~ un vestito)	ट्राई करना	traī karana
stare bene (vestito)	फिटिंग करना	fiting karana
piacere (vi)	पसंद करना	pasand karana

prezzo (m)	दाम (m)	dām
etichetta (f) del prezzo	प्राइस टैग (m)	prais taig
costare (vt)	दाम होना	dām hona
Quanto?	कितना?	kitana?
sconto (m)	डिस्काउन्ट (m)	diskaunt

no muy caro (agg)	सस्ता	sasta
a buon mercato	सस्ता	sasta
caro (agg)	महंगा	mahanga
È caro	यह महंगा है	yah mahanga hai

noleggio (m)	रेन्टल (m)	rental
noleggiare (~ un abito)	किराए पर लेना	kirae par lena
credito (m)	क्रेडिट (m)	kredit
a credito	क्रेडिट पर	kredit par

84. Denaro

soldi (m pl)	पैसा (m pl)	paisa
cambio (m)	मुद्रा विनिमय (m)	mudra vinimay
corso (m) di cambio	विनिमय दर (m)	vinimay dar
bancomat (m)	एटीएम (m)	eṭīem
moneta (f)	सिक्का (m)	sikka

| dollaro (m) | डॉलर (m) | dolar |
| euro (m) | यूरो (m) | yūro |

lira (f)	लीरा (f)	līra
marco (m)	डचमार्क (m)	dachamārk
franco (m)	फ्रांक (m)	frānk
sterlina (f)	पाउन्ड स्टरलिंग (m)	paund staraling
yen (m)	येन (m)	yen

debito (m)	कर्ज़ (m)	karz
debitore (m)	कर्ज़दार (m)	qarzadār
prestare (~ i soldi)	कर्ज़ देना	karz dena
prendere in prestito	कर्ज़ लेना	karz lena

banca (f)	बैंक (m)	baink
conto (m)	बैंक खाता (m)	baink khāta
versare sul conto	बैंक खाते में जमा करना	baink khāte men jama karana
prelevare dal conto	खाते से पैसे निकालना	khāte se paise nikālana

carta (f) di credito	क्रेडिट कार्ड (m)	kredit kārd
contanti (m pl)	कैश (m pl)	kaish
assegno (m)	चेक (m)	chek
emettere un assegno	चेक लिखना	chek likhana
libretto (m) di assegni	चेकबुक (f)	chekabuk

portafoglio (m)	बटुआ (m)	batua
borsellino (m)	बटुआ (m)	batua
cassaforte (f)	लॉकर (m)	lokar

erede (m)	उत्तराधिकारी (m)	uttarādhikārī
eredità (f)	उत्तराधिकार (m)	uttarādhikār
fortuna (f)	संपत्ति (f)	sampatti

affitto (m), locazione (f)	किराये पर देना (m)	kirāye par dena
canone (m) d'affitto	किराया (m)	kirāya
affittare (dare in affitto)	किराए पर लेना	kirae par lena

prezzo (m)	दाम (m)	dām
costo (m)	कीमत (f)	kīmat
somma (f)	रक़म (m)	raqam
spendere (vt)	खर्च करना	kharch karana

spese (f pl)	खर्च (m pl)	kharch
economizzare (vi, vt)	बचत करना	bachat karana
economico (agg)	किफ़ायती	kifāyatī

pagare (vi, vt)	दाम चुकाना	dām chukāna
pagamento (m)	भुगतान (m)	bhugatān
resto (m) (dare il ~)	चिल्लर (m)	chillar

imposta (f)	टैक्स (m)	taiks
multa (f), ammenda (f)	जुर्माना (m)	jurmāna
multare (vt)	जुर्माना लगाना	jurmāna lagāna

85. Posta. Servizio postale

ufficio (m) postale	डाकघर (m)	dākaghar
posta (f) (lettere, ecc.)	डाक (m)	dāk
postino (m)	डाकिया (m)	dākiya
orario (m) di apertura	खुलने का समय (m)	khulane ka samay

lettera (f)	पत्र (m)	patr
raccomandata (f)	रजिस्टरी पत्र (m)	rajistarī patr
cartolina (f)	पोस्ट कार्ड (m)	post kārd
telegramma (m)	तार (m)	tār
pacco (m) postale	पार्सल (f)	pārsal
vaglia (m) postale	मनी ट्रांसफर (m)	manī trānsafar

ricevere (vt)	पाना	pāna
spedire (vt)	भेजना	bhejana
invio (m)	भेज (m)	bhej

indirizzo (m)	पता (m)	pata
codice (m) postale	पिन कोड (m)	pin kod
mittente (m)	भेजनेवाला (m)	bhejanevāla
destinatario (m)	पानेवाला (m)	pānevāla

| nome (m) | पहला नाम (m) | pahala nām |
| cognome (m) | उपनाम (m) | upanām |

tariffa (f)	डाक दर (m)	dāk dar
ordinario (agg)	मानक	mānak
standard (agg)	किफ़ायती	kifāyatī

peso (m)	वज़न (m)	vazan
pesare (vt)	तोलना	tolana
busta (f)	लिफ़ाफ़ा (m)	lifāfa
francobollo (m)	डाक टिकट (m)	dāk tikat
affrancare (vt)	डाक टिकट लगाना	dāk tikat lagāna

Abitazione. Casa

86. Casa. Abitazione

Italiano	Hindi	Traslitterazione
casa (f)	मकान (m)	makān
a casa	घर पर	ghar par
cortile (m)	आंगन (m)	āngan
recinto (m)	बाड़ (f)	bār
mattone (m)	ईंट (f)	īnt
di mattoni	ईंट का	īnt ka
pietra (f)	पत्थर (m)	patthar
di pietra	पत्थरीला	pattharīla
beton (m)	कंक्रीट (m)	kankrīt
di beton	कंक्रीट का	kankrīt ka
nuovo (agg)	नया	naya
vecchio (agg)	पुराना	purāna
fatiscente (edificio ~)	टूटा-फूटा	tūta-fūta
moderno (agg)	आधुनिक	ādhunik
a molti piani	बहुमंज़िला	bahumanzila
alto (agg)	ऊंचा	ūncha
piano (m)	मंज़िल (f)	manzil
di un piano	एकमंज़िला	ekamanzila
pianoterra (m)	पहली मंज़िल (f)	pahalī manzil
ultimo piano (m)	ऊपरी मंज़िल (f)	ūparī manzil
tetto (m)	छत (f)	chhat
ciminiera (f)	चिमनी (f)	chimanī
tegola (f)	खपड़ा (m)	khapara
di tegole	टाइल का बना	tail ka bana
soffitta (f)	अटारी (f)	atārī
finestra (f)	खिड़की (f)	khirakī
vetro (m)	कांच (f)	kānch
davanzale (m)	विन्डो सिल (m)	vindo sil
imposte (f pl)	शट्टर (m)	shattar
muro (m)	दीवार (f)	dīvār
balcone (m)	बाल्कनी (f)	bālkanī
tubo (m) pluviale	जल निकास पाइप (f)	jal nikās paip
su, di sopra	ऊपर	ūpar
andare di sopra	ऊपर जाना	ūpar jāna
scendere (vi)	नीचे उतरना	nīche utarana
trasferirsi (vr)	घर बदलना	ghar badalana

87. Casa. Ingresso. Ascensore

entrata (f)	प्रवेश-द्वार (m)	pravesh-dvār
scala (f)	सीढ़ी (f)	sīrhī
gradini (m pl)	सीढ़ी (f)	sīrhī
ringhiera (f)	रेलिंग (f pl)	reling
hall (f) (atrio d'ingresso)	हॉल (m)	hol
cassetta (f) della posta	लेटर बॉक्स (m)	letar boks
secchio (m) della spazzatura	कचरे का डब्बा (m)	kachare ka dabba
scivolo (m) per la spazzatura	कचरे का श्यूट (m)	kachare ka shyūt
ascensore (m)	लिफ़्ट (m)	lift
montacarichi (m)	लिफ़्ट (m)	lift
cabina (f) di ascensore	लिफ़्ट (f)	lift
prendere l'ascensore	लिफ़्ट से जाना	lift se jāna
appartamento (m)	फ़्लैट (f)	flait
inquilini (m pl)	निवासी (m)	nivāsī
vicino (m)	पड़ोसी (m)	parosī
vicina (f)	पड़ोसन (f)	parosan
vicini (m pl)	पड़ोसी (m pl)	parosī

88. Casa. Elettricità

elettricità (f)	बिजली (f)	bijalī
lampadina (f)	बल्ब (m)	balb
interruttore (m)	स्विच (m)	svich
fusibile (m)	फ्यूज़ बटन (m)	fyūz batan
filo (m)	तार (m)	tār
impianto (m) elettrico	तार (m)	tār
contatore (m) dell'elettricità	बिजली का मीटर (m)	bijalī ka mītar
lettura, indicazione (f)	मीटर रीडिंग (f)	mītar rīding

89. Casa. Porte. Serrature

porta (f)	दरवाज़ा (m)	daravāza
cancello (m)	फाटक (m)	fātak
maniglia (f)	हत्था (m)	hattha
togliere il catenaccio	खोलना	kholana
aprire (vt)	खोलना	kholana
chiudere (vt)	बंद करना	band karana
chiave (f)	चाबी (f)	chābī
mazzo (m)	चाबियों का गुच्छा (m)	chābiyon ka guchchha
cigolare (vi)	चरमराना	charamarāna
cigolio (m)	चरमराने की आवाज़ (m)	charamarāne kī āvāz
cardine (m)	क़ब्ज़ा (m)	qabza
zerbino (m)	पायदान (m)	pāyadān
serratura (f)	ताला (m)	tāla

buco (m) della serratura	ताला (m)	tāla
chiavistello (m)	अर्गला (f)	argala
catenaccio (m)	अर्गला (f)	argala
lucchetto (m)	ताला (m)	tāla
suonare (~ il campanello)	बजाना	bajāna
suono (m)	घंटी (f)	ghantī
campanello (m)	घंटी (f)	ghantī
pulsante (m)	घंटी (f)	ghantī
bussata (f)	खटखट (f)	khatakhat
bussare (vi)	खटखटाना	khatakhatāna
codice (m)	कोड (m)	kod
serratura (f) a codice	कॉम्बिनेशन लॉक (m)	kombineshan lok
citofono (m)	इंटरकॉम (m)	intarakom
numero (m) (~ civico)	मकान नम्बर (m)	makān nambar
targhetta (f) di porta	नेम प्लेट (f)	nem plet
spioncino (m)	पीप होल (m)	pīp hol

90. Casa di campagna

villaggio (m)	गाँव (m)	gānv
orto (m)	सब्ज़ियों का बगीचा (m)	sabziyon ka bagīcha
recinto (m)	बाड़ा (m)	bāra
steccato (m)	बाड़ (f)	bār
cancelletto (m)	छोटा फाटक (m)	chhota fātak
granaio (m)	अनाज का गोदाम (m)	anāj ka godām
cantina (f), scantinato (m)	सब्ज़ियों का गोदाम (m)	sabziyon ka godām
capanno (m)	शेड (m)	shed
pozzo (m)	कुआँ (m)	kuān
stufa (f)	चूल्हा (m)	chūlha
attizzare (vt)	चूल्हा जलाना	chūlaha jalāna
legna (f) da ardere	लकड़ियां (f pl)	lakariyān
ciocco (m)	लकड़ी (f)	lakarī
veranda (f)	बरामदा (f)	barāmda
terrazza (f)	छत (f)	chhat
scala (f) d'ingresso	पोर्च (m)	porch
altalena (f)	झूले वाली कुर्सी (f)	jhūle vālī kursī

91. Villa. Palazzo

casa (f) di campagna	गाँव का मकान (m)	gānv ka makān
villa (f)	बंगला (m)	bangala
ala (f)	खंड (m)	khand
giardino (m)	बाग़ (m)	bāg
parco (m)	पार्क (m)	pārk
serra (f)	ग्रीनहाउस (m)	grīnhaus
prendersi cura (~ del giardino)	देखभाल करना	dekhabhāl karana

piscina (f)	तरण-ताल (m)	taran-tāl
palestra (f)	व्यायाम कक्ष (m)	vyāyām kaksh
campo (m) da tennis	टेनिस-कोर्ट (m)	tenis-kort
home cinema (m)	सिनेमाघर (m)	sinemāghar
garage (m)	गराज (m)	garāj

| proprietà (f) privata | नीजी सम्पत्ति (f) | nījī sampatti |
| terreno (m) privato | नीजी ज़मीन (f) | nījī zamīn |

| avvertimento (m) | चेतावनी (f) | chetāvanī |
| cartello (m) di avvertimento | चेतावनी संकेत (m) | chetāvanī sanket |

sicurezza (f)	सुरक्षा (f)	suraksha
guardia (f) giurata	पहरेदार (m)	paharedār
allarme (f) antifurto	चोर घंटी (f)	chor ghantī

92. Castello. Reggia

castello (m)	महल (m)	mahal
palazzo (m)	भवन (m)	bhavan
fortezza (f)	किला (m)	kila

muro (m)	दीवार (f)	dīvār
torre (f)	मीनार (m)	mīnār
torre (f) principale	केन्द्रीय मीनार (m)	kendrīy mīnār

saracinesca (f)	आरोहण द्वार (m)	ārohan dvār
tunnel (m)	भूमिगत सुरंग (m)	bhūmigat surang
fossato (m)	खाई (f)	khaī
catena (f)	जंजीर (f)	janjīr
feritoia (f)	ऐरो लूप (m)	airo lūp

magnifico (agg)	शानदार	shānadār
maestoso (agg)	महिमामय	mahimāmay
inespugnabile (agg)	अभेद्य	abhedy
medievale (agg)	मध्ययुगीय	madhayayugīy

93. Appartamento

appartamento (m)	फ़्लैट (f)	flait
camera (f), stanza (f)	कमरा (m)	kamara
camera (f) da letto	सोने का कमरा (m)	sone ka kamara
sala (f) da pranzo	खाने का कमरा (m)	khāne ka kamara
salotto (m)	बैठक (f)	baithak
studio (m)	घरेलू कार्यालय (m)	gharelū kāryālay
ingresso (m)	प्रवेश कक्ष (m)	pravesh kaksh
bagno (m)	स्नानघर (m)	snānaghar
gabinetto (m)	शौचालय (m)	shauchālay

soffitto (m)	छत (f)	chhat
pavimento (m)	फ़र्श (m)	farsh
angolo (m)	कोना (m)	kona

94. Appartamento. Pulizie

pulire (vt)	साफ करना	sāf karana
mettere via	रख देना	rakh dena
polvere (f)	धूल (m)	dhūl
impolverato (agg)	धूसर	dhūsar
spolverare (vt)	धूल पोंछना	dhūl ponchhana
aspirapolvere (m)	वैक्युम क्लीनर (m)	vaikyum klīnar
passare l'aspirapolvere	वैक्यूम करना	vaikyūm karana
spazzare (vi, vt)	झाड़ू लगाना	jhārū lagāna
spazzatura (f)	कूड़ा (m)	kūra
ordine (m)	तरतीब (m)	taratīb
disordine (m)	बेतरतीब (f)	betaratīb
frettazzo (m)	पोंछा (m)	ponchha
strofinaccio (m)	डस्टर (m)	dastar
scopa (f)	झाड़ू (m)	jhārū
paletta (f)	कूड़ा उठाने का तसला (m)	kūra uthāne ka tasala

95. Arredamento. Interno

mobili (m pl)	फ़र्निचर (m)	farnichar
tavolo (m)	मेज़ (f)	mez
sedia (f)	कुर्सी (f)	kursī
letto (m)	पलंग (m)	palang
divano (m)	सोफ़ा (m)	sofa
poltrona (f)	हत्थे वाली कुर्सी (f)	hatthe vālī kursī
libreria (f)	किताबों की अलमारी (f)	kitābon kī alamārī
ripiano (m)	शेल्फ़ (f)	shelf
armadio (m)	कपड़ों की अलमारी (f)	kaparon kī alamārī
attaccapanni (m) da parete	खूँटी (f)	khūntī
appendiabiti (m) da terra	खूँटी (f)	khūntī
comò (m)	कपड़ों की अलमारी (f)	kaparon kī alamārī
tavolino (m) da salotto	कॉफ़ी की मेज़ (f)	kofī kī mez
specchio (m)	आईना (m)	āīna
tappeto (m)	कालीन (m)	kālīn
tappetino (m)	दरी (f)	darī
camino (m)	चिमनी (f)	chimanī
candela (f)	मोमबत्ती (f)	momabattī
candeliere (m)	मोमबत्तीदान (m)	momabattīdān
tende (f pl)	परदे (m pl)	parade
carta (f) da parati	वॉल पेपर (m)	vol pepar
tende (f pl) alla veneziana	जेलुज़ी (f pl)	jeluzī
lampada (f) da tavolo	मेज़ का लैम्प (m)	mez ka laimp
lampada (f) da parete	दिवार का लैम्प (m)	divār ka laimp

lampada (f) a stelo	फ़र्श का लैम्प (m)	farsh ka laimp
lampadario (m)	झूमर (m)	jhūmar

gamba (f)	पाँव (m)	pānv
bracciolo (m)	कुर्सी का हत्था (m)	kursī ka hattha
spalliera (f)	कुर्सी की पीठ (f)	kursī kī pīth
cassetto (m)	दराज़ (m)	darāz

96. Biancheria da letto

biancheria (f) da letto	बिस्तर के कपड़े (m)	bistar ke kapare
cuscino (m)	तकिया (m)	takiya
federa (f)	गिलाफ़ (m)	gilāf
coperta (f)	रज़ाई (f)	razaī
lenzuolo (m)	चादर (f)	chādar
copriletto (m)	चादर (f)	chādar

97. Cucina

cucina (f)	रसोईघर (m)	rasoīghar
gas (m)	गैस (m)	gais
fornello (m) a gas	गैस का चूल्हा (m)	gais ka chūlha
fornello (m) elettrico	बिजली का चूल्हा (m)	bijalī ka chūlha
forno (m)	ओवन (m)	ovan
forno (m) a microonde	माइक्रोवेव ओवन (m)	maikrovev ovan

frigorifero (m)	फ़्रिज (m)	frij
congelatore (m)	फ़्रीजर (m)	frījar
lavastoviglie (f)	डिशवॉशर (m)	dishavoshar

tritacarne (m)	कीमा बनाने की मशीन (f)	kīma banāne kī mashīn
spremifrutta (m)	जूसर (m)	jūsar
tostapane (m)	टोस्टर (m)	tostar
mixer (m)	मिक्सर (m)	miksar

macchina (f) da caffè	कॉफ़ी मशीन (f)	kofī mashīn
caffettiera (f)	कॉफ़ी पॉट (m)	kofī pot
macinacaffè (m)	कॉफ़ी पीसने की मशीन (f)	kofī pīsane kī mashīn

bollitore (m)	केतली (f)	ketalī
teiera (f)	चायदानी (f)	chāyadānī
coperchio (m)	ढक्कन (m)	dhakkan
colino (m) da tè	छलनी (f)	chhalanī

cucchiaio (m)	चम्मच (m)	chammach
cucchiaino (m) da tè	चम्मच (m)	chammach
cucchiaio (m)	चम्मच (m)	chammach
forchetta (f)	काँटा (m)	kānta
coltello (m)	छुरी (f)	chhurī

stoviglie (f pl)	बरतन (m)	baratan
piatto (m)	तश्तरी (f)	tashtarī

piattino (m)	तश्तरी (f)	tashtarī
cicchetto (m)	जाम (m)	jām
bicchiere (m) (~ d'acqua)	गिलास (m)	gilās
tazzina (f)	प्याला (m)	pyāla

zuccheriera (f)	चीनीदानी (f)	chīnīdānī
saliera (f)	नमकदानी (m)	namakadānī
pepiera (f)	मिर्चदानी (f)	mirchadānī
burriera (f)	मक्खनदानी (f)	makkhanadānī

pentola (f)	सॉसपैन (m)	sosapain
padella (f)	फ़्राइ पैन (f)	frai pain
mestolo (m)	डोई (f)	doī
colapasta (m)	कालेन्डर (m)	kālendar
vassoio (m)	थाली (m)	thālī

bottiglia (f)	बोतल (f)	botal
barattolo (m) di vetro	शीशी (f)	shīshī
latta, lattina (f)	डिब्बा (m)	dibba

apribottiglie (m)	बोतल ओपनर (m)	botal opanar
apriscatole (m)	ओपनर (m)	opanar
cavatappi (m)	पेंचकस (m)	penchakas
filtro (m)	फ़िल्टर (m)	filtar
filtrare (vt)	फ़िल्टर करना	filtar karana

| spazzatura (f) | कूड़ा (m) | kūra |
| pattumiera (f) | कूड़े की बाल्टी (f) | kūre kī bāltī |

98. Bagno

bagno (m)	स्नानघर (m)	snānaghar
acqua (f)	पानी (m)	pānī
rubinetto (m)	नल (m)	nal
acqua (f) calda	गरम पानी (m)	garam pānī
acqua (f) fredda	ठंडा पानी (m)	thanda pānī

| dentifricio (m) | टूथपेस्ट (m) | tūthapest |
| lavarsi i denti | दाँत ब्रश करना | dānt brash karana |

rasarsi (vr)	शेव करना	shev karana
schiuma (f) da barba	शेविंग फ़ोम (m)	sheving fom
rasoio (m)	रेज़र (f)	rezar

lavare (vt)	धोना	dhona
fare un bagno	नहाना	nahāna
doccia (f)	शावर (m)	shāvar
fare una doccia	शावर लेना	shāvar lena

vasca (f) da bagno	बाथटब (m)	bāthatab
water (m)	संडास (m)	sandās
lavandino (m)	सिंक (m)	sink
sapone (m)	साबुन (m)	sābun
porta (m) sapone	साबुनदानी (f)	sābunadānī

spugna (f)	स्पंज (f)	spanj
shampoo (m)	शैम्पू (m)	shaimpū
asciugamano (m)	तौलिया (f)	tauliya
accappatoio (m)	चोगा (m)	choga

bucato (m)	धुलाई (f)	dhulaī
lavatrice (f)	वॉशिंग मशीन (f)	voshing mashīn
fare il bucato	कपड़े धोना	kapare dhona
detersivo (m) per il bucato	कपड़े धोने का पाउडर (m)	kapare dhone ka paudar

99. Elettrodomestici

televisore (m)	टीवी सेट (m)	tīvī set
registratore (m) a nastro	टेप रिकार्डर (m)	tep rikārdar
videoregistratore (m)	वीडियो टेप रिकार्डर (m)	vīdiyo tep rikārdar
radio (f)	रेडियो (m)	rediyo
lettore (m)	प्लेयर (m)	pleyar

videoproiettore (m)	वीडियो प्रोजेक्टर (m)	vīdiyo projektar
home cinema (m)	होम थीएटर (m)	hom thīetar
lettore (m) DVD	डीवीडी प्लेयर (m)	dīvīdī pleyar
amplificatore (m)	ध्वनि-विस्तारक (m)	dhvani-vistārak
console (f) video giochi	वीडियो गेम कन्सोल (m)	vīdiyo gem kansol

videocamera (f)	वीडियो कैमरा (m)	vīdiyo kaimara
macchina (f) fotografica	कैमरा (m)	kaimara
fotocamera (f) digitale	डीजिटल कैमरा (m)	dījital kaimara

aspirapolvere (m)	वैक्यूम क्लीनर (m)	vaikyūm klīnar
ferro (m) da stiro	इस्तरी (f)	istarī
asse (f) da stiro	इस्तरी तख्ता (m)	istarī takhta

telefono (m)	टेलीफ़ोन (m)	telīfon
telefonino (m)	मोबाइल फ़ोन (m)	mobail fon
macchina (f) da scrivere	टाइपराइटर (m)	taiparaitar
macchina (f) da cucire	सिलाई मशीन (f)	silaī mashīn

microfono (m)	माइक्रोफ़ोन (m)	maikrofon
cuffia (f)	हैडफ़ोन (m pl)	hairafon
telecomando (m)	रिमोट (m)	rimot

CD (m)	सीडी (m)	sīdī
cassetta (f)	कैसेट (f)	kaiset
disco (m) (vinile)	रिकार्ड (m)	rikārd

100. Riparazioni. Restauro

lavori (m pl) di restauro	नवीकरण (m)	navīkaran
rinnovare (ridecorare)	नवीकरण करना	navīkaran karana
riparare (vt)	मरम्मत करना	marammat karana
mettere in ordine	ठीक करना	thīk karana
rifare (vt)	फिर से करना	fir se karana

pittura (f)	रंग (m)	rang
pitturare (~ un muro)	रंगना	rangana
imbianchino (m)	रोग़न करनेवाला (m)	rogan karanevāla
pennello (m)	सफ़ेदी का ब्रश (m)	safedī ka brash
imbiancatura (f)	सफ़ेदी (f)	safedī
imbiancare (vt)	सफ़ेदी करना	safedī karana
carta (f) da parati	वॉल-पैपर (m pl)	vol-paipar
tappezzare (vt)	वाल-पैपर लगाना	vāl-paipar lagāna
vernice (f)	पॉलिश (f)	polish
verniciare (vt)	पॉलिश करना	polish karana

101. Impianto idraulico

acqua (f)	पानी (m)	pānī
acqua (f) calda	गरम पानी (m)	garam pānī
acqua (f) fredda	ठंडा पानी (m)	thanda pānī
rubinetto (m)	टोंटी (f)	tontī
goccia (f)	बूंद (m)	būnd
gocciolare (vi)	टपकना	tapakana
perdere (il tubo, ecc.)	बहना	bahana
perdita (f) (~ dai tubi)	लीक (m)	līk
pozza (f)	डबरा (m)	dabara
tubo (m)	पाइप (f)	paip
valvola (f)	वॉल्व (m)	volv
intasarsi (vr)	भर जाना	bhar jāna
strumenti (m pl)	औज़ार (m pl)	auzār
chiave (f) inglese	रिंच (m)	rinch
svitare (vt)	खोलना	kholana
avvitare (stringere)	बंद करना	band karana
stasare (vt)	सफ़ाई करना	safaī karana
idraulico (m)	प्लम्बर (m)	plambar
seminterrato (m)	तहख़ाना (m)	tahakhāna
fognatura (f)	मलप्रवाह-पद्धति (f)	malapravāh-paddhati

102. Incendio. Conflagrazione

fuoco (m)	आग (f)	āg
fiamma (f)	आग की लपटें (f)	āg kī lapaten
scintilla (f)	चिंगारी (f)	chingārī
fumo (m)	धुँआ (m)	dhuna
fiaccola (f)	मशाल (m)	mashāl
falò (m)	कैम्प फ़ायर (m)	kaimp fāyar
benzina (f)	पेट्रोल (m)	petrol
cherosene (m)	केरोसीन (m)	kerosīn
combustibile (agg)	ज्वलनशील	jvalanashīl

esplosivo (agg)	विस्फ़ोटक	visfotak
VIETATO FUMARE!	धुम्रपान निषेध!	dhumrapān nishedh!
sicurezza (f)	सुरक्षा (f)	suraksha
pericolo (m)	ख़तरा (f)	khatara
pericoloso (agg)	ख़तरनाक	khataranāk
prendere fuoco	आग लग जाना	āg lag jāna
esplosione (f)	विस्फ़ोट (m)	visfot
incendiare (vt)	आग लगाना	āg lagāna
incendiario (m)	आग लगानेवाला (m)	āg lagānevāla
incendio (m) doloso	आगज़नी (f)	āgazanī
divampare (vi)	दहकना	dahakana
bruciare (vi)	जलना	jalana
bruciarsi (vr)	जल जाना	jal jāna
pompiere (m)	दमकल कर्मचारी (m)	damakal karmachārī
autopompa (f)	दमकल (m)	damakal
corpo (m) dei pompieri	फ़ायरब्रिगेड (m)	fāyarabriged
autoscala (f) da pompieri	फ़ायर ट्रक सीढ़ी (f)	fāyar trak sīrhī
manichetta (f)	आग बुझाने का पाइप (m)	āg bujhāne ka paip
estintore (m)	अग्निशामक (m)	agnishāmak
casco (m)	हेलमेट (f)	helamet
sirena (f)	साइरन (m)	sairan
gridare (vi)	चिल्लाना	chillāna
chiamare in aiuto	मदद के लिए बुलाना	madad ke lie bulāna
soccorritore (m)	बचानेवाला (m)	bachānevāla
salvare (vt)	बचाना	bachāna
arrivare (vi)	पहुँचना	pahunchana
spegnere (vt)	आग बुझाना	āg bujhāna
acqua (f)	पानी (m)	pānī
sabbia (f)	रेत (f)	ret
rovine (f pl)	खंडहर (m pl)	khandahar
crollare (edificio)	गिर जाना	gir jāna
cadere (vi)	टूटकर गिरना	tūtakar girana
collassare (vi)	ढहना	dhahana
frammento (m)	मलबे का टुकड़ा (m)	malabe ka tukara
cenere (f)	राख (m)	rākh
asfissiare (vi)	दम घुटना	dam ghutana
morire, perire (vi)	मर जाना	mar jāna

ATTIVITÀ UMANA

Lavoro. Affari. Parte 1

103. Ufficio. Lavorare in ufficio

uffici (m pl) (gli ~ della società)	कार्यालय (m)	kāryālay
ufficio (m)	कार्यालय (m)	kāryālay
portineria (f)	रिसेप्शन (m)	risepshan
segretaria (f)	सेक्रटरी (f)	sekratarī
direttore (m)	निदेशक (m)	nideshak
manager (m)	मैनेजर (m)	mainejar
contabile (m)	लेखापाल (m)	lekhāpāl
impiegato (m)	कर्मचारी (m)	karmachārī
mobili (m pl)	फर्निचर (m)	farnichar
scrivania (f)	मेज़ (f)	mez
poltrona (f)	कुर्सी (f)	kursī
cassettiera (f)	साइड टेबल (f)	said tebal
appendiabiti (m) da terra	खूँटी (f)	khūntī
computer (m)	कंप्यूटर (m)	kampyūtar
stampante (f)	प्रिन्टर (m)	printar
fax (m)	फ़ैक्स मशीन (f)	faiks mashīn
fotocopiatrice (f)	ज़ीरोक्स (m)	zīroks
carta (f)	काग़ज़ (m)	kāgaz
cancelleria (f)	स्टेशनरी (m pl)	steshanarī
tappetino (m) del mouse	माउस पैड (m)	maus paid
foglio (m)	पन्ना (m)	panna
cartella (f)	बाइन्डर (m)	baindar
catalogo (m)	कैटेलॉग (m)	kaitelog
elenco (m) del telefono	डाइरेक्टरी (f)	dairektarī
documentazione (f)	दस्तावेज़ (m)	dastāvez
opuscolo (m)	पुस्तिका (f)	pustika
volantino (m)	पर्चा (m)	parcha
campione (m)	नमूना (m)	namūna
formazione (f)	प्रशिक्षण बैठक (f)	prashikshan baithak
riunione (f)	बैठक (f)	baithak
pausa (f) pranzo	मध्यान्तर (m)	madhyāntar
copiare (vt)	कॉपी करना	kopī karana
fare copie	ज़ीरोक्स करना	zīroks karana
ricevere un fax	फ़ैक्स मिलना	faiks milana
spedire un fax	फ़ैक्स भेजना	faiks bhejana
telefonare (vi, vt)	फ़ोन करना	fon karana

rispondere (vi, vt)	जवाब देना	javāb dena
passare (glielo passo)	फ़ोन ट्रांस्फर करना	fon trānsfar karana

fissare (organizzare)	व्यवस्थित करना	vyavasthit karana
dimostrare (vt)	प्रदर्शित करना	pradarshit karana
essere assente	अनुपस्थित होना	anupasthit hona
assenza (f)	अनुपस्थिती (f)	anupasthitī

104. Operazioni d'affari. Parte 1

occupazione (f)	पेशा (m)	pesha
ditta (f)	कम्पनी (f)	kampanī
compagnia (f)	कम्पनी (f)	kampanī
corporazione (f)	निगम (m)	nigam
impresa (f)	उद्योग (m)	udyog
agenzia (f)	एजेंसी (f)	ejensī

accordo (m)	समझौता (f)	samajhauta
contratto (m)	ठेका (m)	theka
affare (m)	सौदा (f)	sauda
ordine (m) (ordinazione)	आर्डर (m)	ārdar
termine (m) dell'accordo	शर्तें (f)	sharten

all'ingrosso	थोक	thok
all'ingrosso (agg)	थोक	thok
vendita (f) all'ingrosso	थोक (m)	thok
al dettaglio (agg)	खुदरा	khudara
vendita (f) al dettaglio	खुदरा (m)	khudara

concorrente (m)	प्रतियोगी (m)	pratiyogī
concorrenza (f)	प्रतियोगिता (f)	pratiyogita
competere (vi)	प्रतियोगिता करना	pratiyogita karana

socio (m), partner (m)	सहयोगी (f)	sahayogī
partenariato (m)	साझेदारी (f)	sājhedārī

crisi (f)	संकट (m)	sankat
bancarotta (f)	दिवाला (m)	divāla
fallire (vi)	दिवालिया हो जाना	divāliya ho jāna
difficoltà (f)	कठिनाई (f)	kathinaī
problema (m)	समस्या (f)	samasya
disastro (m)	दुर्घटना (f)	durghatana

economia (f)	अर्थशास्त्र (f)	arthashāstr
economico (agg)	आर्थिक	ārthik
recessione (f) economica	अर्थिक गिरावट (f)	arthik girāvat

scopo (m), obiettivo (m)	लक्ष्य (m)	lakshy
incarico (m)	कार्य (m)	kāry

commerciare (vi)	व्यापार करना	vyāpār karana
rete (f) (~ di distribuzione)	जाल (m)	jāl
giacenza (f)	गोदाम (m)	godām
assortimento (m)	किस्म (m)	kism

leader (m), capo (m)	लीडर (m)	līdar
grande (agg)	विशाल	vishāl
monopolio (m)	एकाधिकार (m)	ekādhikār
teoria (f)	सिद्धांत (f)	siddhānt
pratica (f)	व्यवहार (f)	vyavahār
esperienza (f)	अनुभव (m)	anubhav
tendenza (f)	प्रवृत्ति (f)	pravrtti
sviluppo (m)	विकास (m)	vikās

105. Operazioni d'affari. Parte 2

profitto (m)	लाभ (f)	lābh
profittevole (agg)	फ़ायदेमन्द	fāyademand
delegazione (f)	प्रतिनिधिमंडल (f)	pratinidhimandal
stipendio (m)	आय (f)	āy
correggere (vt)	ठीक करना	thīk karana
viaggio (m) d'affari	व्यापारिक यात्रा (f)	vyāpārik yātra
commissione (f)	आयोग (f)	āyog
controllare (vt)	जांचना	jānchana
conferenza (f)	सम्मेलन (m)	sammelan
licenza (f)	अनुज्ञप्ति (f)	anugyapti
affidabile (agg)	विश्वसनीय	vishvasanīy
iniziativa (f) (progetto nuovo)	पहल (f)	pahal
norma (f)	मानक (m)	mānak
circostanza (f)	परिस्थिति (f)	paristhiti
mansione (f)	कर्तव्य (m)	kartavy
impresa (f)	संगठन (f)	sangathan
organizzazione (f)	आयोजन (m)	āyojan
organizzato (agg)	आयोजित	āyojit
annullamento (m)	निरस्तीकरण (m)	nirastīkaran
annullare (vt)	रद्द करना	radd karana
rapporto (m) (~ ufficiale)	रिपोर्ट (m)	riport
brevetto (m)	पेटेंट (m)	petent
brevettare (vt)	पेटेंट करना	petent karana
pianificare (vt)	योजना बनाना	yojana banāna
premio (m)	बोनस (m)	bonas
professionale (agg)	पेशेवर	peshevar
procedura (f)	प्रक्रिया (f)	prakriya
esaminare (~ un contratto)	विचार करना	vichār karana
calcolo (m)	हिसाब (m)	hisāb
reputazione (f)	प्रतिष्ठा (f)	pratishtha
rischio (m)	जोखिम (m)	jokhim
dirigere (~ un'azienda)	प्रबंध करना	prabandh karana
informazioni (f pl)	सूचना (f)	sūchana
proprietà (f)	जायदाद (f)	jāyadād

unione (f) (~ Italiana Vini, ecc.)	संघ (m)	sangh
assicurazione (f) sulla vita	जीवन-बीमा (m)	jīvan-bīma
assicurare (vt)	बीमा करना	bīma karana
assicurazione (f)	बीमा (m)	bīma
asta (f)	नीलामी (m pl)	nīlāmī
avvisare (informare)	जानकारी देना	jānakārī dena
gestione (f)	प्रबंधन (m)	prabandhan
servizio (m)	सेवा (f)	seva
forum (m)	मंच (m)	manch
funzionare (vi)	कार्य करना	kāry karana
stadio (m) (fase)	चरण (m)	charan
giuridico (agg)	कानूनी	kānūnī
esperto (m) legale	वकील (m)	vakīl

106. Attività produttiva. Lavori

stabilimento (m)	कारख़ाना (m)	kārakhāna
fabbrica (f)	कारख़ाना (m)	kārakhāna
officina (f) di produzione	वर्कशाप (m)	varkashāp
stabilimento (m)	उत्पादन स्थल (m)	utpādan sthal
industria (f)	उद्योग (m)	udyog
industriale (agg)	औद्योगिक	audyogik
industria (f) pesante	भारी उद्योग (m)	bhārī udyog
industria (f) leggera	हल्का उद्योग (m)	halka udyog
prodotti (m pl)	उत्पाद (m)	utpād
produrre (vt)	उत्पादन करना	utpādan karana
materia (f) prima	कच्चा माल (m)	kachcha māl
caposquadra (m)	फ़ोरमैन (m)	foramain
squadra (f)	मज़दूर दल (m)	mazadūr dal
operaio (m)	मज़दूर (m)	mazadūr
giorno (m) lavorativo	कार्यदिवस (m)	kāryadivas
pausa (f)	अंतराल (m)	antarāl
riunione (f)	बैठक (f)	baithak
discutere (~ di un problema)	चर्चा करना	charcha karana
piano (m)	योजना (f)	yojana
eseguire il piano	योजना बनाना	yojana banāna
tasso (m) di produzione	उत्पादन दर (f)	utpādan dar
qualità (f)	गुणवत्ता (m)	gunavatta
controllo (m)	जाँच (f)	jānch
controllo (m) di qualità	गुणवत्ता जाँच (f)	gunavatta jānch
sicurezza (f) sul lavoro	कार्यस्थल सुरक्षा (f)	kāryasthal suraksha
disciplina (f)	अनुशासन (m)	anushāsan
infrazione (f)	उल्लंघन (m)	ullanghan
violare (~ le regole)	उल्लंघन करना	ullanghan karana
sciopero (m)	हड़ताल (f)	haratāl

scioperante (m)	हड़तालकारी (m)	haratālakārī
fare sciopero	हड़ताल करना	haratāl karana
sindacato (m)	ट्रेड-यूनियन (m)	tred-yūniyan
inventare (vt)	आविष्कार करना	āvishkār karana
invenzione (f)	आविष्कार (m)	āvishkār
ricerca (f)	अनुसंधान (f)	anusandhān
migliorare (vt)	सुधारना	sudhārana
tecnologia (f)	प्रौद्योगिकी (f)	praudyogikī
disegno (m) tecnico	तकनीकी चित्रकारी (f)	takanīkī chitrakārī
carico (m)	भार (m)	bhār
caricatore (m)	कुली (m)	kulī
caricare (~ un camion)	लादना	lādana
caricamento (m)	लादना (m)	lādana
scaricare (vt)	सामान उतारना	sāmān utārana
scarico (m)	उतारना	utārana
trasporto (m)	परिवहन (m)	parivahan
società (f) di trasporti	परिवहन कम्पनी (f)	parivahan kampanī
trasportare (vt)	अपवाहन करना	apavāhan karana
vagone (m) merci	माल गाड़ी (f)	māl gārī
cisterna (f)	टैंकर (m)	tainkar
camion (m)	ट्रक (m)	trak
macchina (f) utensile	मशीनी उपकरण (m)	mashīnī upakaran
meccanismo (m)	यंत्र (m)	yantr
rifiuti (m pl) industriali	औद्योगिक अवशेष (m)	audyogik avashesh
imballaggio (m)	पैकिंग (f)	paiking
imballare (vt)	पैक करना	paik karana

107. Contratto. Accordo

contratto (m)	ठेका (m)	theka
accordo (m)	समझौता (f)	samajhauta
allegato (m)	परिशिष्ट (f)	parishisht
firmare un contratto	अनुबंध पर हस्ताक्षर करना	anubandh par hastākshar karana
firma (f)	हस्ताक्षर (m)	hastākshar
firmare (vt)	हस्ताक्षर करना	hastākshar karana
timbro (m) (su documenti)	सील (m)	sīl
oggetto (m) del contratto	अनुबंध की विषय-वस्तु (f)	anubandh kī vishay-vastu
clausola (f)	धारा (f)	dhāra
parti (f pl) (in un contratto)	पार्टी (f)	pārtī
sede (f) legale	कानूनी पता (m)	kānūnī pata
sciogliere un contratto	अनुबंध का उल्लंघन करना	anubandh ka ullanghan karana
obbligo (m)	प्रतिबद्धता (f)	pratibaddhta
responsabilità (f)	ज़िम्मेदारी (f)	zimmedārī

forza (f) maggiore	अप्रत्याशित घटना (f)	apratyāshit ghatana
discussione (f)	विवाद (m)	vivād
sanzioni (f pl)	जुर्माना (m)	jurmāna

108. Import-export

importazione (f)	आयात (m)	āyāt
importatore (m)	आयातकर्ता (m)	āyātakarta
importare (vt)	आयात करना	āyāt karana
d'importazione (agg)	आयातित	āyātit
esportatore (m)	निर्यातकर्ता (m)	niryātakarta
esportare (vt)	निर्यात करना	niryāt karana
merce (f)	माल (m)	māl
carico (m)	प्रेषित माल (m)	preshit māl
peso (m)	वज़न (m)	vazan
volume (m)	आयतन (m)	āyatan
metro (m) cubo	घन मीटर (m)	ghan mītar
produttore (m)	उत्पादक (m)	utpādak
società (f) di trasporti	वाहन कम्पनी (f)	vāhan kampanī
container (m)	डिब्बा (m)	dibba
frontiera (f)	सीमा (f)	sīma
dogana (f)	सीमाशुल्क कार्यालय (f)	sīmāshulk kāryālay
dazio (m) doganale	सीमाशुल्क (m)	sīmāshulk
doganiere (m)	सीमाशुल्क अधिकारी (m)	sīmāshulk adhikārī
contrabbando (m)	तस्करी (f)	taskarī
merci (f pl) contrabbandate	तस्करी का माल (m)	taskarī ka māl

109. Mezzi finanziari

azione (f)	शेयर (f)	sheyar
obbligazione (f)	बॉंड (m)	bānd
cambiale (f)	विनिमय पत्र (m)	vinimay patr
borsa (f)	स्टॉक मार्केट (m)	stok mārket
quotazione (f)	शेयर का मूल्य (m)	sheyar ka mūly
diminuire di prezzo	मूल्य कम होना	mūly kam hona
aumentare di prezzo	मूल्य बढ़ जाना	mūly barh jāna
pacchetto (m) di maggioranza	नियंत्रण हित (f)	niyantran hit
investimento (m)	निवेश (f)	nivesh
investire (vt)	निवेश करना	nivesh karana
percento (m)	प्रतिशत (f)	pratishat
interessi (m pl) (su investimenti)	ब्याज (m pl)	byāj
profitto (m)	नफ़ा (m)	nafa
redditizio (agg)	लाभदायक	lābhadāyak

imposta (f)	कर (f)	kar
valuta (f) (~ estera)	मुद्रा (m)	mudra
nazionale (agg)	राष्ट्रीय	rāshtrīy
cambio (m) (~ valuta)	विनिमय (m)	vinimay

| contabile (m) | लेखापाल (m) | lekhāpāl |
| ufficio (m) contabilità | लेखा विभाग (m) | lekha vibhāg |

bancarotta (f)	दिवाला (m)	divāla
fallimento (m)	वित्तीय पत्तन (m)	vittīy pattan
rovina (f)	बरबादी (m)	barabādī
andare in rovina	आर्थिक रूप से बरबादी	ārthik rūp se barabādī
inflazione (f)	मुद्रास्फीति (f)	mudrāsfīti
svalutazione (f)	अवमूल्यन (m)	avamūlyan

capitale (m)	पूँजी (f)	pūnjī
reddito (m)	आय (f)	āy
giro (m) di affari	कुल बिक्री (f)	kul bikrī
risorse (f pl)	वित्तीय संसाधन (m)	vittīy sansādhan
mezzi (m pl) finanziari	मुद्रागत संसाधन (m)	mudrāgat sansādhan
ridurre (~ le spese)	कम करना	kam karana

110. Marketing

marketing (m)	विपणन (m)	vipanan
mercato (m)	मंडी (f)	mandī
segmento (m) di mercato	बाज़ार क्षेत्र (m)	bāzār kshetr
prodotto (m)	उत्पाद (m)	utpād
merce (f)	माल (m)	māl

marchio (m) di fabbrica	ट्रेड मार्क (m)	tred mārk
logotipo (m)	लोगोटाइप (m)	logotaip
logo (m)	लोगो (m)	logo

domanda (f)	मांग (f)	māng
offerta (f)	आपूर्ति (f)	āpūrti
bisogno (m)	ज़रूरत (f)	zarūrat
consumatore (m)	उपभोक्ता (m)	upabhokta

analisi (f)	विश्लेषण (m)	vishleshan
analizzare (vt)	विश्लेषण करना	vishleshan karana
posizionamento (m)	स्थिति-निर्धारण (f)	sthiti-nirdhāran
posizionare (vt)	स्थिति-निर्धारण करना	sthiti-nirdhāran karana

prezzo (m)	दाम (m)	dām
politica (f) dei prezzi	मूल्य निर्धारण नीति (f)	mūly nirdhāran nīti
determinazione (f) dei prezzi	मूल्य स्थापना (f)	mūly sthāpana

111. Pubblicità

| pubblicità (f) | विज्ञापन (m) | vigyāpan |
| pubblicizzare (vt) | विज्ञापन देना | vigyāpan dena |

bilancio (m) (budget)	बजट (m)	bajat
annuncio (m)	विज्ञापन (m)	vigyāpan
pubblicità (f) televisiva	टीवी विज्ञापन (m)	tīvī vigyāpan
pubblicità (f) radiofonica	रेडियो विज्ञापन (m)	rediyo vigyāpan
pubblicità (f) esterna	बिलबोर्ड विज्ञापन (m)	bilabord vigyāpan
mass media (m pl)	जनसंपर्क माध्यम (m)	janasampark mādhyam
periodico (m)	पत्रिका (f)	patrika
immagine (f)	सार्वजनिक छवि (f)	sārvajanik chhavi
slogan (m)	नारा (m)	nāra
motto (m)	नारा (m)	nāra
campagna (f)	अभियान (m)	abhiyān
campagna (f) pubblicitaria	विज्ञापन प्रचार (m)	vigyāpan prachār
gruppo (m) di riferimento	श्रोतागण (f)	shrotāgan
biglietto (m) da visita	बिज़नेस कार्ड (m)	bizanes kārd
volantino (m)	पर्ची (f)	parcha
opuscolo (m)	ब्रोशर (m)	broshar
pieghevole (m)	पर्ची (f)	parcha
bollettino (m)	सूचनापत्र (m)	sūchanāpatr
insegna (f) (di negozi, ecc.)	नेमप्लेट (m)	nemaplet
cartellone (m)	पोस्टर (m)	postar
tabellone (m) pubblicitario	इश्तहार (m)	ishtahār

112. Attività bancaria

banca (f)	बैंक (m)	baink
filiale (f)	शाखा (f)	shākha
consulente (m)	क्लर्क (m)	klark
direttore (m)	मैनेजर (m)	mainejar
conto (m) bancario	बैंक खाता (m)	baink khāta
numero (m) del conto	खाते का नम्बर (m)	khāte ka nambar
conto (m) corrente	चालू खाता (m)	chālū khāta
conto (m) di risparmio	बचत खाता (m)	bachat khāta
aprire un conto	खाता खोलना	khāta kholana
chiudere il conto	खाता बंद करना	khāta band karana
versare sul conto	खाते में जमा करना	khāte men jama karana
prelevare dal conto	खाते से पैसा निकालना	khāte se paisa nikālana
deposito (m)	जमा (m)	jama
depositare (vt)	जमा करना	jama karana
trasferimento (m) telegrafico	तार स्थानांतरण (m)	tār sthānāntaran
rimettere i soldi	पैसे स्थानांतरित करना	paise sthānāntarit karana
somma (f)	रक़म (m)	raqam
Quanto?	कितना?	kitana?
firma (f)	हस्ताक्षर (f)	hastākshar
firmare (vt)	हस्ताक्षर करना	hastākshar karana

carta (f) di credito	क्रेडिट कार्ड (m)	kredit kārd
codice (m)	पिन कोड (m)	pin kod
numero (m) della carta di credito	क्रेडिट कार्ड संख्या (f)	kredit kārd sankhya
bancomat (m)	एटीएम (m)	etīem
assegno (m)	चेक (m)	chek
emettere un assegno	चेक लिखना	chek likhana
libretto (m) di assegni	चेकबुक (f)	chekabuk
prestito (m)	उधार (m)	uthār
fare domanda per un prestito	उधार के लिए आवेदन करना	udhār ke lie āvedan karana
ottenere un prestito	उधार लेना	uthār lena
concedere un prestito	उधार देना	uthār dena
garanzia (f)	गारन्टी (f)	gārantī

113. Telefono. Conversazione telefonica

telefono (m)	फ़ोन (m)	fon
telefonino (m)	मोबाइल फ़ोन (m)	mobail fon
segreteria (f) telefonica	जवाबी मशीन (f)	javābī mashīn
telefonare (vi, vt)	फ़ोन करना	fon karana
chiamata (f)	कॉल (m)	kol
comporre un numero	नम्बर लगाना	nambar lagāna
Pronto!	हेलो!	helo!
chiedere (domandare)	पूछना	pūchhana
rispondere (vi, vt)	जवाब देना	javāb dena
udire (vt)	सुनना	sunana
bene	ठीक	thīk
male	ठीक नहीं	thīk nahin
disturbi (m pl)	आवाज़ें (f)	āvāzen
cornetta (f)	रिसीवर (m)	risīvar
alzare la cornetta	फ़ोन उठाना	fon uthāna
riattaccare la cornetta	फ़ोन रखना	fon rakhana
occupato (agg)	बिज़ी	bizī
squillare (del telefono)	फ़ोन बजना	fon bajana
elenco (m) telefonico	टेलीफ़ोन बुक (m)	telīfon buk
locale (agg)	लोकल	lokal
interurbano (agg)	लंबी दूरी की कॉल	lambī dūrī kī kol
internazionale (agg)	अंतर्राष्ट्रीय	antarrāshtrīy

114. Telefono cellulare

telefonino (m)	मोबाइल फ़ोन (m)	mobail fon
schermo (m)	डिस्प्ले (m)	disple
tasto (m)	बटन (m)	batan
scheda SIM (f)	सिम कार्ड (m)	sim kārd

pila (f)	बैटरी (f)	baitarī
essere scarico	बैटरी डेड हो जाना	baitarī ded ho jāna
caricabatteria (m)	चार्जर (m)	chārjar

menù (m)	मीनू (m)	mīnū
impostazioni (f pl)	सेटिंस (f)	setings
melodia (f)	कॉलर ट्यून (m)	kolar tyūn
scegliere (vt)	चुनना	chunana

calcolatrice (f)	कैल्कुलैटर (m)	kailkulaitar
segreteria (f) telefonica	वॉयस मेल (f)	voyas mel
sveglia (f)	अलार्म घड़ी (f)	alārm gharī
contatti (m pl)	संपर्क (m)	sampark

| messaggio (m) SMS | एसएमएस (m) | esemes |
| abbonato (m) | सदस्य (m) | sadasy |

115. Articoli di cancelleria

| penna (f) a sfera | बॉल पेन (m) | bol pen |
| penna (f) stilografica | फाउन्टेन पेन (m) | faunten pen |

matita (f)	पेंसिल (f)	pensil
evidenziatore (m)	हाइलाइटर (m)	hailaitar
pennarello (m)	फ्रेल्ट टिप पेन (m)	felt tip pen

| taccuino (m) | नोटबुक (m) | notabuk |
| agenda (f) | डायरी (f) | dāyarī |

righello (m)	स्केल (m)	skel
calcolatrice (f)	कैल्कुलेटर (m)	kailkuletar
gomma (f) per cancellare	रबड़ (f)	rabar
puntina (f)	थंबटैक (m)	thanrbataik
graffetta (f)	पेपर क्लिप (m)	pepar klip

colla (f)	गोंद (f)	gond
pinzatrice (f)	स्टेप्लर (m)	steplar
perforatrice (f)	होल पंचर (m)	hol panchar
temperamatite (m)	शार्पनर (m)	shārpanar

116. Diversi tipi di documenti

resoconto (m)	रिपोर्ट (m)	riport
accordo (m)	समझौता (f)	samajhauta
modulo (m) di richiesta	आवेदन प्रपत्र (m)	āvedan prapatr
autentico (agg)	असल	asal
tesserino (m)	बैज (f)	baij
biglietto (m) da visita	बिज़नेस कार्ड (m)	bizanes kārd

certificato (m)	प्रमाणपत्र (m)	pramānapatr
assegno (m) (fare un ~)	चेक (m)	chek
conto (m) (in un ristorante)	बिल (m)	bil

costituzione (f)	संविधान (m)	sanvidhān
contratto (m)	अनुबंध (m)	anubandh
copia (f)	कॉपी (f)	kopī
copia (f) (~ di un contratto)	प्रति (f)	prati
dichiarazione (f)	सीमाशुल्क घोषणा (f)	sīmāshulk ghoshana
documento (m)	दस्तावेज़ (m)	dastāvez
patente (f) di guida	ड्राइवर-लाइसेंस (m)	draivar-laisens
allegato (m)	परिशिष्ट (f)	parishisht
modulo (m)	प्रपत्र (m)	prapatr
carta (f) d'identità	पहचान पत्र (m)	pahachān patr
richiesta (f) di informazioni	पूछताछ (f)	pūchhatāchh
biglietto (m) d'invito	निमंत्रण-पत्र (m)	nimantran-patr
fattura (f)	इन्वॉएस (m)	invoes
legge (f)	कानून (m)	kānūn
lettera (f) (missiva)	पत्र (m)	patr
carta (f) intestata	लेटरहेड (m)	letarahed
lista (f) (~ di nomi, ecc.)	सूची (f)	sūchī
manoscritto (m)	हस्तलेख (m)	hastalekh
bollettino (m)	संवादपत्र (m)	sanvādapatr
appunto (m), nota (f)	नोट (m)	not
lasciapassare (m)	पास (m)	pās
passaporto (m)	पासपोर्ट (m)	pāsaport
permesso (m)	अनुमति (f)	anumati
curriculum vitae (f)	रेज्यूम (m)	rijyūm
nota (f) di addebito	ऋण नोट (m)	ririn not
ricevuta (f)	रसीद (f)	rasīd
scontrino (m)	बिक्री रसीद (f)	bikrī rasīd
rapporto (m)	रिपोर्ट (m)	riport
mostrare (vt)	दिखाना	dikhāna
firmare (vt)	हस्ताक्षर करना	hastākshar karana
firma (f)	हस्ताक्षर (f)	hastākshar
timbro (m) (su documenti)	सील (m)	sīl
testo (m)	पाठ (m)	pāth
biglietto (m)	प्रवेश टिकट (m)	pravesh tikat
cancellare (~ dalla lista)	रेखा खींचकर काटना	rekha khīnchakar kātana
riempire (~ un modulo)	भरना	bharana
bolla (f) di consegna	रसीद (f)	rasīd
testamento (m)	वसीयत (m)	vasīyat

117. Generi di attività commerciali

servizi (m pl) di contabilità	लेखा सेवा (f)	lekha seva
pubblicità (f)	विज्ञापन (m)	vigyāpan
agenzia (f) pubblicitaria	विज्ञापन एजन्सी (f)	vigyāpan ejansī
condizionatori (m pl) d'aria	वातानुकूलक सेवा (f)	vātānukūlak seva
compagnia (f) aerea	हवाई कम्पनी (f)	havaī kampanī
bevande (f pl) alcoliche	मद्य पदार्थ (m)	mady padārth

antiquariato (m)	पुरानी चीज़ें (f)	purānī chīzen
galleria (f) d'arte	चित्रशाला (f)	chitrashāla
società (f) di revisione contabile	लेखापरीक्षा सेवा (f)	lekhāparīksha seva
imprese (f pl) bancarie	बैंक (m)	baink
bar (m)	बार (m)	bār
salone (m) di bellezza	ब्यूटी पार्लर (m)	byūtī pārlar
libreria (f)	किताबों की दुकान (f)	kitābon kī dukān
birreria (f)	शराब की भट्ठी (f)	sharāb kī bhaththī
business centre (m)	व्यापार केन्द्र (m)	vyāpār kendr
scuola (f) di commercio	व्यापार विद्यालय (m)	vyāpār vidyālay
casinò (m)	केसिनो (m)	kesino
edilizia (f)	निर्माण (m)	nirmān
consulenza (f)	परामर्श सेवा (f)	parāmarsh seva
odontoiatria (f)	दंतचिकित्सा क्लिनिक (f)	dantachikitsa klinik
design (m)	डिज़ाइन (m)	dizain
farmacia (f)	दवाख़ाना (m)	davākhāna
lavanderia (f) a secco	ड्राइक्लीनिंग (f)	draiklīning
agenzia (f) di collocamento	रोज़गार एजेंसी (f)	rozagār ejensī
servizi (m pl) finanziari	वित्त सेवा (f)	vitt seva
industria (f) alimentare	खाद्य पदार्थ (m)	khādy padārth
agenzia (f) di pompe funebri	शमशान घाट (m)	shamashān ghāt
mobili (m pl)	फ़र्निचर (m)	farnichar
abbigliamento (m)	पोशाक (m)	poshāk
albergo, hotel (m)	होटल (m)	hotal
gelato (m)	आईसक्रीम (f)	āīsakrīm
industria (f)	उद्योग (m)	udyog
assicurazione (f)	बीमा (m)	bīma
internet (f)	इन्टरनेट (m)	intaranet
investimenti (m pl)	निवेश (f)	nivesh
gioielliere (m)	सुनार (m)	sunār
gioielli (m pl)	आभूषण (m)	ābhūshan
lavanderia (f)	धोबीघर (m)	dhobīghar
consulente (m) legale	कानूनी सलाह (f)	kānūnī salāh
industria (f) leggera	हल्का उद्योग (m)	halka udyog
rivista (f)	पत्रिका (f)	patrika
vendite (f pl) per corrispondenza	मेल-ऑर्डर विक्रय (m)	mel-ordar vikray
medicina (f)	औषधि (f)	aushadhi
cinema (m)	सिनेमाघर (m)	sinemāghar
museo (m)	संग्रहालय (m)	sangrahālay
agenzia (f) di stampa	सूचना केन्द्र (m)	sūchana kendr
giornale (m)	अख़बार (m)	akhabār
locale notturno (m)	नाइट क्लब (m)	nait klab
petrolio (m)	पेट्रोलियम (m)	petroliyam
corriere (m) espresso	कुरियर सेवा (f)	kuriyar seva
farmaci (m pl)	औषधि (f)	aushadhi

stampa (f) (~ di libri)	छपाई (m)	chhapaī
casa (f) editrice	प्रकाशन गृह (m)	prakāshan grh
radio (f)	रेडियो (m)	rediyo
beni (m pl) immobili	अचल संपत्ति (f)	achal sampatti
ristorante (m)	रेस्टराँ (m)	restarān
agenzia (f) di sicurezza	सुरक्षा एजेंसी (f)	suraksha ejensī
sport (m)	क्रीड़ा (f)	krīra
borsa (f)	स्टॉक मार्केट (m)	stok mārket
negozio (m)	दुकान (f)	dukān
supermercato (m)	सुपर बाज़ार (m)	supar bāzār
piscina (f)	तरण-ताल (m)	taran-tāl
sartoria (f)	दर्ज़ी (m)	darzī
televisione (f)	टीवी (m)	tīvī
teatro (m)	रंगमंच (m)	rangamanch
commercio (m)	व्यापार (m)	vyāpār
mezzi (m pl) di trasporto	परिवहन (m)	parivahan
viaggio (m)	पर्यटन (m)	paryatan
veterinario (m)	पशुचिकित्सक (m)	pashuchikitsak
deposito, magazzino (m)	भंडार (m)	bhandār
trattamento (m) dei rifiuti	कूड़ा उठाने की सेवा (f)	kūra uthāne kī seva

Lavoro. Affari. Parte 2

118. Spettacolo. Mostra

fiera (f)	प्रदर्शनी (f)	pradarshanī
fiera (f) campionaria	व्यापारिक प्रदर्शनी (f)	vyāpārik pradarshanī
partecipazione (f)	शिरकत (f)	shirakat
partecipare (vi)	भाग लेना	bhāg lena
partecipante (m)	प्रतिभागी (m)	pratibhāgī
direttore (m)	निदेशक (m)	nideshak
ufficio (m) organizzativo	आयोजकों का कार्यालय (m)	āyojakon ka kāryālay
organizzatore (m)	आयोजक (m)	āyojak
organizzare (vt)	आयोजित करना	āyojit karana
domanda (f) di partecipazione	प्रतिभागी प्रपत्र (m)	pratibhāgī prapatr
riempire (vt)	भरना	bharana
dettagli (m pl)	विवरण (m)	vivaran
informazione (f)	जानकारी (f)	jānakārī
prezzo (m)	दाम (m)	dām
incluso (agg)	सहित	sahit
includere (vt)	शामिल करना	shāmil karana
pagare (vi, vt)	दाम चुकाना	dām chukāna
quota (f) d'iscrizione	पंजीकरण शुल्क (f)	panjīkaran shulk
entrata (f)	प्रवेश (m)	pravesh
padiglione (m)	हॉल (m)	hol
registrare (vt)	पंजीकरण करवाना	panjīkaran karavāna
tesserino (m)	बैज (f)	baij
stand (m)	स्टेंड (m)	stend
prenotare (riservare)	बुक करना	buk karana
vetrina (f)	प्रदर्शन खिड़की (f)	pradarshan khirakī
faretto (m)	स्पॉटलाइट (f)	spotalait
design (m)	डिज़ाइन (m)	dizain
collocare (vt)	रखना	rakhana
distributore (m)	वितरक (m)	vitarak
fornitore (m)	आपूर्तिकर्ता (m)	āpūrtikarta
paese (m)	देश (m)	desh
straniero (agg)	विदेश	videsh
prodotto (m)	उत्पाद (m)	utpād
associazione (f)	संस्था (f)	sanstha
sala (f) conferenze	सम्मेलन भवन (m)	sammelan bhavan
congresso (m)	सम्मेलन (m)	sammelan

concorso (m)	प्रतियोगिता (f)	pratiyogita
visitatore (m)	सहभागी (m)	sahabhāgī
visitare (vt)	भाग लेना	bhāg lena
cliente (m)	ग्राहक (m)	grāhak

119. Mezzi di comunicazione di massa

giornale (m)	अख़बार (m)	akhabār
rivista (f)	पत्रिका (f)	patrika
stampa (f) (giornali, ecc.)	प्रेस (m)	pres
radio (f)	रेडियो (m)	rediyo
stazione (f) radio	रेडियो स्टेशन (m)	rediyo steshan
televisione (f)	टीवी (m)	tīvī

presentatore (m)	प्रस्तुतकर्ता (m)	prastutakarta
annunciatore (m)	उद्घोषक (m)	udghoshak
commentatore (m)	टिप्पणीकार (m)	tippanīkār

giornalista (m)	पत्रकार (m)	patrakār
corrispondente (m)	पत्रकार (m)	patrakār
fotocronista (m)	फ़ोटो पत्रकार (m)	foto patrakār
cronista (m)	पत्रकार (m)	patrakār

redattore (m)	संपादक (m)	sampādak
redattore capo (m)	मुख्य संपादक (m)	mūkhy sampādak
abbonarsi a ...	सदस्य बनना	sadasy banana
abbonamento (m)	सदस्यता शुल्क (f)	sadasyata shulk
abbonato (m)	सदस्य (m)	sadasy
leggere (vi, vt)	पढ़ना	parhana
lettore (m)	पाठक (m)	pāthak

tiratura (f)	प्रतियों की संख्या (f)	pratiyon kī sankhya
mensile (agg)	मासिक	māsik
settimanale (agg)	समाहिक	saptāhik
numero (m)	संस्करण संख्या (f)	sanskaran sankhya
fresco (agg)	ताज़ा	tāza

testata (f)	हेडलाइन (f)	hedalain
trafiletto (m)	लघु लेख (m)	laghu lekh
rubrica (f)	कॉलम (m)	kolam
articolo (m)	लेख (m)	lekh
pagina (f)	पृष्ठ (m)	prshth

servizio (m), reportage (m)	रिपोर्ट (f)	riport
evento (m)	घटना (f)	ghatana
sensazione (f)	सनसनी (f)	sanasanī
scandalo (m)	कांड (m)	kānd
scandaloso (agg)	चौंका देने वाला	chaunka dene vāla
enorme (un ~ scandalo)	बड़ा	bara

trasmissione (f)	प्रसारण (m)	prasāran
intervista (f)	साक्षात्कार (m)	sākshātkār
trasmissione (f) in diretta	सीधा प्रसारण (m)	sīdha prasāran
canale (m)	चैनल (m)	chainal

120. Agricoltura

agricoltura (f)	खेती (f)	khetī
contadino (m)	किसान (m)	kisān
contadina (f)	किसान (f)	kisān
fattore (m)	किसान (m)	kisān

| trattore (m) | ट्रैक्टर (m) | traiktar |
| mietitrebbia (f) | फ़सल काटने की मशीन (f) | fasal kātane kī mashīn |

aratro (m)	हल (m)	hal
arare (vt)	जोतना	jotana
terreno (m) coltivato	जोत भूमि (f)	jot bhūmi
solco (m)	जोती गई भूमि (f)	jotī gaī bhūmi

seminare (vt)	बोना	bona
seminatrice (f)	बोने की मशीन (f)	bone kī mashīn
semina (f)	बोवाई (f)	bovaī

| falce (f) | हँसिया (m) | hansiya |
| falciare (vt) | काटना | kātana |

| pala (f) | कुदाल (m) | kudāl |
| scavare (vt) | खोदना | khodana |

zappa (f)	फावड़ा (m)	fāvara
zappare (vt)	निराना	nirāna
erbaccia (f)	जंगली घास	jangalī ghās

innaffiatoio (m)	सींचाई कनस्तर (m)	sīnchaī kanastar
innaffiare (vt)	सींचना	sīnchana
innaffiamento (m)	सींचाई (f)	sīnchaī

| forca (f) | पंजा (m) | panja |
| rastrello (m) | जेली (f) | jelī |

concime (m)	खाद (f)	khād
concimare (vt)	खाद डालना	khād dālana
letame (m)	गोबर (m)	gobar

campo (m)	खेत (f)	khet
prato (m)	केदार (m)	kedār
orto (m)	सब्ज़ियों का बगीचा (m)	sabziyon ka bagīcha
frutteto (m)	बाग़ (m)	bāg

pascolare (vt)	चराना	charāna
pastore (m)	चरवाहा (m)	charavāha
pascolo (m)	चरागाह (f)	charāgāh

| allevamento (m) di bestiame | पशुपालन (m) | pashupālan |
| allevamento (m) di pecore | भेड़पालन (m) | bherapālan |

piantagione (f)	बागान (m)	bāgān
filare (m) (un ~ di alberi)	क्यारी (f)	kyārī
serra (f) da orto	पौधाघर (m)	paudhāghar

| siccità (f) | सूखा (f) | sūkha |
| secco, arido (un'estate ~a) | सूखा | sūkha |

| cereali (m pl) | अनाज (m pl) | anāj |
| raccogliere (vt) | फ़सल काटना | fasal kātana |

mugnaio (m)	चक्कीवाला (m)	chakkīvāla
mulino (m)	चक्की (f)	chakkī
macinare (~ il grano)	पीसना	pīsana
farina (f)	आटा (m)	āta
paglia (f)	फूस (m)	fūs

121. Edificio. Attività di costruzione

cantiere (m) edile	निर्माण स्थल (m)	nirmān sthal
costruire (vt)	निर्माण करना	nirmān karana
operaio (m) edile	मज़दूर (m)	mazadūr

progetto (m)	परियोजना (m)	pariyojana
architetto (m)	वास्तुकार (m)	vāstukār
operaio (m)	मज़दूर (m)	mazadūr

fondamenta (f pl)	आधार (m)	ādhār
tetto (m)	छत (f)	chhat
palo (m) di fondazione	नींव (m)	nīnv
muro (m)	दीवार (f)	dīvār

| barre (f pl) di rinforzo | मज़बूत सलाखें (m) | mazabūt salākhen |
| impalcatura (f) | मचान (m) | machān |

| beton (m) | कंक्रीट (m) | kankrīt |
| granito (m) | ग्रेनाइट (m) | grenait |

| pietra (f) | पत्थर (m) | patthar |
| mattone (m) | ईंट (f) | īnt |

sabbia (f)	रेत (f)	ret
cemento (m)	सीमेन्ट (m)	sīment
intonaco (m)	प्लस्तर (m)	plastar
intonacare (vt)	प्लस्तर लगाना	plastar lagāna
pittura (f)	रंग (m)	rang

| pitturare (vt) | रंगना | rangana |
| botte (f) | पीपा (m) | pīpa |

gru (f)	क्रेन (m)	kren
sollevare (vt)	उठाना	uthāna
abbassare (vt)	नीचे उतारना	nīche utārana

bulldozer (m)	बुल्डोज़र (m)	buldozar
scavatrice (f)	उत्खनक (m)	utkhanak
cucchiaia (f)	उत्खनक बाल्टी (m)	utkhanak bāltī
scavare (vt)	खोदना	khodana
casco (m) (~ di sicurezza)	हेलमेट (f)	helamet

122. Scienza. Ricerca. Scienziati

scienza (f)	विज्ञान (m)	vigyān
scientifico (agg)	वैज्ञानिक	vaigyānik
scienziato (m)	वैज्ञानिक (m)	vaigyānik
teoria (f)	सिद्धांत (f)	siddhānt
assioma (m)	सिद्ध प्रमाण (m)	siddh pramān
analisi (f)	विश्लेषण (m)	vishleshan
analizzare (vt)	विश्लेषण करना	vishleshan karana
argomento (m)	तथ्य (m)	tathy
sostanza, materia (f)	पदार्थ (m)	padārth
ipotesi (f)	परिकल्पना (f)	parikalpana
dilemma (m)	दुविधा (m)	duvidha
tesi (f)	शोधनिबंध (m)	shodhanibandh
dogma (m)	हठधर्मिता (f)	hathadharmita
dottrina (f)	सिद्धांत (m)	siddhānt
ricerca (f)	शोध (m)	shodh
fare ricerche	शोध करना	shodh karana
prova (f)	जांच (f)	jānch
laboratorio (m)	प्रयोगशाला (f)	prayogashāla
metodo (m)	वीधि (f)	vīdhi
molecola (f)	अणु (m)	anu
monitoraggio (m)	निगरानी (f)	nigarānī
scoperta (f)	आविष्कार (m)	āvishkār
postulato (m)	स्वसिद्ध (m)	svasiddh
principio (m)	सिद्धांत (m)	siddhānt
previsione (f)	पूर्वानुमान (m)	pūrvānumān
fare previsioni	पूर्वानुमान करना	pūrvānumān karana
sintesi (f)	संश्लेषण (m)	sanshleshan
tendenza (f)	प्रवृत्ति (f)	pravrtti
teorema (m)	प्रमेय (m)	pramey
insegnamento (m)	शिक्षा (f)	shiksha
fatto (m)	तथ्य (m)	tathy
spedizione (f)	अभियान (m)	abhiyān
esperimento (m)	प्रयोग (m)	prayog
accademico (m)	अकदमीशियन (m)	akadamīshiyan
laureato (m)	स्नातक (m)	snātak
dottore (m)	डॉक्टर (m)	doktar
professore (m) associato	सह - प्राध्यापक (m)	sah - prādhyāpak
Master (m)	स्नातकोत्तर (m)	snātakottar
professore (m)	प्रोफेसर (m)	profesar

Professioni e occupazioni

123. Ricerca di un lavoro. Licenziamento

lavoro (m)	नौकरी (f)	naukarī
personale (m)	कर्मचारी (m)	karmachārī
carriera (f)	व्यवसाय (m)	vyavasāy
prospettiva (f)	संभावना (f)	sambhāvana
abilità (f pl)	हुनर (m)	hunar
selezione (f) (~ del personale)	चुनाव (m)	chunāv
agenzia (f) di collocamento	रोज़गार केन्द्र (m)	rozagār kendr
curriculum vitae (f)	रेज़्यूम (m)	rijyūm
colloquio (m)	नौकरी के लिए साक्षात्कार (m)	naukarī ke lie sākshātkār
posto (m) vacante	रिक्ति (f)	rikti
salario (m)	वेतन (m)	vetan
stipendio (m) fisso	वेतन (m)	vetan
compenso (m)	भुगतान (m)	bhugatān
carica (f), funzione (f)	पद (m)	pad
mansione (f)	कर्तव्य (m)	kartavy
mansioni (f pl) di lavoro	कार्य-क्षेत्र (m)	kāry-kshetr
occupato (agg)	व्यस्त	vyast
licenziare (vt)	बरख़ास्त करना	barakhāst karana
licenziamento (m)	बरख़ास्तगी (f)	barakhāstagī
disoccupazione (f)	बेरोज़गारी (f)	berozagārī
disoccupato (m)	बेरोज़गार (m)	berozagār
pensionamento (m)	सेवा-निवृत्ति (f)	seva-nivrtti
andare in pensione	सेवा-निवृत्त होना	seva-nivrtt hona

124. Gente d'affari

direttore (m)	निदेशक (m)	nideshak
dirigente (m)	प्रबंधक (m)	prabandhak
capo (m)	मालिक (m)	mālik
superiore (m)	वरिष्ठ अधिकारी (m)	varishth adhikārī
capi (m pl)	वरिष्ठ अधिकारी (m)	varishth adhikārī
presidente (m)	अध्यक्ष (m)	adhyaksh
presidente (m) (impresa)	सभाध्यक्ष (m)	sabhādhyaksh
vice (m)	उपाध्यक्ष (m)	upādhyaksh
assistente (m)	सहायक (m)	sahāyak

segretario (m)	सेक्रटरी (f)	sekratarī
assistente (m) personale	निजी सहायक (m)	nijī sahāyak
uomo (m) d'affari	व्यापारी (m)	vyāpārī
imprenditore (m)	उद्यमी (m)	udyamī
fondatore (m)	संस्थापक (m)	sansthāpak
fondare (vt)	स्थापित करना	sthāpit karana

socio (m)	स्थापक (m)	sthāpak
partner (m)	पार्टनर (m)	pārtanar
azionista (m)	शेयर होलडर (m)	sheyar holadar

milionario (m)	लखपति (m)	lakhapati
miliardario (m)	करोड़पति (m)	karorapati
proprietario (m)	मालिक (m)	mālik
latifondista (m)	ज़मीनदार (m)	zamīnadār

cliente (m) (di professionista)	ग्राहक (m)	grāhak
cliente (m) abituale	खरीदार (m)	kharīdār
compratore (m)	ग्राहक (m)	grāhak
visitatore (m)	आगंतुक (m)	āgantuk

professionista (m)	पेशेवर (m)	peshevar
esperto (m)	विशेषज्ञ (m)	visheshagy
specialista (m)	विशेषज्ञ (m)	visheshagy

| banchiere (m) | बैंकर (m) | bainkar |
| broker (m) | ब्रोकर (m) | brokar |

cassiere (m)	कैशियर (m)	kaishiyar
contabile (m)	लेखापाल (m)	lekhāpāl
guardia (f) giurata	पहरेदार (m)	paharedār

investitore (m)	निवेशक (m)	niveshak
debitore (m)	क़र्ज़दार (m)	qarzadār
creditore (m)	लेनदार (m)	lenadār
mutuatario (m)	कर्ज़दार (m)	karzadār

| importatore (m) | आयातकर्ता (m) | āyātakartta |
| esportatore (m) | निर्यातकर्ता (m) | niryātakartta |

produttore (m)	उत्पादक (m)	utpādak
distributore (m)	वितरक (m)	vitarak
intermediario (m)	बिचौलिया (m)	bichauliya

consulente (m)	सलाहकार (m)	salāhakār
rappresentante (m)	बिक्री प्रतिनिधि (m)	bikrī pratinidhi
agente (m)	एजेंट (m)	ejent
assicuratore (m)	बीमा एजन्ट (m)	bīma ejant

125. Professioni amministrative

cuoco (m)	बावरची (m)	bāvarachī
capocuoco (m)	मुख्य बावरची (m)	mukhy bāvarachī
fornaio (m)	बेकर (m)	bekar

barista (m)	बारेटेन्डर (m)	bāretendar
cameriere (m)	बैरा (m)	baira
cameriera (f)	बैरा (f)	baira

avvocato (m)	वकील (m)	vakīl
esperto (m) legale	वकील (m)	vakīl
notaio (m)	नोटरी (m)	notarī

elettricista (m)	बिजलीवाला (m)	bijalīvāla
idraulico (m)	प्लम्बर (m)	plambar
falegname (m)	बढ़ई (m)	barhī

massaggiatore (m)	मालिशिया (m)	mālishiya
massaggiatrice (f)	मालिशिया (m)	mālishiya
medico (m)	चिकित्सक (m)	chikitsak

taxista (m)	टैक्सीवाला (m)	taiksīvāla
autista (m)	ड्राइवर (m)	draivar
fattorino (m)	कूरियर (m)	kūriyar

cameriera (f)	चैम्बरमेड (f)	chaimbaramed
guardia (f) giurata	पहरेदार (m)	paharedār
hostess (f)	एयर होस्टेस (f)	eyar hostes

insegnante (m, f)	शिक्षक (m)	shikshak
bibliotecario (m)	पुस्तकाध्यक्ष (m)	pustakādhyaksh
traduttore (m)	अनुवादक (m)	anuvādak
interprete (m)	दुभाषिया (m)	dubhāshiya
guida (f)	गाइड (m)	gaid

parrucchiere (m)	नाई (m)	naī
postino (m)	डाकिया (m)	dākiya
commesso (m)	विक्रेता (m)	vikreta

giardiniere (m)	माली (m)	mālī
domestico (m)	नौकर (m)	naukar
domestica (f)	नौकरानी (f)	naukarānī
donna (f) delle pulizie	सफ़ाईवाली (f)	safaīvālī

126. Professioni militari e gradi

soldato (m) semplice	सैनिक (m)	sainik
sergente (m)	सार्जेंट (m)	sārjent
tenente (m)	लेफ्टिनेंट (m)	leftinent
capitano (m)	कैप्टन (m)	kaiptan

maggiore (m)	मेजर (m)	mejar
colonnello (m)	कर्नल (m)	karnal
generale (m)	जनरल (m)	janaral
maresciallo (m)	माशॆल (m)	mārshal
ammiraglio (m)	एडमिरल (m)	edamiral

| militare (m) | सैनिक (m) | sainik |
| soldato (m) | सिपाही (m) | sipāhī |

ufficiale (m)	अफ़्सर (m)	afsar
comandante (m)	कमांडर (m)	kamāndar
guardia (f) di frontiera	सीमा रक्षक (m)	sīma rakshak
marconista (m)	रेडियो ऑपरेटर (m)	rediyo oparetar
esploratore (m)	गुप्तचर (m)	guptachar
geniere (m)	युद्ध इंजीनियर (m)	yuddh injīniyar
tiratore (m)	तीरंदाज़ (m)	tīrandāz
navigatore (m)	नैवीगेटर (m)	naivīgetar

127. Funzionari. Sacerdoti

| re (m) | बादशाह (m) | bādashāh |
| regina (f) | महारानी (f) | mahārānī |

| principe (m) | राजकुमार (m) | rājakumār |
| principessa (f) | राजकुमारी (f) | rājakumārī |

| zar (m) | राजा (m) | rāja |
| zarina (f) | रानी (f) | rānī |

presidente (m)	राष्ट्रपति (m)	rāshtrapati
ministro (m)	मंत्री (m)	mantrī
primo ministro (m)	प्रधान मंत्री (m)	pradhān mantrī
senatore (m)	सांसद (m)	sānsad

diplomatico (m)	राजनयिक (m)	rājanayik
console (m)	राजनयिक (m)	rājanayik
ambasciatore (m)	राजदूत (m)	rājadūt
consigliere (m)	राजनयिक परामर्शदाता (m)	rājanayik parāmarshadāta

funzionario (m)	अधिकारी (m)	adhikārī
prefetto (m)	अधिकारी (m)	adhikārī
sindaco (m)	मेयर (m)	meyar

| giudice (m) | न्यायाधीश (m) | nyāyādhīsh |
| procuratore (m) | अभियोक्ता (m) | abhiyokta |

missionario (m)	पादरी (m)	pādarī
monaco (m)	मठवासी (m)	mathavāsī
abate (m)	मठाधीश (m)	mathādhīsh
rabbino (m)	रब्बी (m)	rabbī

visir (m)	वज़ीर (m)	vazīr
scià (m)	शाह (m)	shāh
sceicco (m)	शेख़ (m)	shekh

128. Professioni agricole

apicoltore (m)	मधुमक्खी-पालक (m)	madhumakkhī-pālak
pastore (m)	चरवाहा (m)	charavāha
agronomo (m)	कृषिविज्ञानी (m)	krshivigyānī
allevatore (m) di bestiame	पशुपालक (m)	pashupālak

veterinario (m)	पशुचिकित्सक (m)	pashuchikitsak
fattore (m)	किसान (m)	kisān
vinificatore (m)	मदिराकारी (m)	madirākārī
zoologo (m)	जीव विज्ञानी (m)	jīv vigyānī
cowboy (m)	चरवाहा (m)	charavāha

129. Professioni artistiche

attore (m)	अभिनेता (m)	abhineta
attrice (f)	अभिनेत्री (f)	abhinetrī
cantante (m)	गायक (m)	gāyak
cantante (f)	गायिका (f)	gāyika
danzatore (m)	नर्तक (m)	nartak
ballerina (f)	नर्तकी (f)	nartakī
artista (m)	अदाकार (m)	adākār
artista (f)	अदाकारा (f)	adākāra
musicista (m)	साज़िन्दा (m)	sāzinda
pianista (m)	पियानो वादक (m)	piyāno vādak
chitarrista (m)	गिटार वादक (m)	gitār vādak
direttore (m) d'orchestra	बैंड कंडक्टर (m)	baind kandaktar
compositore (m)	संगीतकार (m)	sangītakār
impresario (m)	इम्प्रेसारियो (m)	impresāriyo
regista (m)	निर्देशक (m)	nirdeshak
produttore (m)	प्रोड्यूसर (m)	prodyūsar
sceneggiatore (m)	लेखक (m)	lekhak
critico (m)	आलोचक (m)	ālochak
scrittore (m)	लेखक (m)	lekhak
poeta (m)	कवि (m)	kavi
scultore (m)	मूर्तिकार (m)	mūrtikār
pittore (m)	चित्रकार (m)	chitrakār
giocoliere (m)	बाज़ीगर (m)	bāzīgar
pagliaccio (m)	जोकर (m)	jokar
acrobata (m)	कलाबाज़ (m)	kalābāz
prestigiatore (m)	जादूगर (m)	jādūgar

130. Professioni varie

medico (m)	चिकित्सक (m)	chikitsak
infermiera (f)	नर्स (m)	nars
psichiatra (m)	मनोचिकित्सक (m)	manochikitsak
dentista (m)	दंतचिकित्सक (m)	dantachikitsak
chirurgo (m)	शल्य-चिकित्सक (m)	shaly-chikitsak
astronauta (m)	अंतरिक्षयात्री (m)	antarikshayātrī

astronomo (m)	खगोल-विज्ञानी (m)	khagol-vigyānī
pilota (m)	पाइलट (m)	pailat
autista (m)	ड्राइवर (m)	draivar
macchinista (m)	इंजन ड्राइवर (m)	injan draivar
meccanico (m)	मैकेनिक (m)	maikenik

minatore (m)	खनिक (m)	khanik
operaio (m)	मज़दूर (m)	mazadūr
operaio (m) metallurgico	ताला बनानेवाला (m)	tāla banānevāla
falegname (m)	बढ़ई (m)	barhī
tornitore (m)	खरादी (m)	kharādī
operaio (m) edile	मज़ूदर (m)	mazūdar
saldatore (m)	वेल्डर (m)	veldar

professore (m)	प्रोफ़ेसर (m)	profesar
architetto (m)	वास्तुकार (m)	vāstukār
storico (m)	इतिहासकार (m)	itihāsakār
scienziato (m)	वैज्ञानिक (m)	vaigyānik
fisico (m)	भौतिक विज्ञानी (m)	bhautik vigyānī
chimico (m)	रसायनविज्ञानी (m)	rasāyanavigyānī

archeologo (m)	पुरातत्वविद (m)	purātatvavid
geologo (m)	भूविज्ञानी (m)	bhūvigyānī
ricercatore (m)	शोधकर्ता (m)	shodhakarta

| baby-sitter (m, f) | दाई (f) | daī |
| insegnante (m, f) | शिक्षक (m) | shikshak |

redattore (m)	संपादक (m)	sampādak
redattore capo (m)	मुख्य संपादक (m)	mūkhy sampādak
corrispondente (m)	पत्रकार (m)	patrakār
dattilografa (f)	टाइपिस्ट (f)	taipist

designer (m)	डिज़ाइनर (m)	dizainar
esperto (m) informatico	कंप्यूटर विशेषज्ञ (m)	kampyūtar visheshagy
programmatore (m)	प्रोग्रामर (m)	progrāmar
ingegnere (m)	इंजीनियर (m)	injīniyar

marittimo (m)	मल्लाह (m)	mallāh
marinaio (m)	मल्लाह (m)	mallāh
soccorritore (m)	बचानेवाला (m)	bachānevāla

pompiere (m)	दमकल कर्मचारी (m)	damakal karmachārī
poliziotto (m)	पुलिसवाला (m)	pulisavāla
guardiano (m)	पहरेदार (m)	paharedār
detective (m)	जासूस (m)	jāsūs

doganiere (m)	सीमाशुल्क अधिकारी (m)	sīmāshulk adhikārī
guardia (f) del corpo	अंगरक्षक (m)	angarakshak
guardia (f) carceraria	जेल का पहरेदार (m)	jel ka paharedār
ispettore (m)	अधीक्षक (m)	adhīkshak

sportivo (m)	खिलाड़ी (m)	khilārī
allenatore (m)	प्रशिक्षक (m)	prashikshak
macellaio (m)	कसाई (m)	kasaī
calzolaio (m)	मोची (m)	mochī

uomo (m) d'affari	व्यापारी (m)	vyāpārī
caricatore (m)	कुली (m)	kulī
stilista (m)	फ़ैशन डिज़ाइनर (m)	faishan dizainar
modella (f)	मॉडल (m)	modal

131. Attività lavorative. Condizione sociale

scolaro (m)	छात्र (m)	chhātr
studente (m)	विद्यार्थी (m)	vidyārthī
filosofo (m)	दर्शनशास्त्री (m)	darshanashāstrī
economista (m)	अर्थशास्त्री (m)	arthashāstrī
inventore (m)	आविष्कारक (m)	āvishkārak
disoccupato (m)	बेरोज़गार (m)	berozagār
pensionato (m)	सेवा-निवृत्त (m)	seva-nivrtt
spia (f)	गुप्तचर (m)	guptachar
detenuto (m)	क़ैदी (m)	qaidī
scioperante (m)	हड़तालकारी (m)	haratālakārī
burocrate (m)	अफ़सरशाह (m)	afasarashāh
viaggiatore (m)	यात्री (m)	yātrī
omosessuale (m)	समलैंगिक (m)	samalaingik
hacker (m)	हैकर (m)	haikar
bandito (m)	डाकू (m)	dākū
sicario (m)	हत्यारा (m)	hatyāra
drogato (m)	नशेबाज़ (m)	nashebāz
trafficante (m) di droga	नशीली दवाओं का विक्रेता (m)	nashīlī davaon ka vikreta
prostituta (f)	वैश्या (f)	vaishya
magnaccia (m)	दलाल (m)	dalāl
stregone (m)	जादूगर (m)	jādūgar
strega (f)	डायन (f)	dāyan
pirata (m)	समुद्री लूटेरा (m)	samudrī lūtera
schiavo (m)	दास (m)	dās
samurai (m)	सामुराई (m)	sāmuraī
selvaggio (m)	जंगली (m)	jangalī

Sport

132. Tipi di sport. Sportivi

sportivo (m)	खिलाड़ी (m)	khilārī
sport (m)	खेल (m)	khel
pallacanestro (m)	बास्केटबॉल (f)	bāsketabol
cestista (m)	बास्केटबॉल खिलाड़ी (m)	bāsketabol khilārī
baseball (m)	बेसबॉल (f)	besabol
giocatore (m) di baseball	बेसबॉल खिलाड़ी (m)	besabol khilārī
calcio (m)	फुटबॉल (f)	futabol
calciatore (m)	फुटबॉल खिलाड़ी (m)	futabol khilārī
portiere (m)	गोलची (m)	golachī
hockey (m)	हॉकी (f)	hokī
hockeista (m)	हॉकी खिलाड़ी (m)	hokī khilārī
pallavolo (m)	वॉलीबॉल (f)	volībol
pallavolista (m)	वॉलीबॉल खिलाड़ी (m)	volībol khilārī
pugilato (m)	मुक्केबाज़ी (f)	mukkebāzī
pugile (m)	मुक्केबाज़ (m)	mukkebāz
lotta (f)	कुश्ती (m)	kushtī
lottatore (m)	पहलवान (m)	pahalavān
karate (m)	कराटे (m)	karāte
karateka (m)	कराटेबाज़ (m)	karātebāz
judo (m)	जूडो (m)	jūdo
judoista (m)	जूडोबाज़ (m)	jūdobāz
tennis (m)	टेनिस (m)	tenis
tennista (m)	टेनिस खिलाड़ी (m)	tenis khilārī
nuoto (m)	तैराकी (m)	tairākī
nuotatore (m)	तैराक (m)	tairāk
scherma (f)	तलवारबाज़ी (f)	talavārabāzī
schermitore (m)	तलवारबाज़ (m)	talavārabāz
scacchi (m pl)	शतरंज (m)	shataranj
scacchista (m)	शतरंजबाज़ (m)	shatanrajabāz
alpinismo (m)	पर्वतारोहण (m)	parvatārohan
alpinista (m)	पर्वतारोही (m)	parvatārohī
corsa (f)	दौड़ (f)	daur

corridore (m)	धावक (m)	dhāvak
atletica (f) leggera	एथलेटिक्स (f)	ethaletiks
atleta (m)	एथलीट (m)	ethalīt

| ippica (f) | घुड़सवारी (f) | ghurasavārī |
| fantino (m) | घुड़सवार (m) | ghurasavār |

pattinaggio (m) artistico	फ़ीगर स्केटिन्ग (m)	fīgar sketing
pattinatore (m)	फ़ीगर स्केटर (m)	fīgar sketar
pattinatrice (f)	फ़ीगर स्केटर (f)	fīgar sketar

pesistica (f)	पॉवरलिफ्टिंग (m)	povaralifting
automobilismo (m)	कार रेस (f)	kār res
pilota (m)	रेस ड्राइवर (m)	res draivar

| ciclismo (m) | साइकिलिंग (f) | saikiling |
| ciclista (m) | साइकिल चालक (m) | saikil chālak |

salto (m) in lungo	लांग जम्प (m)	lāng jamp
salto (m) con l'asta	बांस कूद (m)	bāns kūd
saltatore (m)	जम्पर (m)	jampar

133. Tipi di sport. Varie

football (m) americano	फ़ुटबाल (m)	futabāl
badminton (m)	बैडमिंटन (m)	baidamintan
biathlon (m)	बायएथलॉन (m)	bāyethalon
biliardo (m)	बिलियइर्स (m)	biliyards

bob (m)	बोबस्लेड (m)	bobasled
culturismo (m)	बॉडीबिल्डिंग (m)	bodībilding
pallanuoto (m)	वॉटर-पोलो (m)	votar-polo
pallamano (m)	हैन्डबॉल (f)	haindabol
golf (m)	गोल्फ़ (m)	golf

canottaggio (m)	नौकायन (m)	naukāyan
immersione (f) subacquea	स्कूबा डाइविंग (f)	skūba daiving
sci (m) di fondo	क्रॉस कंट्री स्कीइंग (f)	kros kantrī skīing
tennis (m) da tavolo	टेबल टेनिस (m)	tebal tenis

vela (f)	पाल नौकायन (m)	pāl naukāyan
rally (m)	रैली रेसिंग (f)	railī resing
rugby (m)	रग्बी (m)	ragbī
snowboard (m)	स्नोबोर्डिंग (m)	snobording
tiro (m) con l'arco	तीरंदाज़ी (f)	tīrandāzī

134. Palestra

bilanciere (m)	वेट (m)	vet
manubri (m pl)	डाम्बबेल्स (m pl)	dāmbabels
attrezzo (m) sportivo	ट्रेनिंग मशीन (f)	trening mashīn
cyclette (f)	व्यायाम साइकिल (f)	vyāyām saikil

tapis roulant (m)	ट्रेडमिल (f)	tredamil
sbarra (f)	क्षैतिज बार (m)	kshaitij bār
parallele (f pl)	समानांतर बार (m)	samānāntar bār
cavallo (m)	घोड़ा (m)	ghora
materassino (m)	मैट (m)	mait

aerobica (f)	एरोबिक (m)	erobik
yoga (m)	योग (m)	yog

135. Hockey

hockey (m)	हॉकी (f)	hokī
hockeista (m)	हॉकी का खिलाड़ी (m)	hokī ka khilārī
giocare a hockey	हॉकी खेलना	hokī khelana
ghiaccio (m)	बर्फ़ (m)	barf

disco (m)	पक (m)	pak
bastone (m) da hockey	स्टिक (m)	stik
pattini (m pl)	आइस स्केट्स (m)	āis skets

bordo (m)	बोर्ड (m)	bord
tiro (m)	शॉट (m)	shot

portiere (m)	गोलची (m)	golachī
gol (m)	गोल (m)	gol
segnare un gol	गोल करना	gol karana

tempo (m)	अवधि (f)	avadhi
panchina (f)	सब्सचिट्यूट बेंच (f)	sabsachityūt bench

136. Calcio

calcio (m)	फ़ुटबॉल (m)	futabol
calciatore (m)	फ़ुटबॉल का खिलाड़ी (m)	futabol ka khilārī
giocare a calcio	फ़ुटबॉल खेलना	futabol khelana

La Prima Divisione	मेजर लीग (m)	mejar līg
società (f) calcistica	फ़ुटबॉल क्लब (m)	futabol klab
allenatore (m)	प्रशिक्षक (m)	prashikshak
proprietario (m)	मालिक (m)	mālik

squadra (f)	दल (m)	dal
capitano (m) di squadra	दल का कसान (m)	dal ka kaptān
giocatore (m)	खिलाड़ी (m)	khilārī
riserva (f)	रिज़र्व-खिलाड़ी (m)	rizarv-khilārī

attaccante (m)	फ़ॉरवर्ड (m)	forvard
centrocampista (m)	केन्द्रिय फ़ॉरवर्ड (m)	kendriy forvard
bomber (m)	गोल स्कोरर (m)	gol skorar
terzino (m)	रक्षक (m)	rakshak
mediano (m)	हाफ़बैक (m)	hāfabaik
partita (f)	मैच (m)	maich

incontrarsi (vr)	मिलना	milana
finale (m)	फ़ाइनल (m)	fainal
semifinale (m)	सेमीफ़ाइनल (m)	semīfainal
campionato (m)	चैम्पियनशिप (f)	chaimpiyanaship
tempo (m)	हाफ़ (m)	hāf
primo tempo (m)	पहला हाफ़ (m)	pahala hāf
intervallo (m)	अंतराल (m)	antarāl
porta (f)	गोल (m)	gol
portiere (m)	गोलची (m)	golachī
palo (m)	गोलपोस्ट (m)	golapost
traversa (f)	अर्गला (f)	argala
rete (f)	जाल (m)	jāl
subire un gol	गोल देना	gol dena
pallone (m)	गेंद (m)	gend
passaggio (m)	पास (m)	pās
calcio (m), tiro (m)	किक (f)	kik
tirare un calcio	किक करना	kik karana
calcio (m) di punizione	फ्री किक (f)	frī kik
calcio (m) d'angolo	कॉर्नर किक (f)	kornar kik
attacco (m)	आक्रमण (m)	ākraman
contrattacco (m)	काउन्टर अटैक (m)	kauntar ataik
combinazione (f)	कॉम्बिनेशन (m)	kombineshan
arbitro (m)	रेफ़री (m)	refarī
fischiare (vi)	सीटी बजाना	sīṭī bajāna
fischio (m)	सीटी (f)	sīṭī
fallo (m)	फाउल (m)	faul
fare un fallo	फाउल करना	faul karana
espellere dal campo	बाहर निकालना	bāhar nikālana
cartellino (m) giallo	पीला कार्ड (m)	pīla kārd
cartellino (m) rosso	लाल कार्ड (m)	lāl kārd
squalifica (f)	डिसक्वालिफ़िकेशन (m)	disakvālifikeshan
squalificare (vt)	डिस्क्वालिफ़ाई करना	diskvālifaī karana
rigore (m)	पेनल्टी किक (f)	penaltī kik
barriera (f)	दीवार (f)	dīvār
segnare (~ un gol)	स्कोर करना	skor karana
gol (m)	गोल (m)	gol
segnare un gol	गोल करना	gol karana
sostituzione (f)	बदलाव (m)	badalāv
sostituire (vt)	खिलाड़ी बदलना	khilārī badalana
regole (f pl)	नियम (m pl)	niyam
tattica (f)	टैक्टिक्स (m)	taiktiks
stadio (m)	स्टेडियम (m)	stediyam
tribuna (f)	स्टॉल (m)	stol
tifoso, fan (m)	फ़ैन (m)	fain
gridare (vi)	चिल्लाना	chillāna
tabellone (m) segnapunti	स्कोरबोर्ड (m)	skorabord
punteggio (m)	स्कोर (m)	skor

sconfitta (f)	हार (f)	hār
subire una sconfitta	हारना	hārana
pareggio (m)	टाई (m)	taī
pareggiare (vi)	टाई करना	taī karana
vittoria (f)	विजय (m)	vijay
vincere (vi)	जीतना	jītana
campione (m)	चैम्पियन (m)	chaimpiyan
migliore (agg)	सर्वोत्तम	sarvottam
congratularsi (con qn per qc)	बधाई देना	badhaī dena
commentatore (m)	टिप्पणीकार (m)	tippanīkār
commentare (vt)	टिप्पणी करना	tippanī karana
trasmissione (f)	प्रसारण (m)	prasāran

137. Sci alpino

sci (m pl)	स्की (m pl)	skī
sciare (vi)	स्की करना	skī karana
stazione (f) sciistica	माउंटेन स्की कैम्प (m)	maunten skī kaimp
sciovia (f)	स्की लिफ़्ट (m)	skī lift
bastoni (m pl) da sci	स्की की डंडियाँ (f)	skī kī dandiyān
pendio (m)	ढलान (f)	dhalān
slalom (m)	स्लालोम (m)	slālom

138. Tennis. Golf

golf (m)	गोल्फ़ (m)	golf
golf club (m)	गोल्फ़-क्लब (m)	golf-klab
golfista (m)	गोल्फ़-खिलाड़ी (m)	golf-khilārī
buca (f)	गुच्ची (f)	guchchī
mazza (f) da golf	डंडा (m)	danda
carrello (m) da golf	स्टिकों की गाड़ी (f)	stikon kī gārī
tennis (m)	टेनिस (m)	tenis
campo (m) da tennis	कोर्ट (m)	kort
battuta (f)	सर्विस (f)	sarvis
servire (vt)	सर्विस करना	sarvis karana
racchetta (f)	रैकेट (m)	raiket
rete (f)	नेट (m)	net
palla (f)	गेंद (m)	gend

139. Scacchi

scacchi (m pl)	शतरंज (m)	shataranj
pezzi (m pl) degli scacchi	शतरंज के मोहरे (m pl)	shataranj ke mohare
scacchista (m)	शतरंज का खिलाड़ी (m)	shataranj ka khilārī
scacchiera (f)	शतरंज की बिसात (f)	shataranj kī bisāt

pezzo (m)	शतरंज का मोहरा (m)	shataranj ka mohara
Bianchi (m pl)	सफ़ेद (m)	safed
Neri (m pl)	काला (m)	kāla

pedina (f)	प्यादा (f)	pyāda
alfiere (m)	ऊँठ (m)	ūnth
cavallo (m)	घोड़ा (m)	ghora
torre (f)	हाथी (m)	hāthī
regina (f)	रानी (f)	rānī
re (m)	बादशाह (m)	bādashāh

mossa (m)	चाल (f)	chāl
muovere (vt)	चाल चलना	chāl chalana
sacrificare (vt)	त्याग देना	tyāg dena
arrocco (m)	कैसलिंग (m)	kaisaling
scacco (m)	शह (m)	shah
scacco matto (m)	शह और मात (m)	shah aur māt

torneo (m) di scacchi	शतरंज की प्रतियोगिता (f)	shataranj kī pratiyogita
gran maestro (m)	ग्रांडमास्टर (m)	grāndamāstar
combinazione (f)	कॉम्बिनेशन (m)	kombineshan
partita (f) (~ a scacchi)	बाज़ी (f)	bāzī
dama (f)	चेकर्स (m)	chekars

140. Pugilato

pugilato (m), boxe (f)	मुक्केबाज़ी (f)	mukkebāzī
incontro (m)	लड़ाई (f)	laraī
incontro (m) di boxe	मुक्केबाज़ी का मुक़ाबला (m)	mukkebāzī ka muqābala
round (m)	मुक्केवाज़ी का राउंड (m)	mukkevāzī ka raund

| ring (m) | बॉक्सिंग रिंग (f) | boksing ring |
| gong (m) | घंटा (m) | ghanta |

pugno (m)	प्रहार (m)	prahār
knock down (m)	नॉकडाउन (m)	nokadaun
knock-out (m)	नॉकआउट (m)	nokaut
mettere knock-out	नॉकआउट करना	nokaut karana

| guantone (m) da pugile | मुक्केबाज़ी के दस्ताने (m) | mukkebāzī ke dastāne |
| arbitro (m) | रेफ़री (m) | refarī |

peso (m) leggero	कम वज़न (m)	kam vazan
peso (m) medio	मध्यम वज़न (m)	madhyam vazan
peso (m) massimo	भारी वज़न (m)	bhārī vazan

141. Sport. Varie

Giochi (m pl) Olimpici	ओलिम्पिक खेल (m pl)	olimpik khel
vincitore (m)	विजेता (m)	vijeta
ottenere la vittoria	विजय पाना	vijay pāna
vincere (vi)	जीतना	jītana

leader (m), capo (m)	लीडर (m)	līdar
essere alla guida	लीड करना	līd karana
primo posto (m)	पहला स्थान (m)	pahala sthān
secondo posto (m)	दूसरा स्थान (m)	dūsara sthān
terzo posto (m)	तीसरा स्थान (m)	tīsara sthān
medaglia (f)	मेडल (m)	medal
trofeo (m)	ट्रॉफ़ी (f)	trofī
coppa (f) (trofeo)	कप (m)	kap
premio (m)	पुरस्कार (m)	puraskār
primo premio (m)	मुख्य पुरस्कार (m)	mukhy puraskār
record (m)	रिकॉर्ड (m)	rikord
stabilire un record	रिकॉर्ड बनाना	rikord banāna
finale (m)	फ़ाइनल (m)	fainal
finale (agg)	अंतिम	antim
campione (m)	चेम्पियन (m)	chempiyan
campionato (m)	चैम्पियनशिप (f)	chaimpiyanaship
stadio (m)	स्टेडियम (m)	stediyam
tribuna (f)	सीट (f)	sīt
tifoso, fan (m)	फ़ैन (m)	fain
avversario (m)	प्रतिद्वंद्वी (f)	pratidvandvī
partenza (f)	स्टार्ट (m)	stārt
traguardo (m)	फ़िनिश (f)	finish
sconfitta (f)	हार (f)	hār
perdere (vt)	हारना	hārana
arbitro (m)	रेफ़री (m)	refarī
giuria (f)	ज्यूरी (m)	jyūrī
punteggio (m)	स्कोर (m)	skor
pareggio (m)	टाई (m)	taī
pareggiare (vi)	खेल टाइ करना	khel tai karana
punto (m)	अंक (m)	ank
risultato (m)	नतीजा (m)	natīja
tempo (primo ~)	टाइम (m)	taim
intervallo (m)	हाफ़ टाइम (m)	hāf taim
doping (m)	अवैध दवाओं का इस्तेमाल (m)	avaidh davaon ka istemāl
penalizzare (vt)	पेनल्टी लगाना	penaltī lagāna
squalificare (vt)	डिस्क्वेलिफ़ाई करना	diskvelifaī karana
attrezzatura (f)	खेलकूद का सामान (m)	khelakūd ka sāmān
giavellotto (m)	भाला (m)	bhāla
peso (m) (sfera metallica)	गोला (m)	gola
biglia (f) (palla)	गेंद (m)	gend
obiettivo (m)	निशाना (m)	nishāna
bersaglio (m)	निशाना (m)	nishāna

sparare (vi)	गोली चलाना	golī chalāna
preciso (agg)	सटीक	satīk
allenatore (m)	प्रशिक्षक (m)	prashikshak
allenare (vt)	प्रशिक्षित करना	prashikshit karana
allenarsi (vr)	प्रशिक्षण करना	prashikshan karana
allenamento (m)	प्रशिक्षण (f)	prashikshan
palestra (f)	जिम (m)	jim
esercizio (m)	व्यायाम (m)	vyāyām
riscaldamento (m)	वार्म-अप (m)	vārm-ap

Istruzione

142. Scuola

scuola (f)	पाठशाला (m)	pāthashāla
direttore (m) di scuola	प्रिंसिपल (m)	prinsipal
allievo (m)	छात्र (m)	chhātr
allieva (f)	छात्रा (f)	chhātra
scolaro (m)	छात्र (m)	chhātr
scolara (f)	छात्रा (f)	chhātra
insegnare (qn)	पढ़ाना	parhāna
imparare (una lingua)	पढ़ना	parhana
imparare a memoria	याद करना	yād karana
studiare (vi)	सीखना	sīkhana
frequentare la scuola	स्कूल में पढ़ना	skūl men parhana
andare a scuola	स्कूल जाना	skūl jāna
alfabeto (m)	वर्णमाला (f)	varnamāla
materia (f)	विषय (m)	vishay
classe (f)	कक्षा (f)	kaksha
lezione (f)	पाठ (m)	pāth
ricreazione (f)	अंतराल (m)	antarāl
campanella (f)	स्कूल की घंटी (f)	skūl kī ghantī
banco (m)	बेंच (f)	bench
lavagna (f)	चॉकबोर्ड (m)	chokabord
voto (m)	अंक (m)	ank
voto (m) alto	अच्छे अंक (m)	achchhe ank
voto (m) basso	कम अंक (m)	kam ank
dare un voto	मार्क्स देना	mārks dena
errore (m)	ग़लती (f)	galatī
fare errori	ग़लती करना	galatī karana
correggere (vt)	ठीक करना	thīk karana
bigliettino (m)	कुंजी (f)	kunjī
compiti (m pl)	गृहकार्य (m)	grhakāry
esercizio (m)	अभ्यास (m)	abhyās
essere presente	उपस्थित होना	upasthit hona
essere assente	अनुपस्थित होना	anupasthit hona
punire (vt)	सज़ा देना	saza dena
punizione (f)	सज़ा (f)	saza
comportamento (m)	बरताव (m)	baratāv
pagella (f)	रिपोर्ट कार्ड (f)	riport kārd

matita (f)	पेंसिल (f)	pensil
gomma (f) per cancellare	रबड़ (f)	rabar
gesso (m)	चॉक (m)	chok
astuccio (m) portamatite	पेंसिल का डिब्बा (m)	pensil ka dibba

| cartella (f) | बस्ता (m) | basta |
| penna (f) | कलम (m) | kalam |

quaderno (m)	कॉपी (f)	kopī
manuale (m)	पाठ्यपुस्तक (f)	pāthyapustak
compasso (m)	कंपास (m)	kampās

| disegnare (tracciare) | तकनीकी चित्रकारी बनाना | takanīkī chitrakārī banāna |
| disegno (m) tecnico | तकनीकी चित्रकारी (f) | takanīkī chitrakārī |

poesia (f)	कविता (f)	kavita
a memoria	रटकर	ratakar
imparare a memoria	याद करना	yād karana

| vacanze (f pl) scolastiche | छुट्टियाँ (f pl) | chhuttiyān |
| essere in vacanza | छुट्टी पर होना | chhuttī par hona |

prova (f) scritta	परीक्षा (f)	parīksha
composizione (f)	रचना (f)	rachana
dettato (m)	श्रुतलेख (m)	shrutalekh

esame (m)	परीक्षा (f)	parīksha
sostenere un esame	परीक्षा देना	parīksha dena
esperimento (m)	परीक्षण (m)	parīkshan

143. Istituto superiore. Università

accademia (f)	अकादमी (f)	akādamī
università (f)	विश्वविद्यालय (m)	vishvavidyālay
facoltà (f)	संकाय (f)	sankāy

studente (m)	छात्र (m)	chhātr
studentessa (f)	छात्रा (f)	chhātra
docente (m, f)	अध्यापक (m)	adhyāpak

| aula (f) | व्याख्यान कक्ष (m) | vyākhyān kaksh |
| diplomato (m) | स्नातक (m) | snātak |

| diploma (m) | डिप्लोमा (m) | diploma |
| tesi (f) | शोधनिबंध (m) | shodhanibandh |

| ricerca (f) | अध्ययन (m) | adhyayan |
| laboratorio (m) | प्रयोगशाला (f) | prayogashāla |

| lezione (f) | व्याख्यान (f) | vyākhyān |
| compagno (m) di corso | सहपाठी (m) | sahapāthī |

| borsa (f) di studio | छात्रवृत्ति (f) | chhātravrtti |
| titolo (m) accademico | शैक्षणिक डिग्री (f) | shaikshanik digrī |

144. Scienze. Discipline

matematica (f)	गणितशास्त्र (m)	ganitashāstr
algebra (f)	बीजगणित (m)	bījaganit
geometria (f)	रेखागणित (m)	rekhāganit
astronomia (f)	खगोलवैज्ञान (m)	khagolavaigyān
biologia (f)	जीवविज्ञान (m)	jīvavigyān
geografia (f)	भूगोल (m)	bhūgol
geologia (f)	भूविज्ञान (m)	bhūvigyān
storia (f)	इतिहास (m)	itihās
medicina (f)	चिकित्सा (m)	chikitsa
pedagogia (f)	शिक्षाविज्ञान (m)	shikshāvigyān
diritto (m)	कानून (m)	kānūn
fisica (f)	भौतिकविज्ञान (m)	bhautikavigyān
chimica (f)	रसायन (m)	rasāyan
filosofia (f)	दर्शनशास्त्र (m)	darshanashāstr
psicologia (f)	मनोविज्ञान (m)	manovigyān

145. Sistema di scrittura. Ortografia

grammatica (f)	व्याकरण (m)	vyākaran
lessico (m)	शब्दावली (f)	shabdāvalī
fonetica (f)	स्वरविज्ञान (m)	svaravigyān
sostantivo (m)	संज्ञा (f)	sangya
aggettivo (m)	विशेषण (m)	visheshan
verbo (m)	क्रिया (m)	kriya
avverbio (m)	क्रिया विशेषण (f)	kriya visheshan
pronome (m)	सर्वनाम (m)	sarvanām
interiezione (f)	विस्मयादिबोधक (m)	vismayādibodhak
preposizione (f)	पूर्वसर्ग (m)	pūrvasarg
radice (f)	मूल शब्द (m)	mūl shabd
desinenza (f)	अन्त्याक्षर (m)	antyākshar
prefisso (m)	उपसर्ग (m)	upasarg
sillaba (f)	अक्षर (m)	akshar
suffisso (m)	प्रत्यय (m)	pratyay
accento (m)	बल चिह्न (m)	bal chihn
apostrofo (m)	वर्णलोप चिह्न (m)	varnalop chihn
punto (m)	पूर्णविराम (m)	pūrnavirām
virgola (f)	उपविराम (m)	upavirām
punto (m) e virgola	अर्धविराम (m)	ardhavirām
due punti	कोलन (m)	kolan
puntini di sospensione	तीन बिन्दु (m)	tīn bindu
punto (m) interrogativo	प्रश्न चिह्न (m)	prashn chihn
punto (m) esclamativo	विस्मयादिबोधक चिह्न (m)	vismayādibodhak chihn

virgolette (f pl)	उद्धरण चिह्न (m)	uddharan chihn
tra virgolette	उद्धरण चिह्न में	uddharan chihn men
parentesi (f pl)	कोष्ठक (m pl)	koshthak
tra parentesi	कोष्ठक में	koshthak men

trattino (m)	हाइफन (m)	haifan
lineetta (f)	डैश (m)	daish
spazio (m) (tra due parole)	रिक्त स्थान (m)	rikt sthān

| lettera (f) | अक्षर (m) | akshar |
| lettera (f) maiuscola | बड़ा अक्षर (m) | bara akshar |

| vocale (f) | स्वर (m) | svar |
| consonante (f) | समस्वर (m) | samasvar |

proposizione (f)	वाक्य (m)	vāky
soggetto (m)	कर्ता (m)	kartta
predicato (m)	विधेय (m)	vidhey

riga (f)	पंक्ति (f)	pankti
a capo	नई पंक्ति पर	naī pankti par
capoverso (m)	अनुच्छेद (m)	anuchchhed

parola (f)	शब्द (m)	shabd
gruppo (m) di parole	शब्दों का समूह (m)	shabdon ka samūh
espressione (f)	अभिव्यक्ति (f)	abhivyakti
sinonimo (m)	समनार्थक शब्द (m)	samanārthak shabd
antonimo (m)	विपरीतार्थी शब्द (m)	viparītārthī shabd

regola (f)	नियम (m)	niyam
eccezione (f)	अपवाद (m)	apavād
giusto (corretto)	ठीक	thīk

coniugazione (f)	क्रियारूप संयोजन (m)	kriyārūp sanyojan
declinazione (f)	विभक्ति-रूप (m)	vibhakti-rūp
caso (m) nominativo	कारक (m)	kārak
domanda (f)	प्रश्न (m)	prashn
sottolineare (vt)	रेखांकित करना	rekhānkit karana
linea (f) tratteggiata	बिन्दुरेखा (f)	bindurekha

146. Lingue straniere

lingua (f)	भाषा (f)	bhāsha
lingua (f) straniera	विदेशी भाषा (f)	videshī bhāsha
studiare (vt)	पढ़ना	parhana
imparare (una lingua)	सीखना	sīkhana

leggere (vi, vt)	पढ़ना	parhana
parlare (vi, vt)	बोलना	bolana
capire (vt)	समझना	samajhana
scrivere (vi, vt)	लिखना	likhana

| rapidamente | तेज़ | tez |
| lentamente | धीरे | dhīre |

correntemente	धड़ल्ले से	dharalle se
regole (f pl)	नियम (m pl)	niyam
grammatica (f)	व्याकरण (m)	vyākaran
lessico (m)	शब्दावली (f)	shabdāvalī
fonetica (f)	स्वरविज्ञान (m)	svaravigyān
manuale (m)	पाठ्यपुस्तक (f)	pāthyapustak
dizionario (m)	शब्दकोश (m)	shabdakosh
manuale (m) autodidattico	स्वयंशिक्षक पुस्तक (m)	svayanshikshak pustak
frasario (m)	वार्त्तालाप-पुस्तिका (f)	vārttālāp-pustika
cassetta (f)	कैसेट (f)	kaiset
videocassetta (f)	वीडियो कैसेट (m)	vīdiyo kaiset
CD (m)	सीडी (m)	sīdī
DVD (m)	डीवीडी (m)	dīvīdī
alfabeto (m)	वर्णमाला (f)	varnamāla
compitare (vt)	हिज्जे करना	hijje karana
pronuncia (f)	उच्चारण (m)	uchchāran
accento (m)	लहज़ा (m)	lahaza
con un accento	लहज़े के साथ	lahaze ke sāth
senza accento	बिना लहज़े	bina lahaze
vocabolo (m)	शब्द (m)	shabd
significato (m)	मतलब (m)	matalab
corso (m) (~ di francese)	पाठ्यक्रम (m)	pāthyakram
iscriversi (vr)	सदस्य बनना	sadasy banana
insegnante (m, f)	शिक्षक (m)	shikshak
traduzione (f) (fare una ~)	तर्जुमा (m)	tarjuma
traduzione (f) (un testo)	अनुवाद (m)	anuvād
traduttore (m)	अनुवादक (m)	anuvādak
interprete (m)	दुभाषिया (m)	dubhāshiya
poliglotta (m)	बहुभाषी (m)	bahubhāshī
memoria (f)	स्मृति (f)	smrti

147. Personaggi delle fiabe

Babbo Natale (m)	सांता क्लॉज़ (m)	sānta kloz
sirena (f)	जलपरी (f)	jalaparī
mago (m)	जादूगर (m)	jādūgar
fata (f)	परी (f)	parī
magico (agg)	जादूई	jādūī
bacchetta (f) magica	जादू की छड़ी (f)	jādū kī chharī
fiaba (f), favola (f)	परियों की कहानी (f)	pariyon kī kahānī
miracolo (m)	करामात (f)	karāmāt
nano (m)	बौना (m)	bauna
trasformarsi in ...	... में बदल जाना	... men badal jāna
fantasma (m)	प्रेत (m)	pret

spettro (m)	भूत (m)	bhūt
mostro (m)	राक्षस (m)	rākshas
drago (m)	पंखवाला नाग (m)	pankhavāla nāg
gigante (m)	भीमकाय (m)	bhīmakāy

148. Segni zodiacali

Ariete (m)	मेष (m)	mesh
Toro (m)	वृषभ (m)	vrshabh
Gemelli (m pl)	मिथुन (m)	mithun
Cancro (m)	कर्क (m)	kark
Leone (m)	सिंह (m)	sinh
Vergine (f)	कन्या (f)	kanya

Bilancia (f)	तुला (f pl)	tula
Scorpione (m)	वृश्चिक (m)	vrshchik
Sagittario (m)	धनु (m)	dhanu
Capricorno (m)	मकर (m)	makar
Acquario (m)	कुंभ (m)	kumbh
Pesci (m pl)	मीन (m pl)	mīn

carattere (m)	स्वभाव (m)	svabhāv
tratti (m pl) del carattere	गुण (m pl)	gun
comportamento (m)	बरताव (m)	baratāv
predire il futuro	भविष्यवाणी करना	bhavishyavānī karana
cartomante (f)	ज्योतिषी (m)	jyotishī
oroscopo (m)	जन्म कुंडली (f)	janm kundalī

Arte

149. Teatro

teatro (m)	रंगमंच (m)	rangamanch
opera (f)	ओपेरा (m)	opera
operetta (f)	ऑपेराटा (m)	operāta
balletto (m)	बैले (m)	baile

cartellone (m)	रंगमंच इश्तहार (m)	rangamanch ishtahār
compagnia (f) teatrale	थियेटर कंपनी (f)	thiyetar kampanī
tournée (f)	दौरा (m)	daura
andare in tourn?e	दौरे पर जाना	daure par jāna
fare le prove	अभ्यास करना	abhyās karana
prova (f)	अभ्यास (m)	abhyās
repertorio (m)	प्रदर्शनों की सूची (f)	pradarshanon kī sūchī

rappresentazione (f)	प्रदर्शन (m)	pradarshan
spettacolo (m)	प्रदर्शन (m)	pradarshan
opera (f) teatrale	नाटक (m)	nātak

biglietto (m)	टिकट (m)	tikat
botteghino (m)	टिकट घर (m)	tikat ghar
hall (f)	हॉल (m)	hol
guardaroba (f)	कपड्द्वार (m)	kaparadvār
cartellino (m) del guardaroba	कपड्द्वार टैग (m)	kaparadvār taig
binocolo (m)	दूरबीन (f)	dūrabīn
maschera (f)	कंडक्टर (m)	kandaktar

platea (f)	सीटें (f)	sīten
balconata (f)	अपर सर्कल (m)	apar sarkal
prima galleria (f)	दूसरी मंज़िल (f)	dūsarī manzil
palco (m)	बॉक्स (m)	boks
fila (f)	कतार (m)	katār
posto (m)	सीट (f)	sīt

pubblico (m)	दर्शक (m)	darshak
spettatore (m)	दर्शक (m)	darshak
battere le mani	ताली बजाना	tālī bajāna
applauso (m)	तालियाँ (f pl)	tāliyān
ovazione (f)	तालियों की गड़गड़ाहट (m)	tāliyon kī garagarāhat

palcoscenico (m)	मंच (m)	manch
sipario (m)	पर्दा (m)	parda
scenografia (f)	मंच सज्जा (f)	manch sajja
quinte (f pl)	नेपथ्य (m pl)	nepathy

scena (f) (l'ultima ~)	दृश्य (m)	drshy
atto (m)	एक्ट (m)	ekt
intervallo (m)	अंतराल (m)	antarāl

150. Cinema

attore (m)	अभिनेता (m)	abhineta
attrice (f)	अभिनेत्री (f)	abhinetrī
cinema (m) (industria)	सिनेमा (m)	sinema
film (m)	फ़िल्म (m)	film
puntata (f)	उपकथा (m)	upakatha
film (m) giallo	जासूसी फ़िल्म (f)	jāsūsī film
film (m) d'azione	एक्शन फ़िल्म (f)	ekshan film
film (m) d'avventure	जोखिम भरी फ़िल्म (f)	jokhim bharī film
film (m) di fantascienza	कल्पित विज्ञान की फ़िल्म (f)	kalpit vigyān kī film
film (m) d'orrore	डरावनी फ़िल्म (f)	darāvanī film
film (m) comico	मज़ाकिया फ़िल्म (f)	mazākiya film
melodramma (m)	भावुक नाटक (m)	bhāvuk nātak
dramma (m)	नाटक (m)	nātak
film (m) a soggetto	काल्पनिक फ़िल्म (f)	kālpanik film
documentario (m)	वृत्तचित्र (m)	vrttachitr
cartoni (m pl) animati	कार्टून (m)	kārtūn
cinema (m) muto	मूक फ़िल्म (f)	mūk film
parte (f)	भूमिका (f)	bhūmika
parte (f) principale	मुख्य भूमिका (f)	mūkhy bhūmika
recitare (vi, vt)	भूमिका निभाना	bhūmika nibhāna
star (f), stella (f)	फ़िल्म स्टार (m)	film stār
noto (agg)	मशहूर	mashahūr
famoso (agg)	मशहूर	mashahūr
popolare (agg)	लोकप्रिय	lokapriy
sceneggiatura (m)	पटकथा (f)	patakatha
sceneggiatore (m)	पटकथा लेखक (m)	patakatha lekhak
regista (m)	निर्देशक (m)	nirdeshak
produttore (m)	प्रइयूसर (m)	pradyūsar
assistente (m)	सहायक (m)	sahāyak
cameraman (m)	कैमरामैन (m)	kaimarāmain
cascatore (m)	स्टंटमैन (m)	stantamain
girare un film	फ़िल्म शूट करना	film shūt karana
provino (m)	स्क्रीन टेस्ट (m)	skrīn test
ripresa (f)	शूटिंग (f pl)	shūting
troupe (f) cinematografica	शूटिंग दल (m)	shūting dal
set (m)	शूटिंग स्थल (m)	shuting sthal
cinepresa (f)	कैमरा (m)	kaimara
cinema (m) (~ all'aperto)	सिनेमाघर (m)	sinemāghar
schermo (m)	स्क्रीन (m)	skrīn
proiettare un film	फ़िल्म दिखाना	film dikhāna
colonna (f) sonora	साउंडट्रैक (m)	saundatraik
effetti (m pl) speciali	ख़ास प्रभाव (m pl)	khās prabhāv
sottotitoli (m pl)	सबटाइटिल (f)	sabataitil

133

titoli (m pl) di coda	टाइटिल (m pl)	taitil
traduzione (f)	अनुवाद (m)	anuvād

151. Pittura

arte (f)	कला (f)	kala
belle arti (f pl)	ललित कला (f)	lalit kala
galleria (f) d'arte	चित्रशाला (f)	chitrashāla
mostra (f)	चित्रों की प्रदर्शनी (f)	chitron kī pradarshanī
pittura (f)	चित्रकला (f)	chitrakala
grafica (f)	रेखाचित्र कला (f)	rekhāchitr kala
astrattismo (m)	अमूर्त चित्रण (m)	amūrtt chitran
impressionismo (m)	प्रभाववाद (m)	prabhāvavād
quadro (m)	चित्र (m)	chitr
disegno (m)	रेखाचित्र (f)	rekhāchitr
cartellone, poster (m)	पोस्टर (m)	postar
illustrazione (f)	चित्रण (m)	chitran
miniatura (f)	लघु चित्र (m)	laghu chitr
copia (f)	प्रति (f)	prati
riproduzione (f)	प्रतिकृत (f)	pratikrt
mosaico (m)	पच्चीकारी (f)	pachchīkārī
vetrata (f)	रंगीन काँच	rangīn kānch
affresco (m)	लेपचित्र (m)	lepachitr
incisione (f)	एनग्रेविंग (m)	enagreving
busto (m)	बस्ट (m)	bast
scultura (f)	मूर्तिकला (f)	mūrtikala
statua (f)	मूर्ति (f)	mūrti
gesso (m)	सिलखड़ी (f)	silakharī
in gesso	सिलखड़ी से	silakharī se
ritratto (m)	रूपचित्र (m)	rūpachitr
autoritratto (m)	स्वचित्र (m)	svachitr
paesaggio (m)	प्रकृति चित्र (m)	prakrti chitr
natura (f) morta	अचल चित्र (m)	achal chitr
caricatura (f)	कार्टून (m)	kārtūn
abbozzo (m)	रेखाचित्र (f)	rekhāchitr
colore (m)	पेंट (f)	pent
acquerello (m)	जलरंग (m)	jalarang
olio (m)	तेलरंग (m)	telarang
matita (f)	पेंसिल (f)	pensil
inchiostro (m) di china	स्याही (f)	syāhī
carbone (m)	कोयला (m)	koyala
disegnare (a matita)	रेखाचित्र बनाना	rekhāchitr banāna
posare (vi)	पोज़ करना	poz karana
modello (m)	मॉडल (m)	modal
modella (f)	मॉडल (m)	modal
pittore (m)	चित्रकार (m)	chitrakār

opera (f) d'arte	कलाकृति (f)	kalākrti
capolavoro (m)	अत्युत्तम कृति (f)	atyuttam krti
laboratorio (m) (di artigiano)	स्तुडियो (m)	studiyo

tela (f)	चित्रपटी (f)	chitrapatī
cavalletto (m)	चित्राधार (m)	chitrādhār
tavolozza (f)	रंग पट्टिका (f)	rang pattika

cornice (f) (~ di un quadro)	ढांचा (m)	dhāncha
restauro (m)	जीणोद्धार (m)	jīrnoddhār
restaurare (vt)	मरम्मत करना	marammat karana

152. Letteratura e poesia

letteratura (f)	साहित्य (m)	sāhity
autore (m)	लेखक (m)	lekhak
pseudonimo (m)	छद्मनाम (m)	chhadmanām

libro (m)	किताब (f)	kitāb
volume (m)	खंड (m)	khand
sommario (m), indice (m)	अनुक्रमणिका (f)	anukramanika
pagina (f)	पृष्ठ (m)	prshth
protagonista (m)	मुख्य किरदार (m)	mūkhy kiradār
autografo (m)	स्वाक्षर (m)	svākshar

racconto (m)	लघु कथा (f)	laghu katha
romanzo (m) breve	उपन्यासिका (f)	upanyāsika
romanzo (m)	उपन्यास (m)	upanyās
opera (f) (~ letteraria)	रचना (f)	rachana
favola (f)	नीतिकथा (f)	nītikatha
giallo (m)	जासूसी कहानी (f)	jāsūsī kahānī

verso (m)	कविता (f)	kavita
poesia (f) (~ lirica)	काव्य (m)	kāvy
poema (m)	कविता (f)	kavita
poeta (m)	कवि (m)	kavi

narrativa (f)	उपन्यास (m)	upanyās
fantascienza (f)	विज्ञान कथा (f)	vigyān katha
avventure (f pl)	रोमांच (m)	romānch
letteratura (f) formativa	शैक्षिक साहित्य (m)	shaikshik sāhity
libri (m pl) per l'infanzia	बाल साहित्य (m)	bāl sāhity

153. Circo

circo (m)	सर्कस (m)	sarkas
tendone (m) del circo	सर्कस (m)	sarkas
programma (m)	प्रोग्रम (m)	program
spettacolo (m)	तमाशा (m)	tamāsha

| numero (m) | ऐक्ट (m) | aikt |
| arena (f) | सर्कस रिंग (m) | sarkas ring |

pantomima (m)	मूकाभिनय (m)	mūkābhinay
pagliaccio (m)	जोकर (m)	jokar

acrobata (m)	कलाबाज़ (m)	kalābāz
acrobatica (f)	कलाबाज़ी (f)	kalābāzī
ginnasta (m)	जिमनैस्ट (m)	jimanaist
ginnastica (m)	जिमनैस्टिक्स (m)	jimanaistiks
salto (m) mortale	कलैया (m)	kalaiya

forzuto (m)	एथलीट (m)	ethalīt
domatore (m)	जानवरों का शिक्षक (m)	jānavaron ka shikshak
cavallerizzo (m)	सवारी (m)	savārī
assistente (m)	सहायक (m)	sahāyak

acrobazia (f)	कलाबाज़ी (f)	kalābāzī
gioco (m) di prestigio	जादू (m)	jādū
prestigiatore (m)	जादूगर (m)	jādūgar

giocoliere (m)	बाज़ीगर (m)	bāzīgar
giocolare (vi)	बाज़ीगिरी दिखाना	bāzīgirī dikhāna
ammaestratore (m)	जानवरों का प्रशिक्षक (m)	jānavaron ka prashikshak
ammaestramento (m)	पशु प्रशिक्षण (m)	pashu prashikshan
ammaestrare (vt)	प्रशिक्षण देना	prashikshan dena

154. Musica. Musica pop

musica (f)	संगीत (m)	sangit
musicista (m)	साज़िन्दा (m)	sāzinda
strumento (m) musicale	बाजा (m)	bāja
suonare ...	... बजाना	... bajāna

chitarra (f)	गिटार (m)	gitār
violino (m)	वॉयलिन (m)	voyalin
violoncello (m)	चैलो (m)	chailo
contrabbasso (m)	डबल बास (m)	dabal bās
arpa (f)	हार्प (m)	hārp

pianoforte (m)	पियानो (m)	piyāno
pianoforte (m) a coda	ग्रैंड पियानो (m)	graind piyāno
organo (m)	ऑर्गन (m)	organ

strumenti (m pl) a fiato	सुषिर वाघ (m)	sushir vādy
oboe (m)	ओबो (m)	obo
sassofono (m)	सैक्सोफ़ोन (m)	saiksofon
clarinetto (m)	क्लेरिनेट (m)	klerinet
flauto (m)	मुरली (f)	muralī
tromba (f)	तुरही (m)	turahī

fisarmonica (f)	एकॉर्डियन (m)	ekordiyan
tamburo (m)	नगाड़ा (m)	nagāra

duetto (m)	द्विवाघ (m)	dvivādy
trio (m)	त्रयी (f)	trayī
quartetto (m)	क्वार्टेट (m)	kvārtat

coro (m)	कोरस (m)	koras
orchestra (f)	ऑर्केस्ट्रा (m)	orkestra
musica (f) pop	पॉप संगीत (m)	pop sangīt
musica (f) rock	रॉक संगीत (m)	rok sangīt
gruppo (m) rock	रॉक ग्रूप (m)	rok grūp
jazz (m)	जैज़ (m)	jaiz
idolo (m)	आइडल (m)	āidal
ammiratore (m)	प्रशंसक (m)	prashansak
concerto (m)	कंसर्ट (m)	kansart
sinfonia (f)	वाद्य-वृंद रचना (f)	vādy-vrnd rachana
composizione (f)	रचना (f)	rachana
comporre (vt), scrivere (vt)	रचना बनाना	rachana banāna
canto (m)	गाना (m)	gāna
canzone (f)	गीत (m)	gīt
melodia (f)	संगीत (m)	sangit
ritmo (m)	ताल (m)	tāl
blues (m)	ब्लूज़ (m)	blūz
note (f pl)	शीट संगीत (m)	shīt sangīt
bacchetta (f)	छड़ी (f)	chharī
arco (m)	गज (m)	gaj
corda (f)	तार (m)	tār
custodia (f) (~ della chitarra)	केस (m)	kes

Ristorante. Intrattenimento. Viaggi

155. Escursione. Viaggio

turismo (m)	पर्यटन (m)	paryatan
turista (m)	पर्यटक (m)	paryatak
viaggio (m) (all'estero)	यात्रा (f)	yātra
avventura (f)	जाँबाज़ी (f)	jānbāzī
viaggio (m) (corto)	यात्रा (f)	yātra
vacanza (f)	छुट्टी (f)	chhuttī
essere in vacanza	छुट्टी पर होना	chhuttī par hona
riposo (m)	आराम (m)	ārām
treno (m)	रेलगाड़ी, ट्रेन (f)	relagārī, tren
in treno	रैलगाड़ी से	railagārī se
aereo (m)	विमान (m)	vimān
in aereo	विमान से	vimān se
in macchina	कार से	kār se
in nave	जहाज़ पर	jahāz par
bagaglio (m)	सामान (m)	sāmān
valigia (f)	सूटकेस (m)	sūtakes
carrello (m)	सामान के लिये गाड़ी (f)	sāmān ke liye gārī
passaporto (m)	पासपोर्ट (m)	pāsaport
visto (m)	वीज़ा (m)	vīza
biglietto (m)	टिकट (m)	tikat
biglietto (m) aereo	हवाई टिकट (m)	havaī tikat
guida (f)	गाइडबुक (f)	gaidabuk
carta (f) geografica	नक्शा (m)	naksha
località (f)	क्षेत्र (m)	kshetr
luogo (m)	स्थान (m)	sthān
ogetti (m pl) esotici	विचित्र वस्तुएं	vichitr vastuen
esotico (agg)	विचित्र	vichitr
sorprendente (agg)	अजीब	ajīb
gruppo (m)	समूह (m)	samūh
escursione (f)	पर्यटन (f)	paryatan
guida (f) (cicerone)	गाइड (m)	gaid

156. Hotel

albergo (m)	होटल (f)	hotal
motel (m)	मोटल (m)	motal
tre stelle	तीन सितारा	tīn sitāra

cinque stelle	पाँच सितारा	pānch sitāra
alloggiare (vi)	ठहरना	thaharana
camera (f)	कमरा (m)	kamara
camera (f) singola	एक पलंग का कमरा (m)	ek palang ka kamara
camera (f) doppia	दो पलंगों का कमरा (m)	do palangon ka kamara
prenotare una camera	कमरा बुक करना	kamara buk karana
mezza pensione (f)	हाफ़-बोर्ड (m)	hāf-bord
pensione (f) completa	फ़ुल-बोर्ड (m)	ful-bord
con bagno	स्नानघर के साथ	snānaghar ke sāth
con doccia	शॉवर के साथ	shovar ke sāth
televisione (f) satellitare	सैटेलाइट टेलीविज़न (m)	saitelait telīvizan
condizionatore (m)	एयर-कंडिशनर (m)	eyar-kandishanar
asciugamano (m)	तौलिया (f)	tauliya
chiave (f)	चाबी (f)	chābī
amministratore (m)	मैनेजर (m)	mainejar
cameriera (f)	चैमबरमैड (f)	chaimabaramaid
portabagagli (m)	कुली (m)	kulī
portiere (m)	दरबान (m)	darabān
ristorante (m)	रेस्टराँ (m)	restarān
bar (m)	बार (m)	bār
colazione (f)	नाश्ता (m)	nāshta
cena (f)	रात्रिभोज (m)	rātribhoj
buffet (m)	बुफ़े (m)	bufe
hall (f) (atrio d'ingresso)	लॉबी (f)	lobī
ascensore (m)	लिफ़्ट (m)	lift
NON DISTURBARE	परेशान न करें	pareshān na karen
VIETATO FUMARE!	धूम्रपान निषेध!	dhumrapān nishedh!

157. Libri. Lettura

libro (m)	किताब (f)	kitāb
autore (m)	लेखक (m)	lekhak
scrittore (m)	लेखक (m)	lekhak
scrivere (vi, vt)	लिखना	likhana
lettore (m)	पाठक (m)	pāthak
leggere (vi, vt)	पढ़ना	parhana
lettura (f) (sala di ~)	पढ़ना (f)	parhana
in silenzio (leggere ~)	मन ही मन	man hī man
ad alta voce	बोलकर	bolakar
pubblicare (vt)	प्रकाशित करना	prakāshit karana
pubblicazione (f)	प्रकाशन (m)	prakāshan
editore (m)	प्रकाशक (m)	prakāshak
casa (f) editrice	प्रकाशन संस्था (m)	prakāshan sanstha
uscire (vi)	बाज़ार में निकालना (m)	bāzār men nikālana

uscita (f)	बाज़ार में निकालना (m)	bāzār men nikālana
tiratura (f)	मुद्रण संख्या (f)	mudran sankhya
libreria (f)	किताबों की दुकान (f)	kitābon kī dukān
biblioteca (f)	पुस्तकालय (m)	pustakālay
romanzo (m) breve	उपन्यासिका (f)	upanyāsika
racconto (m)	लघु कहानी (f)	laghu kahānī
romanzo (m)	उपन्यास (m)	upanyās
giallo (m)	जासूसी किताब (m)	jāsūsī kitāb
memorie (f pl)	संस्मरण (m pl)	sansmaran
leggenda (f)	उपाख्यान (m)	upākhyān
mito (m)	पुराणकथा (m)	purānakatha
poesia (f), versi (m pl)	कविताएँ (f pl)	kavitaen
autobiografia (f)	आत्मकथा (m)	ātmakatha
opere (f pl) scelte	चुनिंदा कृतियाँ (f)	chuninda krtiyān
fantascienza (f)	कल्पित विज्ञान (m)	kalpit vigyān
titolo (m)	किताब का नाम (m)	kitāb ka nām
introduzione (f)	भूमिका (f)	bhūmika
frontespizio (m)	टाइटिल पृष्ठ (m)	taitil prshth
capitolo (m)	अध्याय (m)	adhyāy
frammento (m)	अंश (m)	ansh
episodio (m)	उपकथा (f)	upakatha
soggetto (m)	कथानक (m)	kathānak
contenuto (m)	कथा-वस्तु (f)	katha-vastu
sommario (m)	अनुक्रमणिका (f)	anukramanika
protagonista (m)	मुख्य किरदार (m)	mūkhy kiradār
volume (m)	खंड (m)	khand
copertina (f)	जिल्द (f)	jild
rilegatura (f)	जिल्द (f)	jild
segnalibro (m)	बुकमार्क (m)	bukamārk
pagina (f)	पृष्ठ (m)	prshth
sfogliare (~ le pagine)	पन्ने पलटना	panne palatana
margini (m pl)	हाशिया (m pl)	hāshiya
annotazione (f)	टिप्पणी (f)	tippanī
nota (f) (a fondo pagina)	टिप्पणी (f)	tippanī
testo (m)	पाठ (m)	pāth
carattere (m)	मुद्रलिपि (m)	mudrālipi
refuso (m)	छपाई की भूल (f)	chhapaī kī bhūl
traduzione (f)	अनुवाद (m)	anuvād
tradurre (vt)	अनुवाद करना	anuvād karana
originale (m) (leggere l'~)	मूल पाठ (m)	mūl pāth
famoso (agg)	मशहूर	mashahūr
sconosciuto (agg)	अपरिचित	aparichit
interessante (agg)	दिलचस्प	dilachasp
best seller (m)	बेस्ट सेलर (m)	best selar

dizionario (m)	शब्दकोश (m)	shabdakosh
manuale (m)	पाठ्यपुस्तक (f)	pāthyapustak
enciclopedia (f)	विश्वकोश (m)	vishvakosh

158. Caccia. Pesca

caccia (f)	शिकार (m)	shikār
cacciare (vt)	शिकार करना	shikār karana
cacciatore (m)	शिकारी (m)	shikārī

sparare (vi)	गोली चलाना	golī chalāna
fucile (m)	बंदूक (m)	bandūk
cartuccia (f)	कारतूस (m)	kāratūs
pallini (m pl) da caccia	कारतूस (m)	kāratūs

tagliola (f) (~ per orsi)	जाल (m)	jāl
trappola (f) (~ per uccelli)	जाल (m)	jāl
tendere una trappola	जाल बिछाना	jāl bichhāna
bracconiere (m)	चोर शिकारी (m)	chor shikārī
cacciagione (m)	शिकार के पशुपक्षी (f)	shikār ke pashupakshī
cane (m) da caccia	शिकार का कुत्ता (m)	shikār ka kutta
safari (m)	सफ़ारी (m)	safārī
animale (m) impagliato	जानवरों का पुतला (m)	jānavaron ka putala

pescatore (m)	मछुआरा (m)	machhuāra
pesca (f)	मछली पकड़ना (f)	machhalī pakarana
pescare (vi)	मछली पकड़ना	machhalī pakarana
canna (f) da pesca	बंसी (f)	bansī
lenza (f)	डोरी (f)	dorī
amo (m)	हुक (m)	hūk
galleggiante (m)	फ्लोट (m)	flot
esca (f)	चारा (m)	chāra

lanciare la canna	बंसी डालना	bansī dālana
abboccare (pesce)	चुगना	chugana
pescato (m)	मछलियाँ (f)	machhaliyān
buco (m) nel ghiaccio	आइस होल (m)	āis hol

rete (f)	जाल (m)	jāl
barca (f)	नाव (m)	nāv
prendere con la rete	जाल से पकड़ना	jāl se pakarana
gettare la rete	जाल डालना	jāl dālana
tirare le reti	जाल निकालना	jāl nikālana

baleniere (m)	हेलर (m)	hvelar
baleniera (f) (nave)	हेलमार जहाज़ (m)	hvelamār jahāz
rampone (m)	मत्स्यभाला (m)	matsyabhāla

159. Ciochi. Biliardo

| biliardo (m) | बिलियइर्स (m) | biliyards |
| sala (f) da biliardo | बिलियइर्स का कमरा (m) | biliyards ka kamara |

bilia (f)	बिलियड्स की गेंद (f)	biliyards kī gend
imbucare (vt)	गेंद पॉकेट में डालना	gend poket men dālana
stecca (f) da biliardo	बिलियड्स का क्यू (m)	biliyards ka kyū
buca (f)	बिलियड्स की पॉकेट (f)	biliyards kī poket

160. Giochi. Carte da gioco

quadri (m pl)	ईंट (f pl)	īnt
picche (f pl)	हुक्म (m pl)	hukm
cuori (m pl)	पान (m)	pān
fiori (m pl)	चिड़ी (m)	chiṛī
asso (m)	इक्का (m)	ikka
re (m)	बादशाह (m)	bādashāh
donna (f)	बेगम (f)	begam
fante (m)	गुलाम (m)	gulām
carta (f) da gioco	ताश का पत्ता (m)	tāsh ka patta
carte (f pl)	ताश के पत्ते (m pl)	tāsh ke patte
briscola (f)	ट्रम्प (m)	tramp
mazzo (m) di carte	ताश की गड्डी (f)	tāsh kī gaddī
dare le carte	ताश बांटना	tāsh bāntana
mescolare (~ le carte)	पत्ते फेंटना	patte fentana
turno (m)	चाल (f)	chāl
baro (m)	पत्तेबाज़ (m)	pattebāz

161. Casinò. Roulette

casinò (m)	केसिनो (m)	kesino
roulette (f)	रूले (m)	rūle
puntata (f)	दांव (m)	dānv
puntare su ...	दांव लगाना	dānv lagāna
rosso (m)	लाल (m)	lāl
nero (m)	काला (m)	kāla
puntare sul rosso	लाल पर दांव लगाना	lāl par dānv lagāna
puntare sul nero	काले पर दांव लगाना	kāle par dānv lagāna
croupier (m)	क्रूप्ये (m)	krūpye
far girare la ruota	पहिया घुमाना	pahiya ghumāna
regole (f pl) del gioco	खेल के नियम (m pl)	khel ke niyam
fiche (f)	चिप (m)	chip
vincere (vi, vt)	जीतना	jītana
vincita (f)	जीती हुई रकम (f)	jītī huī rakam
perdere (vt)	हार जाना	hār jāna
perdita (f)	हारी हुई रकम (f)	hārī huī rakam
giocatore (m)	खिलाड़ी (m)	khilāṛī
black jack (m)	ब्लैक जैक (m)	blaik jaik

| gioco (m) dei dadi | पासे का खेल (m) | pāse ka khel |
| slot machine (f) | स्लॉट मशीन (f) | slot mashīn |

162. Riposo. Giochi. Varie

passeggiare (vi)	घूमना	ghūmana
passeggiata (f)	सैर (f)	sair
gita (f)	सफ़र (m)	safar
avventura (f)	साहसिक कार्य (m)	sāhasik kāry
picnic (m)	पिकनिक (f)	pikanik

gioco (m)	खेल (m)	khel
giocatore (m)	खिलाड़ी (m)	khilārī
partita (f) (~ a scacchi)	बाज़ी (f)	bāzī

collezionista (m)	संग्राहक (m)	sangrāhak
collezionare (vt)	संग्राहण करना	sangrāhan karana
collezione (f)	संग्रह (m)	sangrah

cruciverba (m)	पहेली (f)	pahelī
ippodromo (m)	रेसकोर्स (m)	resakors
discoteca (f)	डिस्को (m)	disko

| sauna (f) | सौना (m) | sauna |
| lotteria (f) | लॉटरी (f) | lotarī |

campeggio (m)	कैम्पिंग ट्रिप (f)	kaimping trip
campo (m)	डेरा (m)	dera
tenda (f) da campeggio	तंबू (m)	tambū
bussola (f)	दिशा सूचक यंत्र (m)	disha sūchak yantr
campeggiatore (m)	शिविरार्थी (m)	shivirārthī

guardare (~ un film)	देखना	dekhana
telespettatore (m)	दर्शक (m)	darshak
trasmissione (f)	टीवी प्रसारण (m)	tīvī prasāran

163. Fotografia

| macchina (f) fotografica | कैमरा (m) | kaimara |
| fotografia (f) | फ़ोटो (m) | foto |

fotografo (m)	फ़ोटोग्राफ़र (m)	fotogrāfar
studio (m) fotografico	फ़ोटो स्टूडियो (m)	foto stūdiyo
album (m) di fotografie	फ़ोटो अल्बम (f)	foto albam

obiettivo (m)	कैमरे का लेंस (m)	kaimare ka lens
teleobiettivo (m)	टेलिफ़ोटो लेन्स (m)	telifoto lens
filtro (m)	फ़िल्टर (m)	filtar
lente (f)	लेंस (m)	lens

| ottica (f) | प्रकाशिकी (f) | prakāshikī |
| diaframma (m) | डायफ़राम (m) | dāyafarām |

tempo (m) di esposizione	शटर समय (m)	shatar samay
mirino (m)	व्यू फाइंडर (m)	vyū faindar
fotocamera (f) digitale	डिजिटल कैमरा (m)	dijital kaimara
cavalletto (m)	तिपाई (f)	tipaī
flash (m)	प्लैश (m)	flaish
fotografare (vt)	फ़ोटो खींचना	foto khīnchana
fare foto	फ़ोटो लेना	foto lena
fotografarsi	अपनी फ़ोटो खींचवाना	apanī foto khīnchavāna
fuoco (m)	फ़ोकस (f)	fokas
mettere a fuoco	फ़ोकस करना	fokas karana
nitido (agg)	फ़ोकस में	fokas men
nitidezza (f)	स्पष्टता (f)	spashtata
contrasto (m)	विपर्यास व्यतिरेक	viparyās vyatirek
contrastato (agg)	विपर्यासी	viparyāsī
foto (f)	फ़ोटो (m)	foto
negativa (f)	नेगेटिव (m)	negetiv
pellicola (f) fotografica	कैमरा फ़िल्म (f)	kaimara film
fotogramma (m)	फ्रेम (m)	frem
stampare (~ le foto)	छापना	chhāpana

164. Spiaggia. Nuoto

spiaggia (f)	बालुतट (m)	bālutat
sabbia (f)	रेत (f)	ret
deserto (agg)	वीरान	vīrān
abbronzatura (f)	धूप की कालिमा (f)	dhūp kī kālima
abbronzarsi (vr)	धूप में स्नान करना	dhūp men snān karana
abbronzato (agg)	टैन	tain
crema (f) solare	धूप की क्रीम (f)	dhūp kī krīm
bikini (m)	बिकीनी (f)	bikīnī
costume (m) da bagno	स्विम सूट (m)	svim sūt
slip (m) da bagno	स्विम ट्रंक (m)	svim trank
piscina (f)	तरण-ताल (m)	taran-tāl
nuotare (vi)	तैरना	tairana
doccia (f)	शावर (m)	shāvar
cambiarsi (~ i vestiti)	बदलना	badalana
asciugamano (m)	तौलिया (m)	tauliya
barca (f)	नाव (f)	nāv
motoscafo (m)	मोटरबोट (m)	motarabot
sci (m) nautico	वॉटर स्की (f)	votar skī
pedalò (m)	चप्पू से चलने वाली नाव (f)	chappū se chalane vālī nāv
surf (m)	सर्फ़िंग (m)	sarfing
surfista (m)	सर्फ़ करनेवाला (m)	sarf karanevāla
autorespiratore (m)	स्कूबा सेट (m)	skūba set

pinne (f pl)	फ़्लिपर्स (m)	flipars
maschera (f)	डाइविंग के लिए मास्क (m)	daiving ke lie māsk
subacqueo (m)	गोताख़ोर (m)	gotākhor
tuffarsi (vr)	डुबकी मारना	dubakī mārana
sott'acqua	पानी के नीचे	pānī ke nīche
ombrellone (m)	बालुतट की छतरी (f)	bālutat kī chhatarī
sdraio (f)	बालूतट की कुर्सी (f)	bālūtat kī kursī
occhiali (m pl) da sole	धूप का चश्मा (m)	dhūp ka chashma
materasso (m) ad aria	हवा वाला गद्दा (m)	hava vāla gadda
giocare (vi)	खेलना	khelana
fare il bagno	तैरने के लिए जाना	tairane ke lie jāna
pallone (m)	बालूतट पर खेलने की गेंद (f)	bālūtat par khelane kī gend
gonfiare (vt)	हवा भराना	hava bharāna
gonfiabile (agg)	हवा से भरा	hava se bhara
onda (f)	तरंग (m)	tarang
boa (f)	बोया (m)	boya
annegare (vi)	डूब जाना	dūb jāna
salvare (vt)	बचाना	bachāna
giubbotto (m) di salvataggio	बचाव पेटी (f)	bachāv petī
osservare (vt)	देखना	dekhana
bagnino (m)	जीवनरक्षक (m)	jīvanarakshak

ATTREZZATURA TECNICA. MEZZI DI TRASPORTO

Attrezzatura tecnica

165. Computer

computer (m)	कंप्यूटर (m)	kampyūtar
computer (m) portatile	लैपटॉप (m)	laipatop
accendere (vt)	चलाना	chalāna
spegnere (vt)	बंद करना	band karana
tastiera (f)	कीबोर्ड (m)	kībord
tasto (m)	कुंजी (m)	kunjī
mouse (m)	माउस (m)	maus
tappetino (m) del mouse	माउस पैड (m)	maus paid
tasto (m)	बटन (m)	batan
cursore (m)	कर्सर (m)	karsar
monitor (m)	मॉनिटर (m)	monitar
schermo (m)	स्क्रीन (m)	skrīn
disco (m) rigido	हार्ड डिस्क (m)	hārd disk
spazio (m) sul disco rigido	हार्ड डिस्क क्षमता (f)	hārd disk kshamata
memoria (f)	मेमोरी (f)	memorī
memoria (f) operativa	रैंडम ऐक्सेस मेमोरी (f)	raindam aikses memorī
file (m)	फ़ाइल (f)	fail
cartella (f)	फ़ोल्डर (m)	foldar
aprire (vt)	खोलना	kholana
chiudere (vt)	बंद करना	band karana
salvare (vt)	सहेजना	sahejana
eliminare (vt)	हटाना	hatāna
copiare (vt)	कॉपी करना	kopī karana
ordinare (vt)	व्यवस्थित करना	vyavasthit karana
trasferire (vt)	स्थानांतरित करना	sthānāntarit karana
programma (m)	प्रोग्राम (m)	progrām
software (m)	सॉफ़्टवेयर (m)	softaveyar
programmatore (m)	प्रोग्रामर (m)	progrāmar
programmare (vt)	प्रोग्राम करना	program karana
hacker (m)	हैकर (m)	haikar
password (f)	पासवर्ड (m)	pāsavard
virus (m)	वाइरस (m)	vairas
trovare (un virus, ecc.)	तलाश करना	talāsh karana
byte (m)	बाइट (m)	bait

megabyte (m)	मेगाबाइट (m)	megābait
dati (m pl)	डाटा (m pl)	dāta
database (m)	डाटाबेस (m)	dātābes

cavo (m)	तार (m)	tār
sconnettere (vt)	अलग करना	alag karana
collegare (vt)	जोड़ना	jorana

166. Internet. Posta elettronica

internet (f)	इन्टरनेट (m)	intaranet
navigatore (m)	ब्राउज़र (m)	brauzar
motore (m) di ricerca	सर्च इंजन (f)	sarch injan
provider (m)	प्रोवाइडर (m)	provaidar

webmaster (m)	वेब मास्टर (m)	veb māstar
sito web (m)	वेब साइट (m)	veb sait
pagina web (f)	वेब पृष्ठ (m)	veb prshth

| indirizzo (m) | पता (m) | pata |
| rubrica (f) indirizzi | संपर्क पुस्तक (f) | sampark pustak |

| casella (f) di posta | मेलबॉक्स (m) | melaboks |
| posta (f) | डाक (m) | dāk |

messaggio (m)	संदेश (m)	sandesh
mittente (m)	प्रेषक (m)	preshak
inviare (vt)	भेजना	bhejana
invio (m)	भेजना (m)	bhejana

| destinatario (m) | प्रासकर्ता (m) | prāptakarta |
| ricevere (vt) | प्रास करना | prāpt karana |

| corrispondenza (f) | पत्राचार (m) | patrāchār |
| essere in corrispondenza | पत्राचार करना | patrāchār karana |

file (m)	फ़ाइल (f)	fail
scaricare (vt)	डाउनलोड करना	daunalod karana
creare (vt)	बनाना	banāna
eliminare (vt)	हटाना	hatāna
eliminato (agg)	हटा दिया गया	hata diya gaya

connessione (f)	कनेक्शन (m)	kanekshan
velocità (f)	रफ़्तार (f)	rafatār
modem (m)	मोडेम (m)	modem

| accesso (m) | पहुंच (m) | pahunch |
| porta (f) | पोर्ट (m) | port |

| collegamento (m) | कनेक्शन (m) | kanekshan |
| collegarsi a ... | जुड़ना | jurana |

| scegliere (vt) | चुनना | chunana |
| cercare (vt) | खोजना | khojana |

167. Elettricità

elettricità (f)	बिजली (f)	bijalī
elettrico (agg)	बिजली का	bijalī ka
centrale (f) elettrica	बिजलीघर (m)	bijalīghar
energia (f)	ऊर्जा (f)	ūrja
energia (f) elettrica	विद्युत शक्ति (f)	vidyut shakti
lampadina (f)	बल्ब (m)	balb
torcia (f) elettrica	फ्लैशलाइट (f)	flaishalait
lampione (m)	सड़क की बत्ती (f)	sarak kī battī
luce (f)	बिजली (f)	bijalī
accendere (luce)	चलाना	chalāna
spegnere (vt)	बंद करना	band karana
spegnere la luce	बिजली बंद करना	bijalī band karana
fulminarsi (vr)	फ्यूज़ होना	fyūz hona
corto circuito (m)	शार्ट सर्किट (m)	shārt sarkit
rottura (f) (~ di un cavo)	टूटा तार (m)	tūta tār
contatto (m)	सॉकेट (m)	soket
interruttore (m)	स्विच (m)	svich
presa (f) elettrica	सॉकेट (m)	soket
spina (f)	प्लग (m)	plag
prolunga (f)	एक्स्टेंशन कोर्ड (m)	ekstenshan kord
fusibile (m)	फ्यूज़ (m)	fyūz
filo (m)	तार (m)	tār
impianto (m) elettrico	तार (m)	tār
ampere (m)	ऐम्पेयर (m)	aimpeyar
intensità di corrente	विद्युत शक्ति (f)	vidyut shakti
volt (m)	वोल्ट (m)	volt
tensione (f)	वोल्टेज (f)	voltej
apparecchio (m) elettrico	विद्युत यंत्र (m)	vidyut yantr
indicatore (m)	सूचक (m)	sūchak
elettricista (m)	विद्युत कारीगर (m)	vidyut kārīgar
saldare (vt)	धातु जोड़ना	dhātu jorana
saldatoio (m)	सोल्डरिंग आयरन (m)	soldaring āyaran
corrente (f)	विद्युत प्रवाह (f)	vidyut pravāh

168. Utensili

utensile (m)	औज़ार (m)	auzār
utensili (m pl)	औज़ार (m pl)	auzār
impianto (m)	मशीन (f)	mashīn
martello (m)	हथौड़ी (f)	hathaurī
giravite (m)	पेंचकस (m)	penchakas
ascia (f)	कुल्हाड़ी (f)	kulhārī

sega (f)	आरी (f)	ārī
segare (vt)	आरी से काटना	ārī se kātana
pialla (f)	रंदा (m)	randa
piallare (vt)	छीलना	chhīlana
saldatoio (m)	सोल्डरिंग आयरन (m)	soldaring āyaran
saldare (vt)	धातु जोड़ना	dhātu jorana
lima (f)	रेती (f)	retī
tenaglie (f pl)	संडसी (f pl)	sandasī
pinza (f) a punte piatte	प्लायर (m)	plāyar
scalpello (m)	छेनी (f)	chhenī
punta (f) da trapano	ड्रिल बिट (m)	dril bit
trapano (m) elettrico	विद्युतीय बरमा (m)	vidyutīy barama
trapanare (vt)	ड्रिल करना	dril karana
coltello (m)	छुरी (f)	chhurī
lama (f)	धार (f)	dhār
affilato (coltello ~)	कटीला	katīla
smussato (agg)	कुंद	kund
smussarsi (vr)	कुंद करना	kund karana
affilare (vt)	धारदार बनाना	dhāradār banāna
bullone (m)	बोल्ट (m)	bolt
dado (m)	नट (m)	nat
filettatura (f)	चूड़ी (f)	chūrī
vite (f)	पेंच (m)	pench
chiodo (m)	कील (f)	kīl
testa (f) di chiodo	कील का सिरा (m)	kīl ka sira
regolo (m)	स्केल (m)	skel
nastro (m) metrico	इंची टेप (m)	inchī tep
livella (f)	स्पिरिट लेवल (m)	spirit leval
lente (f) d'ingradimento	आवर्धक लेंस (m)	āvardhak lens
strumento (m) di misurazione	मापक यंत्र (m)	māpak yantr
misurare (vt)	मापना	māpana
scala (f) graduata	स्केल (f)	skel
lettura, indicazione (f)	पाठ्यांक (m pl)	pāthyānk
compressore (m)	कंप्रेसर (m)	kampresar
microscopio (m)	माइक्रोस्कोप (m)	maikroskop
pompa (f) (~ dell'acqua)	पंप (m)	pamp
robot (m)	रोबोट (m)	robot
laser (m)	लेज़र (m)	lezar
chiave (f)	रिंच (m)	rinch
nastro (m) adesivo	फ़ीता (m)	fīta
colla (f)	लेई (f)	leī
carta (f) smerigliata	रेगमाल (m)	regamāl
molla (f)	कमानी (f)	kamānī
magnete (m)	मैग्नेट (m)	maignet

guanti (m pl)	दस्ताने (m pl)	dastāne
corda (f)	रस्सी (f)	rassī
cordone (m)	डोरी (f)	dorī
filo (m) (~ del telefono)	तार (m)	tār
cavo (m)	केबल (m)	kebal
mazza (f)	हथौड़ा (m)	hathaura
palanchino (m)	रंभा (m)	rambha
scala (f) a pioli	सीढ़ी (f)	sīrhī
scala (m) a libretto	सीढ़ी (f)	sīrhī
avvitare (stringere)	कसना	kasana
svitare (vt)	घुमाकर खोलना	ghumākar kholana
stringere (vt)	कसना	kasana
incollare (vt)	चिपकाना	chipakāna
tagliare (vt)	काटना	kātana
guasto (m)	ख़राबी (f)	kharābī
riparazione (f)	मरम्मत (f)	marammat
riparare (vt)	मरम्मत करना	marammat karana
regolare (~ uno strumento)	ठीक करना	thīk karana
verificare (ispezionare)	जांचना	jānchana
controllo (m)	जांच (f)	jānch
lettura, indicazione (f)	पाठ्यांक (m)	pāthyānk
sicuro (agg)	मज़बूत	mazabūt
complesso (agg)	जटिल	jatil
arrugginire (vi)	ज़ंग लगना	zang lagana
arrugginito (agg)	ज़ंग लगा हुआ	zang laga hua
ruggine (f)	ज़ंग (m)	zang

Mezzi di trasporto

169. Aeroplano

aereo (m)	विमान (m)	vimān
biglietto (m) aereo	हवाई टिकट (m)	havaī tikat
compagnia (f) aerea	हवाई कम्पनी (f)	havaī kampanī
aeroporto (m)	हवाई अड्डा (m)	havaī adda
supersonico (agg)	पराध्वनिक	parādhvanik
comandante (m)	कसान (m)	kaptān
equipaggio (m)	वैमानिक दल (m)	vaimānik dal
pilota (m)	विमान चालक (m)	vimān chālak
hostess (f)	एयर होस्टस (f)	eyar hostas
navigatore (m)	नैवीगेटर (m)	naivīgetar
ali (f pl)	पंख (m pl)	pankh
coda (f)	पूँछ (f)	pūnchh
cabina (f)	कॉकपिट (m)	kokapit
motore (m)	इंजन (m)	injan
carrello (m) d'atterraggio	हवाई जहाज़ पहिये (m)	havaī jahāz pahiye
turbina (f)	टरबाइन (f)	tarabain
elica (f)	प्रोपेलर (m)	propelar
scatola (f) nera	ब्लैक बॉक्स (m)	blaik boks
barra (f) di comando	कंट्रोल कॉलम (m)	kantrol kolam
combustibile (m)	ईंधन (m)	īndhan
safety card (f)	सुरक्षा-पत्र (m)	suraksha-patr
maschera (f) ad ossigeno	ऑक्सीजन मास्क (m)	oksījan māsk
uniforme (f)	वर्दी (f)	vardī
giubbotto (m) di salvataggio	बचाव पेटी (f)	bachāv petī
paracadute (m)	पैराशूट (m)	pairāshūt
decollo (m)	उड़ान (m)	urān
decollare (vi)	उड़ना	urana
pista (f) di decollo	उड़ान पट्टी (f)	urān pattī
visibilità (f)	दृश्यता (f)	drshyata
volo (m)	उड़ान (m)	urān
altitudine (f)	ऊंचाई (f)	ūnchaī
vuoto (m) d'aria	वायु-पॉकेट (m)	vāyu-poket
posto (m)	सीट (f)	sīt
cuffia (f)	हेडफ़ोन (m)	hedafon
tavolinetto (m) pieghevole	ट्रे टेबल (f)	tre tebal
oblò (m), finestrino (m)	हवाई जहाज़ की खिड़की (f)	havaī jahāz kī khirakī
corridoio (m)	गलियारा (m)	galiyāra

170. Treno

treno (m)	रेलगाड़ी, ट्रेन (f)	relagārī, tren
elettrotreno (m)	लोकल ट्रेन (f)	lokal tren
treno (m) rapido	तेज़ रेलगाड़ी (f)	tez relagārī
locomotiva (f) diesel	डीज़ल रेलगाड़ी (f)	dīzal relagārī
locomotiva (f) a vapore	स्टीम इंजन (f)	stīm injan
carrozza (f)	कोच (f)	koch
vagone (m) ristorante	डाइनर (f)	dainar
rotaie (f pl)	पटरियाँ (f)	patariyān
ferrovia (f)	रेलवे (f)	relave
traversa (f)	पटरियाँ (f)	patariyān
banchina (f) (~ ferroviaria)	प्लेटफ़ॉर्म (m)	pletaform
binario (m) (~ 1, 2)	प्लेटफ़ॉर्म (m)	pletaform
semaforo (m)	सिग्नल (m)	signal
stazione (f)	स्टेशन (m)	steshan
macchinista (m)	इंजन ड्राइवर (m)	injan draivar
portabagagli (m)	कुली (m)	kulī
cuccettista (m, f)	कोच एटेंडेंट (m)	koch etendent
passeggero (m)	मुसाफ़िर (m)	musāfir
controllore (m)	टीटी (m)	tītī
corridoio (m)	गलियारा (m)	galiyāra
freno (m) di emergenza	आपात ब्रेक (m)	āpāt brek
scompartimento (m)	डिब्बा (m)	dibba
cuccetta (f)	बर्थ (f)	barth
cuccetta (f) superiore	ऊपरी बर्थ (f)	ūparī barth
cuccetta (f) inferiore	नीचली बर्थ (f)	nīchalī barth
biancheria (f) da letto	बिस्तर (m)	bistar
biglietto (m)	टिकट (m)	tikat
orario (m)	टाइम टैबुल (m)	taim taibul
tabellone (m) orari	सूचना बोर्ड (m)	sūchana bord
partire (vi)	चले जाना	chale jāna
partenza (f)	रवानगी (f)	ravānagī
arrivare (di un treno)	पहुंचना	pahunchana
arrivo (m)	आगमन (m)	āgaman
arrivare con il treno	गाड़ी से पहुंचना	gārī se pahunchana
salire sul treno	गाड़ी पकड़ना	gādī pakarana
scendere dal treno	गाड़ी से उतरना	gārī se utarana
deragliamento (m)	दुर्घटनाग्रस्त (f)	durghatanāgrast
locomotiva (f) a vapore	स्टीम इंजन (m)	stīm injan
fuochista (m)	अग्निशामक (m)	agnishāmak
forno (m)	भट्ठी (f)	bhatthī
carbone (m)	कोयला (m)	koyala

171. Nave

nave (f)	जहाज़ (m)	jahāz
imbarcazione (f)	जहाज़ (m)	jahāz
piroscafo (m)	जहाज़ (m)	jahāz
barca (f) fluviale	मोटर बोट (m)	motar bot
transatlantico (m)	लाइनर (m)	lainar
incrociatore (m)	क्रूज़र (m)	krūzar
yacht (m)	याख़्ट (m)	yākht
rimorchiatore (m)	कर्षक पोत (m)	karshak pot
chiatta (f)	बार्ज (f)	bārj
traghetto (m)	फेरी बोट (f)	ferī bot
veliero (m)	पाल नाव (f)	pāl nāv
brigantino (m)	बादबानी (f)	bādabānī
rompighiaccio (m)	हिमभंजक पोत (m)	himabhanjak pot
sottomarino (m)	पनडुब्बी (f)	panadubbī
barca (f)	नाव (m)	nāv
scialuppa (f)	किश्ती (f)	kishtī
scialuppa (f) di salvataggio	जीवन रक्षा किश्ती (f)	jīvan raksha kishtī
motoscafo (m)	मोटर बोट (m)	motar bot
capitano (m)	कसान (m)	kaptān
marittimo (m)	मल्लाह (m)	mallāh
marinaio (m)	मल्लाह (m)	mallāh
equipaggio (m)	वैमानिक दल (m)	vaimānik dal
nostromo (m)	बोसुन (m)	bosun
mozzo (m) di nave	बोसुन (m)	bosun
cuoco (m)	रसोइया (m)	rasoiya
medico (m) di bordo	पोत डाक्टर (m)	pot dāktar
ponte (m)	डेक (m)	dek
albero (m)	मस्तूल (m)	mastūl
vela (f)	पाल (m)	pāl
stiva (f)	कार्गी (m)	kārgo
prua (f)	जहाज़ का अगड़ा हिस्सा (m)	jahāz ka agara hissa
poppa (f)	जहाज़ का पिछला हिस्सा (m)	jahāz ka pichhala hissa
remo (m)	चप्पू (m)	chappū
elica (f)	जहाज़ की पंखी चलाने का पेंच (m)	jahāz kī pankhī chalāne ka pench
cabina (f)	कैबिन (m)	kaibin
quadrato (m) degli ufficiali	मेस (f)	mes
sala (f) macchine	मशीन-कमरा (m)	mashīn-kamara
ponte (m) di comando	ब्रिज (m)	brij
cabina (f) radiotelegrafica	रेडियो केबिन (m)	rediyo kebin
onda (f)	रेडियो तरंग (f)	rediyo tarang
giornale (m) di bordo	जहाज़ी रजिस्टर (m)	jahāzī rajistar
cannocchiale (m)	टेलिस्कोप (m)	teliskop

campana (f)	घंटा (m)	ghanta
bandiera (f)	झंडा (m)	jhanda
cavo (m) (~ d'ormeggio)	रस्सा (m)	rassa
nodo (m)	जहाज़ी गांठ (f)	jahāzī gānth
ringhiera (f)	रेलिंग (f)	reling
passerella (f)	सीढ़ी (f)	sīrhī
ancora (f)	लंगर (m)	langar
levare l'ancora	लंगर उठाना	langar uthāna
gettare l'ancora	लंगर डालना	langar dālana
catena (f) dell'ancora	लंगर की ज़जीर (f)	langar kī zajīr
porto (m)	बंदरगाह (m)	bandaragāh
banchina (f)	घाट (m)	ghāt
ormeggiarsi (vr)	किनारे लगना	kināre lagana
salpare (vi)	रवाना होना	ravāna hona
viaggio (m)	यात्रा (f)	yātra
crociera (f)	जलयात्रा (f)	jalayātra
rotta (f)	दिशा (f)	disha
itinerario (m)	मार्ग (m)	mārg
tratto (m) navigabile	नाव्य जलपथ (m)	nāvy jalapath
secca (f)	छिछला पानी (m)	chhichhala pānī
arenarsi (vr)	छिछले पानी में धसना	chhichhale pānī men dhansana
tempesta (f)	तूफ़ान (m)	tufān
segnale (m)	सिग्नल (m)	signal
affondare (andare a fondo)	डूबना	dūbana
SOS	एसओएस	esoes
salvagente (m) anulare	लाइफ़ ब्वाय (m)	laif bvāy

172. Aeroporto

aeroporto (m)	हवाई अड्डा (m)	havaī adda
aereo (m)	विमान (m)	vimān
compagnia (f) aerea	हवाई कम्पनी (f)	havaī kampanī
controllore (m) di volo	हवाई यातायात नियंत्रक (m)	havaī yātāyāt niyantrak
partenza (f)	प्रस्थान (m)	prasthān
arrivo (m)	आगमन (m)	āgaman
arrivare (vi)	पहुंचना	pahunchana
ora (f) di partenza	उड़ान का समय (m)	urān ka samay
ora (f) di arrivo	आगमन का समय (m)	āgaman ka samay
essere ritardato	देर से आना	der se āna
volo (m) ritardato	उड़ान देरी (f)	urān derī
tabellone (m) orari	सूचना बोर्ड (m)	sūchana bord
informazione (f)	सूचना (f)	sūchana

annunciare (vt)	घोषणा करना	ghoshana karana
volo (m)	फ़्लाइट (f)	flait
dogana (f)	सीमाशुल्क कार्यालय (m)	sīmāshulk kāryālay
doganiere (m)	सीमाशुल्क अधिकारी (m)	sīmāshulk adhikārī
dichiarazione (f)	सीमाशुल्क घोषणा (f)	sīmāshulk ghoshana
riempire una dichiarazione	सीमाशुल्क घोषणा भरना	sīmāshulk ghoshana bharana
controllo (m) passaporti	पास्पोर्ट जांच (f)	pāsport jānch
bagaglio (m)	सामान (m)	sāmān
bagaglio (m) a mano	दस्ती सामान (m)	dastī sāmān
carrello (m)	सामान के लिये गाड़ी (f)	sāmān ke liye gārī
atterraggio (m)	विमानारोहण (m)	vimānārohan
pista (f) di atterraggio	विमानारोहण मार्ग (m)	vimānārohan mārg
atterrare (vi)	उतरना	utarana
scaletta (f) dell'aereo	सीढ़ी (f)	sīrhī
check-in (m)	चेक-इन (m)	chek-in
banco (m) del check-in	चेक-इन डेस्क (m)	chek-in desk
fare il check-in	चेक-इन करना	chek-in karana
carta (f) d'imbarco	बोर्डिंग पास (m)	bording pās
porta (f) d'imbarco	प्रस्थान गेट (m)	prasthān get
transito (m)	पारवहन (m)	pāravahan
aspettare (vt)	इंतज़ार करना	intazār karana
sala (f) d'attesa	प्रतीक्षालय (m)	pratīkshālay
accompagnare (vt)	विदा करना	vida karana
congedarsi (vr)	विदा कहना	vida kahana

173. Bicicletta. Motocicletta

bicicletta (f)	साइकिल (f)	saikil
motorino (m)	स्कूटर (m)	skūtar
motocicletta (f)	मोटरसाइकिल (f)	motarasaikil
andare in bicicletta	साइकिल से जाना	saikil se jāna
manubrio (m)	हैंडल बार (m)	haindal bār
pedale (m)	पेडल (m)	pedal
freni (m pl)	ब्रेक (m pl)	brek
sellino (m)	सीट (f)	sīt
pompa (f)	पंप (m)	pamp
portabagagli (m)	साइकिल का रैक (m)	sāiikal ka raik
fanale (m) anteriore	बत्ती (f)	battī
casco (m)	हेलमेट (f)	helamet
ruota (f)	पहिया (m)	pahiya
parafango (m)	कीचड़ रोकने की पंखी (f)	kīchar rokane kī pankhī
cerchione (m)	साइकिल रिम (f)	saikil rim
raggio (m)	पहिये का आरा (m)	pahiye ka āra

Automobili

174. Tipi di automobile

automobile (f)	कार (f)	kār
auto (f) sportiva	स्पोर्ट्स कार (f)	sports kār
limousine (f)	लीमोज़ीन (m)	līmozīn
fuoristrada (m)	जीप (m)	jīp
cabriolet (m)	कन्वर्टिबल (m)	kanvartibal
pulmino (m)	मिनिबस (f)	minibas
ambulanza (f)	एम्बुलेंस (f)	embulens
spazzaneve (m)	बर्फ़ हटाने की कार (f)	barf hatāne kī kār
camion (m)	ट्रक (m)	trak
autocisterna (f)	टैंकर-लॉरी (f)	tainkar-lorī
furgone (m)	वैन (m)	vain
motrice (f)	ट्रक-ट्रेक्टर (m)	trak-trektar
rimorchio (m)	ट्रेलर (m)	trelar
confortevole (agg)	सुविधाजनक	suvidhājanak
di seconda mano	पुरानी	purānī

175. Automobili. Carrozzeria

cofano (m)	बोनेट (f)	bonet
parafango (m)	कीचड़ रोकने की पंखी (f)	kīchar rokane kī pankhī
tetto (m)	छत (f)	chhat
parabrezza (m)	विंडस्क्रीन (m)	vindaskrīn
retrovisore (m)	रियरव्यू मिरर (m)	riyaravyū mirar
lavacristallo (m)	विंडशील्ड वॉशर (m)	vindashīld voshar
tergicristallo (m)	वाइपर (m)	vaipar
finestrino (m) laterale	साइड की खिड़की (f)	said kī khirakī
alzacristalli (m)	विंडो-लिफ्ट (f)	vindo-lift
antenna (f)	एरियल (m)	eriyal
tettuccio (m) apribile	सनरूफ़ (m)	sanarūf
paraurti (m)	बम्पर (m)	bampar
bagagliaio (m)	ट्रंक (m)	trank
portiera (f)	दरवाज़ा (m)	daravāza
maniglia (f)	दरवाज़े का हैंडल (m)	daravāze ka haindal
serratura (f)	ताला (m)	tāla
targa (f)	कार का नम्बर (m)	kār ka nambar
marmitta (f)	साइलेंसर (m)	sailensar

| serbatoio (m) della benzina | पेट्रोल टैंक (m) | petrol taink |
| tubo (m) di scarico | रेचक नलिका (f) | rechak nalika |

acceleratore (m)	गैस (m)	gais
pedale (m)	पेडल (m)	pedal
pedale (m) dell'acceleratore	गैस पेडल (m)	gais pedal

freno (m)	ब्रैक (m)	braik
pedale (m) del freno	ब्रेक पेडल (m)	brek pedal
frenare (vi)	ब्रेक लगाना	brek lagāna
freno (m) a mano	पार्किंग पेडल (m)	pārking pedal

frizione (f)	क्लच (m)	klach
pedale (m) della frizione	क्लच पेडल (m)	klach pedal
disco (m) della frizione	क्लच प्लेट (m)	klach plet
ammortizzatore (m)	धक्का सह (m)	dhakka sah

ruota (f)	पहिया (m)	pahiya
ruota (f) di scorta	स्पेयर टायर (m)	speyar tāyar
pneumatico (m)	टायर (m)	tāyar
copriruota (m)	हबकैप (m)	habakaip

ruote (f pl) motrici	प्रधान पहिया (m)	pradhān pahiya
a trazione anteriore	आगे के पहिय़ों से चलने वाली	āge ke pahiyon se chalane vālī
a trazione posteriore	पीछे के पहिय़ों से चलने वाली	pīchhe ke pahiyon se chalane vālī
a trazione integrale	चार पहिय़ों की कार	chār pahiyon kī kār

scatola (f) del cambio	गीयर बॉक्स (m)	gīyar boks
automatico (agg)	स्वचालित	svachālit
meccanico (agg)	मशीनी	mashīnī
leva (f) del cambio	गीयर बॉक्स का साधन (m)	gīyar boks ka sādhan

| faro (m) | हेडलाइट (f) | hedalait |
| luci (f pl), fari (m pl) | हेडलाइटें (f pl) | hedalaiten |

luci (f pl) anabbaglianti	लो बीम (m)	lo bīm
luci (f pl) abbaglianti	हाई बीम (m)	haī bīm
luci (f pl) di arresto	ब्रेक लाइट (m)	brek lait

luci (f pl) di posizione	पार्किंग लाइटें (f pl)	pārking laiten
luci (f pl) di emergenza	खतरे की बत्तियां (f pl)	khatare kī battiyān
fari (m pl) antinebbia	कोहरे की बत्तियाँ (f pl)	kohare kī battiyān
freccia (f)	मुड़ने का सिग्नल (m)	murane ka signal
luci (f pl) di retromarcia	पीछे जाने की लाइट (m)	pīchhe jāne kī lait

176. Automobili. Vano passeggeri

abitacolo (m)	गाड़ी का भीतरी हिस्सा (m)	gārī ka bhītarī hissa
di pelle	चमड़े का बना	chamare ka bana
in velluto	मख़मल का बना	makhamal ka bana
rivestimento (m)	अपहोल्स्टरी (f)	apaholstarī
strumento (m) di bordo	यंत्र (m)	yantr

cruscotto (m)	यंत्र का पैनल (m)	yantr ka painal
tachimetro (m)	चालमापी (f)	chālamāpī
lancetta (f)	सूई (f)	sūī

contachilometri (m)	ओडोमीटर (m)	odomītar
indicatore (m)	इंडिकेटर (m)	indiketar
livello (m)	स्तर (m)	star
spia (f) luminosa	चेतावनी लाइट (m)	chetāvanī lait

volante (m)	स्टीयरिंग व्हील (m)	stīyaring vhīl
clacson (m)	हॉर्न (m)	horn
pulsante (m)	बटन (m)	batan
interruttore (m)	स्विच (m)	svich

sedile (m)	सीट (m)	sīt
spalliera (f)	पीठ (f)	pīth
appoggiatesta (m)	हेडरेस्ट (m)	hedarest
cintura (f) di sicurezza	सीट बेल्ट (m)	sīt belt
allacciare la cintura	बेल्ट लगाना	belt lagāna
regolazione (f)	समायोजन (m)	samāyojan

airbag (m)	एयरबैग (m)	eyarabaig
condizionatore (m)	एयर कंडीशनर (m)	eyar kandīshanar

radio (f)	रेडियो (m)	rediyo
lettore (m) CD	सीडी प्लेयर (m)	sīdī pleyar
accendere (vt)	चलाना	chalāna
antenna (f)	एरियल (m)	eriyal
vano (m) portaoggetti	दराज़ (m)	darāz
portacenere (m)	राखदानी (f)	rākhadānī

177. Automobili. Motore

motore (m)	इंजन (m)	injan
motore (m)	मोटर (m)	motar
a diesel	डीज़ल का	dīzal ka
a benzina	तेल का	tel ka

cilindrata (f)	इंजन का परिमाण (m)	injan ka parimān
potenza (f)	शक्ति (f)	shakti
cavallo vapore (m)	अश्व शक्ति (f)	ashv shakti
pistone (m)	पिस्टन (m)	pistan
cilindro (m)	सिलिंडर (m)	silindar
valvola (f)	वाल्व (m)	vālv

iniettore (m)	इंजेक्टर (m)	injektar
generatore (m)	जनरेटर (m)	janaretar
carburatore (m)	कार्बरेटर (m)	kārbaretar
olio (m) motore	मोटर तेल (m)	motar tel

radiatore (m)	रेडिएटर (m)	redietar
liquido (m) di raffreddamento	शीतलक (m)	shītalak
ventilatore (m)	पंखा (m)	pankha
batteria (m)	बैटरी (f)	baitarī

motorino (m) d'avviamento	स्टार्टर (m)	stārtar
accensione (f)	इग्निशन (m)	ignishan
candela (f) d'accensione	स्पार्क प्लग (m)	spārk plag

morsetto (m)	बैटरी टर्मिनल (m)	baitarī tarminal
più (m)	प्लस टर्मिनल (m)	plas tarminal
meno (m)	माइनस टर्मिनल (m)	mainas tarminal
fusibile (m)	सेफ्टी फ्म्यूज़ (m)	seftī fyūz

filtro (m) dell'aria	वायु फ़िल्टर (m)	vāyu filtar
filtro (m) dell'olio	तेल फ़िल्टर (m)	tel filtar
filtro (m) del carburante	ईंधन फ़िल्टर (m)	īndhan filtar

178. Automobili. Incidente. Riparazione

incidente (m)	दुर्घटना (f)	durghatana
incidente (m) stradale	दुर्घटना (f)	durghatana
sbattere contro ...	टकराना	takarāna
avere un incidente	नष्ट हो जाना	nashth ho jāna
danno (m)	नुकसान (m)	nukasān
illeso (agg)	सुरक्षित	surakshit

| essere rotto | ख़राब हो जाना | kharāb ho jāna |
| cavo (m) di rimorchio | रस्सा (m) | rassa |

foratura (f)	पंक्चर (m)	pankchar
essere a terra	पंक्चर होना	pankchar hona
gonfiare (vt)	हवा भरना	hava bharana
pressione (f)	दबाव (m)	dabāv
controllare (verificare)	जांचना	jānchana

riparazione (f)	मरम्मत (f)	marammat
officina (f) meccanica	वाहन मरम्मत की दुकान (f)	vāhan marammat kī dukān
pezzo (m) di ricambio	स्पेयर पार्ट (m)	speyar pārt
pezzo (m)	पुरज़ा (m)	puraza

bullone (m)	बोल्ट (m)	bolt
bullone (m) a vite	पेंच (m)	pench
dado (m)	नट (m)	nat
rondella (f)	वॉशर (m)	voshar
cuscinetto (m)	बियरिंग (m)	biyaring

tubo (m)	ट्यूब (f)	tyūb
guarnizione (f)	गास्केट (m)	gāsket
filo (m), cavo (m)	तार (m)	tār

cric (m)	जैक (m)	jaik
chiave (f)	स्पैनर (m)	spainar
martello (m)	हथौड़ी (f)	hathaurī
pompa (f)	पंप (m)	pamp
giravite (m)	पेंचकस (m)	penchakas

| estintore (m) | अग्निशामक (m) | agnishāmak |
| triangolo (m) di emergenza | चेतावनी त्रिकोण (m) | chetāvanī trikon |

spegnersi (vr)	बंद होना	band hona
spegnimento (m) motore	बंद (m)	band
essere rotto	टूटना	tūtana

surriscaldarsi (vr)	गरम होना	garam hona
intasarsi (vr)	मैल जमना	mail jamana
ghiacciarsi (di tubi, ecc.)	ठंडा हो जाना	thanda ho jāna
spaccarsi (vr)	फटना	fatana

pressione (f)	दबाव (m)	dabāv
livello (m)	स्तर (m)	star
lento (cinghia ~a)	कमज़ोर	kamazor

ammaccatura (f)	गड्ढा (m)	gadrha
battito (m) (nel motore)	खटखट की आवाज़ (f)	khatakhat kī āvāz
fessura (f)	दरार (f)	darār
graffiatura (f)	खरोंच (f)	kharonch

179. Automobili. Strada

strada (f)	रास्ता (m)	rāsta
autostrada (f)	राजमार्ग (m)	rājamārg
superstrada (f)	राजमार्ग (m)	**rājamārg**
direzione (f)	दिशा (f)	disha
distanza (f)	दूरी (f)	dūrī

ponte (m)	पुल (m)	pul
parcheggio (m)	पार्किन्ग (m)	pārking
piazza (f)	मैदान (m)	maidān
svincolo (m)	फ्लाई ओवर (m)	flaī ovar
galleria (f), tunnel (m)	सुरंग (m)	surang

distributore (m) di benzina	पेट्रोल पम्प (f)	petrol pamp
parcheggio (m)	पार्किंग (m)	pārking
pompa (f) di benzina	गैस पम्प (f)	gais pamp
officina (f) meccanica	गराज (m)	garāj
fare benzina	पेट्रोल भरवाना	petrol bharavāna
carburante (m)	ईंधन (m)	īndhan
tanica (f)	जेरिकेन (m)	jeriken

asfalto (m)	तारकोल (m)	tārakol
segnaletica (f) stradale	मार्ग चिह्न (m)	mārg chihn
cordolo (m)	फुटपाथ (m)	futapāth
barriera (f) di sicurezza	रेलिंग (f)	reling
fosso (m)	नाली (f)	nālī
ciglio (m) della strada	छोर (m)	chhor
lampione (m)	बिजली का खम्भा (m)	bijalī ka khambha

guidare (~ un veicolo)	चलाना	chalāna
girare (~ a destra)	मोड़ना	morana
fare un'inversione a U	मुड़ना	murana
retromarcia (m)	रिवर्स (m)	rivars
suonare il clacson	हॉर्न बजाना	horn bajāna
colpo (m) di clacson	हॉर्न (m)	horn

incastrarsi (vr)	फँसना	fansana
impantanarsi (vr)	पहिये को घुमाना	pahiye ko ghumāna
spegnere (~ il motore)	इंजन बंद करना	injan band karana
velocità (f)	रफ़्तार (f)	rafatār
superare i limiti di velocità	गति सीमा पार करना	gati sīma pār karana
multare (vt)	जुर्माना लगाना	jurmāna lagāna
semaforo (m)	ट्रैफ़िक-लाइट (m)	traifik-lait
patente (f) di guida	ड्राइवर-लाइसेंस (m)	draivar-laisens
passaggio (m) a livello	रेल क्रॉसिंग (m)	rel krosing
incrocio (m)	चौराहा (m)	chaurāha
passaggio (m) pedonale	पार-पथ (m)	pār-path
curva (f)	मोड़ (m)	mor
zona (f) pedonale	पैदल सड़क (f)	paidal sarak

180. Segnaletica stradale

codice (m) stradale	यातायात के नियम (m pl)	yātāyāt ke niyam
segnale (m) stradale	ट्रैफ़िक साइन (m)	traifik sain
sorpasso (m)	ओवरटेकिंग (f)	ovarateking
curva (f)	मोड़ (m)	mor
inversione ad U	यू-टर्न (m)	yū-tarn
rotatoria (f)	गोलचक्कर (m)	golachakkar
divieto d'accesso	अंदर जाना मना है	andar jāna mana hai
divieto di transito	वाहन जाना मना है	vāhan jāna mana hai
divieto di sorpasso	ओवरटैकिंग मना है	ovarataiking mana hai
divieto di sosta	पार्किंग मना है	pārking mana hai
divieto di fermata	रुकना मना है	rukana mana hai
curva (f) pericolosa	खतरनाक मोड़ (m)	khataranāk mor
discesa (f) ripida	ढलवां उतार (m)	dhalavān utār
senso (m) unico	इकतरफ़ा यातायात (f)	ikatarafa yātāyāt
passaggio (m) pedonale	पार-पथ (m)	pār-path
strada (f) scivolosa	फिसलाऊ रास्ता (m)	fisalaū rāsta
dare la precedenza	निकलने देना	nikalane dena

GENTE. SITUAZIONI QUOTIDIANE

Situazioni quotidiane

181. Vacanze. Evento

festa (f)	त्योहार (m)	tyohār
festa (f) nazionale	राष्ट्रीय त्योहार (m)	rāshtrīy tyohār
festività (f) civile	त्योहार का दिन (m)	tyohār ka din
festeggiare (vt)	पुण्यस्मरण करना	punyasmaran karana

avvenimento (m)	घटना (f)	ghatana
evento (m) (organizzare un ~)	आयोजन (m)	āyojan
banchetto (m)	राजभोज (m)	rājabhoj
ricevimento (m)	दावत (f)	dāvat
festino (m)	दावत (f)	dāvat

anniversario (m)	वर्षगांठ (m)	varshagānth
giubileo (m)	वर्षगांठ (m)	varshagānth
festeggiare (vt)	मनाना	manāna

Capodanno (m)	नव वर्ष (m)	nav varsh
Buon Anno!	नव वर्ष की शुभकामना!	nav varsh kī shubhakāmana!
Babbo Natale (m)	सांता क्लॉज़ (m)	sānta kloz

Natale (m)	बड़ा दिन (m)	bara din
Buon Natale!	क्रिसमस की शुभकामनाएं!	krisamas kī shubhakāmanaen!
Albero (m) di Natale	क्रिस्मस ट्री (m)	krismas trī
fuochi (m pl) artificiali	अग्नि क्रीड़ा (f)	agni krīra

nozze (f pl)	शादी (f)	shādī
sposo (m)	दुल्हा (m)	dulha
sposa (f)	दुल्हन (f)	dulhan

| invitare (vt) | आमंत्रित करना | āmantrit karana |
| invito (m) | निमंत्रण पत्र (m) | nimantran patr |

ospite (m)	मेहमान (m)	mehamān
andare a trovare	मिलने जाना	milane jāna
accogliere gli invitati	मेहमानों से मिलना	mehamānon se milana

regalo (m)	उपहार (m)	upahār
offrire (~ un regalo)	उपहार देना	upahār dena
ricevere i regali	उपहार मिलना	upahār milana
mazzo (m) di fiori	गुलदस्ता (m)	guladasta

| auguri (m pl) | बधाई (f) | badhaī |
| augurare (vt) | बधाई देना | badhaī dena |

cartolina (f)	बधाई पोस्टकार्ड (m)	badhaī postakārd
mandare una cartolina	पोस्टकार्ड भेजना	postakārd bhejana
ricevere una cartolina	पोस्टकार्ड पाना	postakārd pāna

brindisi (m)	टोस्ट (m)	tost
offrire (~ qualcosa da bere)	ऑफ़र करना	ofar karana
champagne (m)	शैम्पेन (f)	shaimpen

divertirsi (vr)	मज़े करना	maze karana
allegria (f)	आमोद (m)	āmod
gioia (f)	खुशी (f)	khushī

| danza (f), ballo (m) | नाच (m) | nāch |
| ballare (vi, vt) | नाचना | nāchana |

| valzer (m) | वॉल्ट्ज़ (m) | voltz |
| tango (m) | टैंगो (m) | taingo |

182. Funerali. Sepoltura

cimitero (m)	कब्रिस्तान (m)	kabristān
tomba (f)	कब्र (m)	kabr
croce (f)	क्रॉस (m)	kros
pietra (f) tombale	समाधि शिला (f)	sāmādhi shila
recinto (m)	बाड़ (f)	bār
cappella (f)	चैपल (m)	chaipal

morte (f)	मृत्यु (f)	mrtyu
morire (vi)	मरना	marana
defunto (m)	मृतक (m)	mrtak
lutto (m)	शोक (m)	shok

seppellire (vt)	दफनाना	dafanāna
sede (f) di pompe funebri	दफ़नालय (m)	dafanālay
funerale (m)	अंतिम संस्कार (m)	antim sanskār

corona (f) di fiori	फूलमाला (f)	fūlamāla
bara (f)	ताबूत (m)	tābūt
carro (m) funebre	शव मंच (m)	shav manch
lenzuolo (m) funebre	कफन (m)	kafan

| urna (f) funeraria | भस्मी कलश (m) | bhasmī kalash |
| crematorio (m) | दाहगृह (m) | dāhagrh |

necrologio (m)	निधन सूचना (f)	nidhan sūchana
piangere (vi)	रोना	rona
singhiozzare (vi)	रोना	rona

183. Guerra. Soldati

| plotone (m) | दस्ता (m) | dasta |
| compagnia (f) | कंपनी (f) | kampanī |

reggimento (m)	रेजीमेंट (f)	rejīment
esercito (m)	सेना (f)	sena
divisione (f)	डिवीज़न (m)	divīzan
distaccamento (m)	दल (m)	dal
armata (f)	फ़ौज (m)	fauj
soldato (m)	सिपाही (m)	sipāhī
ufficiale (m)	अफ़्सर (m)	afsar
soldato (m) semplice	सैनिक (m)	sainik
sergente (m)	सार्जेंट (m)	sārjent
tenente (m)	लेफ्टिनेंट (m)	leftinent
capitano (m)	कसान (m)	kaptān
maggiore (m)	मेज़र (m)	mejar
colonnello (m)	कर्नल (m)	karnal
generale (m)	जनरल (m)	janaral
marinaio (m)	मल्लाह (m)	mallāh
capitano (m)	कसान (m)	kaptān
nostromo (m)	बोसुन (m)	bosun
artigliere (m)	तोपची (m)	topachī
paracadutista (m)	पैराट्रूपर (m)	pairātrūpar
pilota (m)	पाइलट (m)	pailat
navigatore (m)	नैवीगेटर (m)	naivīgetar
meccanico (m)	मैकेनिक (m)	maikenik
geniere (m)	सैपर (m)	saipar
paracadutista (m)	छतरीबाज़ (m)	chhatarībāz
esploratore (m)	जासूस (m)	jāsūs
cecchino (m)	निशानची (m)	nishānachī
pattuglia (f)	गश्त (m)	gasht
pattugliare (vt)	गश्त लगाना	gasht lagāna
sentinella (f)	प्रहरी (m)	praharī
guerriero (m)	सैनिक (m)	sainik
patriota (m)	देशभक्त (m)	deshabhakt
eroe (m)	हिरो (m)	hiro
eroina (f)	हिरोइन (f)	hiroin
traditore (m)	गद्दार (m)	gaddār
disertore (m)	भगोड़ा (m)	bhagora
disertare (vi)	भाग जाना	bhāg jāna
mercenario (m)	भाड़े का सैनिक (m)	bhāre ka sainik
recluta (f)	रंगरूट (m)	rangarūt
volontario (m)	स्वयंसेवी (m)	svayansevī
ucciso (m)	मृतक (m)	mrtak
ferito (m)	घायल (m)	ghāyal
prigioniero (m) di guerra	युद्ध क़ैदी (m)	yuddh qaidī

184. Guerra. Azioni militari. Parte 1

guerra (f)	युद्ध (m)	yuddh
essere in guerra	युद्ध करना	yuddh karana
guerra (f) civile	गृहयुद्ध (m)	grhayuddh
perfidamente	विश्वासघाती ढंग से	vishvāsaghātī dhang se
dichiarazione (f) di guerra	युद्ध का एलान (m)	yuddh ka elān
dichiarare (~ guerra)	एलान करना	elān karana
aggressione (f)	हमला (m)	hamala
attaccare (vt)	हमला करना	hamala karana
invadere (vt)	हमला करना	hamala karana
invasore (m)	आक्रमणकारी (m)	ākramanakārī
conquistatore (m)	विजेता (m)	vijeta
difesa (f)	हिफ़ाज़त (f)	hifāzat
difendere (~ un paese)	हिफ़ाज़त करना	hifāzat karana
difendersi (vr)	के विरुद्ध हिफ़ाज़त करना	ke virūddh hifāzat karana
nemico (m)	दुश्मन (m)	dushman
avversario (m)	विपक्ष (m)	vipaksh
ostile (agg)	दुश्मनों का	dushmanon ka
strategia (f)	रणनीति (f)	rananīti
tattica (f)	युक्ति (f)	yukti
ordine (m)	हुक्म (m)	hukm
comando (m)	आज्ञा (f)	āgya
ordinare (vt)	हुक्म देना	hukm dena
missione (f)	मिशन (m)	mishan
segreto (agg)	गुप्त	gupt
battaglia (f)	लड़ाई (f)	laraī
combattimento (m)	युद्ध (m)	yuddh
attacco (m)	आक्रमण (m)	ākraman
assalto (m)	धावा (m)	dhāva
assalire (vt)	धावा करना	dhāva karana
assedio (m)	घेरा (m)	ghera
offensiva (f)	आक्रमण (m)	ākraman
passare all'offensiva	आक्रमण करना	ākraman karana
ritirata (f)	अपयान (m)	apayān
ritirarsi (vr)	अपयान करना	apayān karana
accerchiamento (m)	घेराई (f)	gheraī
accerchiare (vt)	घेरना	gherana
bombardamento (m)	बमबारी (f)	bamabārī
lanciare una bomba	बम गिराना	bam girāna
bombardare (vt)	बमबारी करना	bamabārī karana
esplosione (f)	विस्फोट (m)	visfot
sparo (m)	गोली (m)	golī

sparare un colpo	गोली चलाना	golī chalāna
sparatoria (f)	गोलीबारी (f)	golībārī
puntare su ...	निशाना लगाना	nishāna lagāna
puntare (~ una pistola)	निशाना बांधना	nishāna bāndhana
colpire (~ il bersaglio)	गोली मारना	golī mārana
affondare (mandare a fondo)	डुबाना	dubāna
falla (f)	छेद (m)	chhed
affondare (andare a fondo)	डूबना	dūbana
fronte (m) (~ di guerra)	मोरचा (m)	moracha
evacuazione (f)	निकास (m)	nikās
evacuare (vt)	निकास करना	nikās karana
filo (m) spinato	कांटेदार तार (m)	kāntedār tār
sbarramento (m)	बाड़ (m)	bār
torretta (f) di osservazione	बुर्ज (m)	burj
ospedale (m) militare	सैनिक अस्पताल (m)	sainik aspatāl
ferire (vt)	घायल करना	ghāyal karana
ferita (f)	घाव (m)	ghāv
ferito (m)	घायल (m)	ghāyal
rimanere ferito	घायल होना	ghāyal hona
grave (ferita ~)	गम्भीर	gambhīr

185. Guerra. Azioni militari. Parte 2

prigionia (f)	क़ैद (f)	qaid
fare prigioniero	क़ैद करना	qaid karana
essere prigioniero	क़ैद में रखना	qaid men rakhana
essere fatto prigioniero	क़ैद में लेना	qaid men lena
campo (m) di concentramento	कन्सेंट्रेशन कैंप (m)	kansentreshan kaimp
prigioniero (m) di guerra	युद्ध-क़ैदी (m)	yuddh-qaidī
fuggire (vi)	क़ैद से भाग जाना	qaid se bhāg jāna
tradire (vt)	गद्दारी करना	gaddārī karana
traditore (m)	गद्दार (m)	gaddār
tradimento (m)	गद्दारी (f)	gaddārī
fucilare (vt)	फाँसी देना	fānsī dena
fucilazione (f)	प्राणदण्ड (f)	prānadand
divisa (f) militare	फौजी पोशक (m)	faujī poshak
spallina (f)	कंधे का फीता (m)	kandhe ka fīta
maschera (f) antigas	गैस मास्क (m)	gais māsk
radiotrasmettitore (m)	ट्रांस-रिसिवर (m)	trāns-risivar
codice (m)	गुप्तलेख (m)	guptalekh
complotto (m)	गुप्तता (f)	guptata
parola (f) d'ordine	पासवर्ड (m)	pāsavard
mina (f)	बारूदी सुरंग (f)	bārūdī surang
minare (~ la strada)	सुरंग खोदना	surang khodana

campo (m) minato	सुरंग-क्षेत्र (m)	surang-kshetr
allarme (m) aereo	हवाई हमले की चेतावनी (f)	havaī hamale kī chetāvanī
allarme (m)	चेतावनी (f)	chetāvanī
segnale (m)	सिग्नल (m)	signal
razzo (m) di segnalazione	सिग्नल रॉकेट (m)	signal roket

quartier (m) generale	सैनिक मुख्यालय (m)	sainik mukhyālay
esplorazione (m)	जासूसी देख-भाल (m)	jāsūsī dekh-bhāl
situazione (f)	हालत (f)	hālat
rapporto (m)	रिपोर्ट (m)	riport
agguato (m)	घात (f)	ghāt
rinforzo (m)	बलवृद्धि (m)	balavrddhi

bersaglio (m)	निशाना (m)	nishāna
terreno (m) di caccia	प्रशिक्षण क्षेत्र (m)	prashikshan kshetr
manovre (f pl)	युद्धाभ्यास (m pl)	yuddhābhyās

panico (m)	भगदड़ (f)	bhagadar
devastazione (f)	तबाही (f)	tabāhī
distruzione (m)	विनाश (m pl)	vināsh
distruggere (vt)	नष्ट करना	nasht karana

sopravvivere (vi, vt)	जीवित रहना	jīvit rahana
disarmare (vt)	निरस्त्र करना	nirastr karana
maneggiare (una pistola, ecc.)	हथियार चलाना	hathiyār chalāna

Attenti!	सावधान!	sāvadhān!
Riposo!	आराम!	ārām!

atto (m) eroico	साहस का कार्य (m)	sāhas ka kāry
giuramento (m)	शपथ (f)	shapath
giurare (vi)	शपथ लेना	shapath lena

decorazione (f)	पदक (m)	padak
decorare (qn)	इनाम देना	inām dena
medaglia (f)	मेडल (m)	medal
ordine (m) (~ al Merito)	आर्डर (m)	ārdar

vittoria (f)	विजय (m)	vijay
sconfitta (m)	हार (f)	hār
armistizio (m)	युद्धविराम (m)	yuddhavirām

bandiera (f)	झंडा (m)	jhanda
gloria (f)	प्रताप (m)	pratāp
parata (f)	परेड (m)	pared
marciare (in parata)	मार्च करना	mārch karana

186. Armi

armi (f pl)	हथियार (m)	hathiyār
arma (f) da fuoco	हथियार (m)	hathiyār
arma (f) bianca	पैने हथियार (m)	paine hathiyār
armi (f pl) chimiche	रसायनिक शस्त्र (m)	rasāyanik shastr

nucleare (agg)	आण्विक	ānvik
armi (f pl) nucleari	आण्विक-शस्त्र (m)	ānvik-shastr
bomba (f)	बम (m)	bam
bomba (f) atomica	परमाणु बम (m)	paramānu bam
pistola (f)	पिस्तौल (m)	pistaul
fucile (m)	बंदूक (m)	bandūk
mitra (m)	टामी गन (f)	tāmī gan
mitragliatrice (f)	मशीन गन (f)	mashīn gan
bocca (f)	नालमुख (m)	nālamukh
canna (f)	नाल (m)	nāl
calibro (m)	नली का व्यास (m)	nalī ka vyās
grilletto (m)	घोड़ा (m)	ghora
mirino (m)	लक्षक (m)	lakshak
caricatore (m)	मैगज़ीन (m)	maigazīn
calcio (m)	कुंदा (m)	kunda
bomba (f) a mano	ग्रेनेड (m)	grened
esplosivo (m)	विस्फोटक (m)	visfotak
pallottola (f)	गोली (f)	golī
cartuccia (f)	कारतूस (m)	kāratūs
carica (f)	गति (f)	gati
munizioni (f pl)	गोला बारूद (m pl)	gola bārūd
bombardiere (m)	बमबार (m)	bamabār
aereo (m) da caccia	लड़ाकू विमान (m)	larākū vimān
elicottero (m)	हेलिकॉप्टर (m)	helikoptar
cannone (m) antiaereo	विमान-विध्वंस तोप (f)	vimān-vidhvans top
carro (m) armato	टैंक (m)	taink
cannone (m)	तोप (m)	top
artiglieria (f)	तोपें (m)	topen
mirare a ...	निशाना बांधना	nishāna bāndhana
proiettile (m)	गोला (m)	gola
granata (f) da mortaio	मोर्टार बम (m)	mortār bam
mortaio (m)	मोर्टार (m)	mortār
scheggia (f)	किरच (m)	kirach
sottomarino (m)	पनडुब्बी (f)	panadubbī
siluro (m)	टोरपीडो (m)	torapīdo
missile (m)	रॉकेट (m)	roket
caricare (~ una pistola)	बंदूक भरना	bandūk bharana
sparare (vi)	गोली चलाना	golī chalāna
puntare su ...	निशाना लगाना	nishāna lagāna
baionetta (f)	किरिच (m)	kirich
spada (f)	खंजर (m)	khanjar
sciabola (f)	कृपाण (m)	krpān
lancia (f)	भाला (m)	bhāla

arco (m)	धनुष (m)	dhanush
freccia (f)	बाण (m)	bān
moschetto (m)	मसकट (m)	masakat
balestra (f)	क्रॉसबो (m)	krosabo

187. Gli antichi

primitivo (agg)	आदिकालीन	ādikālīn
preistorico (agg)	प्रागैतिहासिक	prāgaitihāsik
antico (agg)	प्राचीन	prāchīn

Età (f) della pietra	पाषाण युग (m)	pāshān yug
Età (f) del bronzo	कांस्य युग (m)	kānsy yug
epoca (f) glaciale	हिम युग (m)	him yug

tribù (f)	जनजाति (f)	janajāti
cannibale (m)	नरभक्षी (m)	narabhakshī
cacciatore (m)	शिकारी (m)	shikārī
cacciare (vt)	शिकार करना	shikār karana
mammut (m)	प्राचीन युग हाथी (m)	prāchīn yug hāthī

| caverna (f), grotta (f) | गुफ़ा (f) | gufa |
| fuoco (m) | अग्नि (m) | agni |

| falò (m) | अलाव (m) | alāv |
| pittura (f) rupestre | शिला चित्र (m) | shila chitr |

strumento (m) di lavoro	औज़ार (m)	auzār
lancia (f)	भाला (m)	bhāla
ascia (f) di pietra	पत्थर की कुल्हाड़ी (f)	patthar kī kulhārī

| essere in guerra | युद्ध पर होना | yuddh par hona |
| addomesticare (vt) | जानवरों को पालतू बनाना | jānavaron ko pālatū banāna |

| idolo (m) | मूर्ति (f) | mūrti |
| idolatrare (vt) | पूजना | pūjana |

| superstizione (f) | अंधविश्वास (m) | andhavishvās |
| rito (m) | अनुष्ठान (m) | anushthān |

| evoluzione (f) | उद्भव (m) | udbhav |
| sviluppo (m) | विकास (m) | vikās |

| estinzione (f) | गायब (m) | gāyab |
| adattarsi (vr) | अनुकूल बनाना | anukūl banāna |

archeologia (f)	पुरातत्व (m)	purātatv
archeologo (m)	पुरातत्वविद (m)	purātatvavid
archeologico (agg)	पुरातात्विक	purātātvik

sito (m) archeologico	खुदाई क्षेत्र (m pl)	khudaī kshetr
scavi (m pl)	उत्खनन (f)	utkhanan
reperto (m)	खोज (f)	khoj
frammento (m)	टुकड़ा (m)	tukara

188. Il Medio Evo

popolo (m)	लोग (m)	log
popoli (m pl)	लोग (m pl)	log
tribù (f)	जनजाति (f)	janajāti
tribù (f pl)	जनजातियाँ (f pl)	janajātiyān
barbari (m pl)	बर्बर (m pl)	barbar
galli (m pl)	गॉल्स (m pl)	gols
goti (m pl)	गोथ्स (m pl)	goths
slavi (m pl)	स्लैव्स (m pl)	slaivs
vichinghi (m pl)	वाइकिंग्स (m pl)	vaikings
romani (m pl)	रोमन (m pl)	roman
romano (agg)	रोमन	roman
bizantini (m pl)	बाइज़ेंटीनी (m pl)	baizentīnī
Bisanzio (m)	बाइज़ेंटीयम (m)	baizentīyam
bizantino (agg)	बाइज़ेंटीन	baizentīn
imperatore (m)	सम्राट् (m)	samrāt
capo (m)	सरदार (m)	saradār
potente (un re ~)	प्रबल	prabal
re (m)	बादशाह (m)	bādashāh
governante (m) (sovrano)	शासक (m)	shāsak
cavaliere (m)	योद्धा (m)	yoddha
feudatario (m)	सामंत (m)	sāmant
feudale (agg)	सामंतिक	sāmantik
vassallo (m)	जागीरदार (m)	jāgīradār
duca (m)	ड्यूक (m)	dyūk
conte (m)	अर्ल (m)	arl
barone (m)	बैरन (m)	bairan
vescovo (m)	बिशप (m)	bishap
armatura (f)	कवच (m)	kavach
scudo (m)	ढाल (m)	dhāl
spada (f)	तलवार (f)	talavār
visiera (f)	मुखावरण (m)	mukhāvaran
cotta (f) di maglia	कवच (m)	kavach
crociata (f)	धर्मयुद्ध (m)	dharmayuddh
crociato (m)	धर्मयोद्धा (m)	dharmayoddha
territorio (m)	प्रदेश (m)	pradesh
attaccare (vt)	हमला करना	hamala karana
conquistare (vt)	जीतना	jītana
occupare (invadere)	कब्ज़ा करना	kabza karana
assedio (m)	घेरा (m)	ghera
assediato (agg)	घेरा हुआ	ghera hua
assediare (vt)	घेरना	gherana
inquisizione (f)	न्यायिक जांच (m)	nyāyik jānch
inquisitore (m)	न्यायिक जांचकर्ता (m)	nyāyik jānchakarta

tortura (f)	घोर शरीरिक यंत्रणा (f)	ghor sharīrik yantrana
crudele (agg)	निर्दयी	nirdayī
eretico (m)	विधर्मी (m)	vidharmī
eresia (f)	विधर्म (m)	vidharm
navigazione (f)	जहाज़रानी (f)	jahāzarānī
pirata (m)	समुद्री लूटेरा (m)	samudrī lūtera
pirateria (f)	समुद्री डकैती (f)	samudrī dakaitī
arrembaggio (m)	बोर्डिंग (m)	bording
bottino (m)	लूट का माल (m)	lūt ka māl
tesori (m)	ख़ज़ाना (m)	khazāna
scoperta (f)	खोज (f)	khoj
scoprire (~ nuove terre)	नई ज़मीन खोजना	naī zamīn khojana
spedizione (f)	अभियान (m)	abhiyān
moschettiere (m)	बंदूक धारी सिपाही (m)	bandūk dhārī sipāhī
cardinale (m)	कार्डिनल (m)	kārdinal
araldica (f)	शौर्यशास्त्र (f)	shauryashāstr
araldico (agg)	हेरल्डिक	heraldik

189. Leader. Capo. Le autorità

re (m)	बादशाह (m)	bādashāh
regina (f)	महारानी (f)	mahārānī
reale (agg)	राजसी	rājasī
regno (m)	राज्य (m)	rājy
principe (m)	राजकुमार (m)	rājakumār
principessa (f)	राजकुमारी (f)	rājakumārī
presidente (m)	राष्ट्रपति (m)	rāshtrapati
vicepresidente (m)	उपराष्ट्रपति (m)	uparāshtrapati
senatore (m)	सांसद (m)	sānsad
monarca (m)	सम्राट (m)	samrāt
governante (m) (sovrano)	शासक (m)	shāsak
dittatore (m)	तानाशाह (m)	tānāshāh
tiranno (m)	तानाशाह (m)	tānāshāh
magnate (m)	रईस (m)	raīs
direttore (m)	निदेशक (m)	nideshak
capo (m)	मुखिया (m)	mukhiya
dirigente (m)	मैनेजर (m)	mainejar
capo (m)	साहब (m)	sāhab
proprietario (m)	मालिक (m)	mālik
capo (m) (~ delegazione)	मुखिया (m)	mukhiya
autorità (f pl)	अधिकारी वर्ग (m pl)	adhikārī varg
superiori (m pl)	अधिकारी (m)	adhikārī
governatore (m)	राज्यपाल (m)	rājyapāl
console (m)	वाणिज्य-दूत (m)	vānijy-dūt
diplomatico (m)	राजनयिक (m)	rājanayik

| sindaco (m) | महापालिकाध्यक्ष (m) | mahāpālikādhyaksh |
| sceriffo (m) | प्रधान हाकिम (m) | pradhān hākim |

imperatore (m)	सम्राट (m)	samrāt
zar (m)	राजा (m)	rāja
faraone (m)	फिरौन (m)	firaun
khan (m)	ख़ान (m)	khān

190. Strada. Via. Indicazioni

| strada (f) | रास्ता (m) | rāsta |
| cammino (m) | मार्ग (m) | mārg |

superstrada (f)	राजमार्ग (m)	rājamārg
autostrada (f)	राजमार्ग (m)	rājamārg
strada (f) statale	अंतरराज्यीय (m)	antararājyīy

| strada (f) principale | मुख्य मार्ग (m) | mukhy mārg |
| strada (f) sterrata | कच्ची सड़क (f) | kachchī sarak |

| viottolo (m) | पगडंडी (f) | pagadandī |
| sentiero (m) | कच्चा रास्ता (m) | kachcha rāsta |

Dove? (~ è?)	कहाँ?	kahān?
Dove? (~ vai?)	किधर?	kidhar?
Di dove?, Da dove?	कहाँ से?	kahān se?

| direzione (f) | तरफ़ (f) | taraf |
| indicare (~ la strada) | दिखाना | dikhāna |

a sinistra (girare ~)	बाईं ओर	baīn or
a destra (girare ~)	दाईं ओर	daīn or
dritto (avv)	सीधा	sīdha
indietro (tornare ~)	पीछे	pīchhe

curva (f)	मोड़ (m)	mor
girare (~ a destra)	मोड़ना	morana
fare un'inversione a U	यू-टर्न लेना	yū-tarn lena

| essere visibile | दिखाई देना | dikhaī dena |
| apparire (vi) | नज़र आना | nazar āna |

sosta (f) (breve fermata)	ठहराव (m)	thaharāv
riposarsi, fermarsi (vr)	आराम करना	ārām karana
riposo (m)	विराम (m)	virām

perdersi (vr)	रास्ता भूलना	rāsta bhūlana
portare verso ...	ले जाना	le jāna
raggiungere (arrivare a)	निकलना	nikalana
tratto (m) di strada	रास्ते का हिस्सा (m)	rāste ka hissa

asfalto (m)	तारकोल (m)	tārakol
cordolo (m)	फुटपाथ (m)	futapāth
fosso (m)	खाई (f)	khaī

tombino (m)	मैनहोल (m)	mainahol
ciglio (m) della strada	सड़क का किनारा (m)	sarak ka kināra
buca (f)	खड्ढा (m)	khaddha
andare (a piedi)	जाना	jāna
sorpassare (vt)	आगे निकलना	āge nikalana
passo (m)	कदम (m)	kadam
a piedi	पैदल	paidal
sbarrare (~ la strada)	रास्ता रोक देना	rāsta rok dena
sbarra (f)	बैरियर (m)	bairiyar
vicolo (m) cieco	बंद गली (f)	band galī

191. Infrangere la legge. Criminali. Parte 1

bandito (m)	डाकू (m)	dākū
delitto (m)	जुर्म (m)	jurm
criminale (m)	अपराधी (m)	aparādhī
ladro (m)	चोर (m)	chor
furto (m), ruberia (f)	चोरी (f)	chorī
rapire (vt)	अपहरण करना	apaharan karana
rapimento (m)	अपहरण (m)	apaharan
rapitore (m)	अपहरणकर्ता (m)	apaharanakartta
riscatto (m)	फ़िरौती (f)	firautī
chiedere il riscatto	फ़िरौती मांगना	firautī māngana
rapinare (vt)	लूटना	lūtana
rapinatore (m)	लुटेरा (m)	lutera
estorcere (vt)	ऐंठना	ainthana
estorsore (m)	वसूलिकर्ता (m)	vasūlikarta
estorsione (f)	जबरन वसूली (m)	jabaran vasūlī
uccidere (vt)	मारना	mārana
assassinio (m)	हत्या (f)	hatya
assassino (m)	हत्यारा (m)	hatyāra
sparo (m)	गोली (m)	golī
tirare un colpo	गोली चलाना	golī chalāna
abbattere (con armi da fuoco)	गोली मारकर हत्या करना	golī mārakar hatya karana
sparare (vi)	गोली चलाना	golī chalāna
sparatoria (f)	गोलीबारी (f)	golībārī
incidente (m) (rissa, ecc.)	घटना (f)	ghatana
rissa (f)	झगड़ा (m)	jhagara
Aiuto!	बचाओ!	bachao!
vittima (f)	शिकार (m)	shikār
danneggiare (vt)	हानि पहुँचाना	hāni pahunchāna
danno (m)	नुक्सान (m)	nuksān

| cadavere (m) | शव (m) | shav |
| grave (reato ~) | गंभीर | gambhīr |

aggredire (vt)	आक्रमण करना	ākraman karana
picchiare (vt)	पीटना	pītana
malmenare (picchiare)	पीट जाना	pīt jāna
sottrarre (vt)	लूटना	lūtana
accoltellare a morte	चाकू से मार डालना	chākū se mār dālana
mutilare (vt)	अपाहिज करना	apāhij karana
ferire (vt)	घाव करना	ghāv karana

ricatto (m)	ब्लैकमेल (m)	blaikamel
ricattare (vt)	धमकी से रुपया ऐंठना	dhamakī se rupaya ainthana
ricattatore (m)	ब्लैकमेलर (m)	blaikamelar

estorsione (f)	ठग व्यापार (m)	thag vyāpār
estortore (m)	ठग व्यापारी (m)	thag vyāpārī
gangster (m)	गैंगस्टर (m)	gaingastar
mafia (f)	माफ़िया (f)	māfiya

borseggiatore (m)	जेबकतरा (m)	jebakatara
scassinatore (m)	सेंधमार (m)	sendhamār
contrabbando (m)	तस्करी (m)	taskarī
contrabbandiere (m)	तस्कर (m)	taskar

falsificazione (f)	जालसाज़ी (f)	jālasāzī
falsificare (vt)	जलसाज़ी करना	jalasāzī karana
falso, falsificato (agg)	नक़ली	naqalī

192. Infrangere la legge. Criminali. Parte 2

stupro (m)	बलात्कार (m)	balātkār
stuprare (vt)	बलात्कार करना	balātkār karana
stupratore (m)	बलात्कारी (m)	balātkārī
maniaco (m)	कामोन्मादी (m)	kāmonmādī

prostituta (f)	वैश्या (f)	vaishya
prostituzione (f)	वेश्यावृत्ति (m)	veshyāvrtti
magnaccia (m)	भड़ुआ (m)	bharua

| drogato (m) | नशेबाज़ (m) | nashebāz |
| trafficante (m) di droga | नशीली दवा के विक्रेता (m) | nashīlī dava ke vikreta |

far esplodere	विस्फोट करना	visfot karana
esplosione (f)	विस्फोट (m)	visfot
incendiare (vt)	आग जलाना	āg jalāna
incendiario (m)	आग जलानेवाला (m)	āg jalānevāla

terrorismo (m)	आतंकवाद (m)	ātankavād
terrorista (m)	आतंकवादी (m)	ātankavādī
ostaggio (m)	बंधक (m)	bandhak

| imbrogliare (vt) | धोखा देना | dhokha dena |
| imbroglio (m) | धोखा (m) | dhokha |

imbroglione (m)	धोखेबाज़ (m)	dhokhebāz
corrompere (vt)	रिश्वत देना	rishvat dena
corruzione (f)	रिश्वतखोरी (m)	rishvatakhorī
bustarella (f)	रिश्वत (m)	rishvat

veleno (m)	ज़हर (m)	zahar
avvelenare (vt)	ज़हर खिलाना	zahar khilāna
avvelenarsi (vr)	ज़हर खाना	zahar khāna

| suicidio (m) | आत्महत्या (f) | ātmahatya |
| suicida (m) | आत्महत्यारा (m) | ātmahatyāra |

minacciare (vt)	धमकाना	dhamakāna
minaccia (f)	धमकी (f)	dhamakī
attentare (vi)	प्रयत्न करना	prayatn karana
attentato (m)	हत्या का प्रयत्न (m)	hatya ka prayatn

| rubare (~ una macchina) | चुराना | churāna |
| dirottare (~ un aereo) | विमान का अपहरण करना | vimān ka apaharan karana |

| vendetta (f) | बदला (m) | badala |
| vendicare (vt) | बदला लेना | badala lena |

torturare (vt)	घोर शरीरिक यंत्रणा पहुँचाना	ghor sharīrik yantrana pahunchāna
tortura (f)	घोर शरीरिक यंत्रणा (f)	ghor sharīrik yantrana
maltrattare (vt)	सताना	satāna

pirata (m)	समुद्री लूटेरा (m)	samudrī lūtera
teppista (m)	बदमाश (m)	badamāsh
armato (agg)	सशस्त्र	sashastr
violenza (f)	अत्यचार (m)	atyachār

| spionaggio (m) | जासूसी (f) | jāsūsī |
| spiare (vi) | जासूसी करना | jāsūsī karana |

193. Polizia. Legge. Parte 1

| giustizia (f) | मुक़दमा (m) | muqadama |
| tribunale (m) | न्यायालय (m) | nyāyālay |

giudice (m)	न्यायाधीश (m)	nyāyādhīsh
giurati (m)	जूरी सदस्य (m pl)	jūrī sadasy
processo (m) con giuria	जूरी (f)	jūrī
giudicare (vt)	मुक़दमा सुनना	muqadama sunana

avvocato (m)	वकील (m)	vakīl
imputato (m)	मुलज़िम (m)	mulazim
banco (m) degli imputati	अदालत का कठघरा (m)	adālat ka kathaghara

accusa (f)	आरोप (m)	ārop
accusato (m)	मुलज़िम (m)	mulazim
condanna (f)	निर्णय (m)	nirnay
condannare (vt)	निर्णय करना	nirnay karana

colpevole (m)	दोषी (m)	doshī
punire (vt)	सज़ा देना	saza dena
punizione (f)	सज़ा (f)	saza

multa (f), ammenda (f)	जुर्माना (m)	jurmāna
ergastolo (m)	आजीवन करावास (m)	ājīvan karāvās
pena (f) di morte	मृत्युदंड (m)	mrtyudand
sedia (f) elettrica	बिजली की कुर्सी (f)	bijalī kī kursī
impiccagione (f)	फांसी का तख़्ता (m)	fānsī ka takhta

| giustiziare (vt) | फांसी देना | fānsī dena |
| esecuzione (f) | मौत की सज़ा (f) | maut kī saza |

| prigione (f) | जेल (f) | jel |
| cella (f) | जेल का कमरा (m) | jel ka kamara |

scorta (f)	अनुरक्षक दल (m)	anurakshak dal
guardia (f) carceraria	जेल का पहरेदार (m)	jel ka paharedār
prigioniero (m)	क़ैदी (m)	qaidī

| manette (f pl) | हथकड़ी (f) | hathakarī |
| mettere le manette | हथकड़ी लगाना | hathakarī lagāna |

fuga (f)	काराभंग (m)	kārābhang
fuggire (vi)	जेल से फरार हो जाना	jel se farār ho jāna
scomparire (vi)	ग़ायब हो जाना	gāyab ho jāna
liberare (vt)	जेल से आज़ाद होना	jel se āzād hona
amnistia (f)	राजक्षमा (f)	rājakshama

polizia (f)	पुलिस (m)	pulis
poliziotto (m)	पुलिसवाला (m)	pulisavāla
commissariato (m)	थाना (m)	thāna
manganello (m)	रबड़ की लाठी (f)	rabar kī lāthī
altoparlante (m)	मेगाफ़ोन (m)	megāfon

macchina (f) di pattuglia	गश्त कार (f)	gasht kār
sirena (f)	साइरन (f)	sairan
mettere la sirena	साइरन बजाना	sairan bajāna
suono (m) della sirena	साइरन की चिल्लाहट (m)	sairan kī chillāhat

luogo (m) del crimine	घटना स्थल (m)	ghatana sthal
testimone (m)	गवाह (m)	gavāh
libertà (f)	आज़ादी (f)	āzādī
complice (m)	सह अपराधी (m)	sah aparādhī
fuggire (vi)	भाग जाना	bhāg jāna
traccia (f)	निशान (m)	nishān

194. Polizia. Legge. Parte 2

ricerca (f) (~ di un criminale)	तफ़तीश (f)	tafatīsh
cercare (vt)	तफ़तीश करना	tafatīsh karana
sospetto (m)	शक (m)	shak
sospetto (agg)	शक करना	shak karana
fermare (vt)	रोकना	rokana

arrestare (qn)	रोक के रखना	rok ke rakhana
causa (f)	मुकदमा (m)	mukadama
inchiesta (f)	जाँच (f)	jānch
detective (m)	जासूस (m)	jāsūs
investigatore (m)	जाँचकर्ता (m)	jānchakartta
versione (f)	अंदाज़ा (m)	andāza
movente (m)	वजह (f)	vajah
interrogatorio (m)	पूछताछ (f)	pūchhatāchh
interrogare (sospetto)	पूछताछ करना	pūchhatāchh karana
interrogare (vicini)	पुछताछ करना	puchhatāchh karana
controllo (m) (~ di polizia)	जाँच (f)	jānch
retata (f)	घेराव (m)	gherāv
perquisizione (f)	तलाशी (f)	talāshī
inseguimento (m)	पीछा (m)	pīchha
inseguire (vt)	पीछा करना	pīchha karana
essere sulle tracce	खोज निकालना	khoj nikālana
arresto (m)	गिरफ्तारी (f)	giraftārī
arrestare (qn)	गिरफ्तार करना	giraftār karana
catturare (~ un ladro)	पकड़ना	pakarana
cattura (f)	पकड़ (m)	pakar
documento (m)	दस्तावेज़ (m)	dastāvez
prova (f), reperto (m)	सबूत (m)	sabūt
provare (vt)	साबित करना	sābit karana
impronta (f) del piede	पैरों के निशान (m)	pairon ke nishān
impronte (f pl) digitali	उंगलियों के निशान (m)	ungaliyon ke nishān
elemento (m) di prova	सबूत (m)	sabūt
alibi (m)	अन्यत्रता (m)	anyatrata
innocente (agg)	बेगुनाह	begunāh
ingiustizia (f)	अन्याय (m)	anyāy
ingiusto (agg)	अन्यायपूर्ण	anyāyapūrn
criminale (agg)	आपराधिक	āparādhik
confiscare (vt)	कुर्क करना	kurk karana
droga (f)	अवैध पदार्थ (m)	avaidh padārth
armi (f pl)	हथियार (m)	hathiyār
disarmare (vt)	निरस्त्र करना	nirastr karana
ordinare (vt)	हुक्म देना	hukm dena
sparire (vi)	गायब होना	gāyab hona
legge (f)	कानून (m)	kānūn
legale (agg)	कानूनी	kānūnī
illegale (agg)	अवैध	avaidh
responsabilità (f)	ज़िम्मेदारी (f)	zimmedārī
responsabile (agg)	ज़िम्मेदार	zimmedār

LA NATURA

La Terra. Parte 1

195. L'Universo

cosmo (m)	अंतरिक्ष (m)	antariksh
cosmico, spaziale (agg)	अंतरिक्षीय	antarikshīy
spazio (m) cosmico	अंतरिक्ष (m)	antariksh
universo, mondo (m)	ब्रह्माण्ड (m)	brahmānd
galassia (f)	आकाशगंगा (f)	ākāshaganga
stella (f)	सितारा (m)	sitāra
costellazione (f)	नक्षत्र (m)	nakshatr
pianeta (m)	ग्रह (m)	grah
satellite (m)	उपग्रह (m)	upagrah
meteorite (m)	उल्का पिंड (m)	ulka pind
cometa (f)	पुच्छल तारा (m)	puchchhal tāra
asteroide (m)	ग्रहिका (f)	grahika
orbita (f)	ग्रहपथ (m)	grahapath
ruotare (vi)	चक्कर लगना	chakkar lagana
atmosfera (f)	वातावरण (m)	vātāvaran
il Sole	सूरज (m)	sūraj
sistema (m) solare	सौर प्रणाली (f)	saur pranālī
eclisse (f) solare	सूर्य ग्रहण (m)	sūry grahan
la Terra	पृथ्वी (f)	prthvī
la Luna	चांद (m)	chānd
Marte (m)	मंगल (m)	mangal
Venere (f)	शुक्र (m)	shukr
Giove (m)	बृहस्पति (m)	brhaspati
Saturno (m)	शनि (m)	shani
Mercurio (m)	बुध (m)	budh
Urano (m)	अरुण (m)	arun
Nettuno (m)	वरुण (m)	varūn
Plutone (m)	प्लूटो (m)	plūto
Via (f) Lattea	आकाश गंगा (f)	ākāsh ganga
Orsa (f) Maggiore	सप्तर्षिमंडल (m)	saptarshimandal
Stella (f) Polare	ध्रुव तारा (m)	dhruv tāra
marziano (m)	मंगल ग्रह का निवासी (m)	mangal grah ka nivāsī
extraterrestre (m)	अन्य नक्षत्र का निवासी (m)	any nakshatr ka nivāsī
alieno (m)	अन्य नक्षत्र का निवासी (m)	any nakshatr ka nivāsī

disco (m) volante	उड़न तश्तरी (f)	uran tashtarī
nave (f) spaziale	अंतरिक्ष विमान (m)	antariksh vimān
stazione (f) spaziale	अंतरिक्ष अड्डा (m)	antariksh adda
lancio (m)	चालू करना (m)	chālū karana

motore (m)	इंजन (m)	injan
ugello (m)	नोज़ल (m)	nozal
combustibile (m)	ईंधन (m)	īndhan

| cabina (f) di pilotaggio | केबिन (m) | kebin |
| antenna (f) | एरियल (m) | eriyal |

oblò (m)	विमान गवाक्ष (m)	vimān gavāksh
batteria (f) solare	सौर पेनल (m)	saur penal
scafandro (m)	अंतरिक्ष पोशाक (m)	antariksh poshāk

| imponderabilità (f) | भारहीनता (m) | bhārahīnata |
| ossigeno (m) | आक्सीजन (m) | āksījan |

| aggancio (m) | डॉकिंग (f) | doking |
| agganciarsi (vr) | डॉकिंग करना | doking karana |

| osservatorio (m) | वेधशाला (m) | vedhashāla |
| telescopio (m) | दूरबीन (f) | dūrabīn |

| osservare (vt) | देखना | dekhana |
| esplorare (vt) | जाँचना | jānchana |

196. La Terra

la Terra	पृथ्वी (f)	prthvī
globo (m) terrestre	गोला (m)	gola
pianeta (m)	ग्रह (m)	grah

atmosfera (f)	वातावरण (m)	vātāvaran
geografia (f)	भूगोल (m)	bhūgol
natura (f)	प्रकृति (f)	prakrti

mappamondo (m)	गोलक (m)	golak
carta (f) geografica	नक्शा (m)	naksha
atlante (m)	मानचित्रावली (f)	mānachitrāvalī

| Europa (f) | यूरोप (m) | yūrop |
| Asia (f) | एशिया (f) | eshiya |

| Africa (f) | अफ्रीका (m) | afrīka |
| Australia (f) | ऑस्ट्रेलिया (m) | ostreliya |

America (f)	अमेरिका (f)	amerika
America (f) del Nord	उत्तरी अमेरिका (f)	uttarī amerika
America (f) del Sud	दक्षिणी अमेरिका (f)	dakshinī amerika

| Antartide (f) | अंटार्कटिक (m) | antārkatik |
| Artico (m) | आर्कटिक (m) | ārkatik |

197. Punti cardinali

nord (m)	उत्तर (m)	uttar
a nord	उत्तर की ओर	uttar kī or
al nord	उत्तर में	uttar men
del nord (agg)	उत्तरी	uttarī
sud (m)	दक्षिण (m)	dakshin
a sud	दक्षिण की ओर	dakshin kī or
al sud	दक्षिण में	dakshin men
del sud (agg)	दक्षिणी	dakshinī
ovest (m)	पश्चिम (m)	pashchim
a ovest	पश्चिम की ओर	pashchim kī or
all'ovest	पश्चिम में	pashchim men
dell'ovest, occidentale	पश्चिमी	pashchimī
est (m)	पूर्व (m)	pūrv
a est	पूर्व की ओर	pūrv kī or
all'est	पूर्व में	pūrv men
dell'est, orientale	पूर्वी	pūrvī

198. Mare. Oceano

mare (m)	सागर (m)	sāgar
oceano (m)	महासागर (m)	mahāsāgar
golfo (m)	खाड़ी (f)	khārī
stretto (m)	जलग्रीवा (m)	jalagrīva
continente (m)	महाद्वीप (m)	mahādvīp
isola (f)	द्वीप (m)	dvīp
penisola (f)	प्रायद्वीप (m)	prāyadvīp
arcipelago (m)	द्वीप समूह (m)	dvīp samūh
baia (f)	तट-खाड़ी (f)	tat-khārī
porto (m)	बंदरगाह (m)	bandaragāh
laguna (f)	लैगून (m)	laigūn
capo (m)	अंतरीप (m)	antarīp
atollo (m)	एटोल (m)	etol
scogliera (f)	रीफ़ (f)	rīf
corallo (m)	प्रवाल (m)	pravāl
barriera (f) corallina	प्रवाल रीफ़ (m)	pravāl rīf
profondo (agg)	गहरा	gahara
profondità (f)	गहराई (f)	gaharaī
abisso (m)	रसातल (m)	rasātal
fossa (f) (~ delle Marianne)	गड्ढा (m)	garha
corrente (f)	धारा (f)	dhāra
circondare (vt)	घिरा होना	ghira hona
litorale (m)	किनारा (m)	kināra
costa (f)	तटबंध (m)	tatabandh

alta marea (f)	ज्वार (m)	jvār
bassa marea (f)	भाटा (m)	bhāta
banco (m) di sabbia	रेती (m)	retī
fondo (m)	तला (m)	tala
onda (f)	तरंग (f)	tarang
cresta (f) dell'onda	तरंग शिखर (f)	tarang shikhar
schiuma (f)	झाग (m)	jhāg
uragano (m)	तूफ़ान (m)	tufān
tsunami (m)	सुनामी (f)	sunāmī
bonaccia (f)	शांत (m)	shānt
tranquillo (agg)	शांत	shānt
polo (m)	ध्रुव (m)	dhruv
polare (agg)	ध्रुवीय	dhruvīy
latitudine (f)	अक्षांश (m)	akshānsh
longitudine (f)	देशान्तर (m)	deshāntar
parallelo (m)	समांतर-रेखा (f)	samāntar-rekha
equatore (m)	भूमध्य रेखा (f)	bhūmadhy rekha
cielo (m)	आकाश (f)	ākāsh
orizzonte (m)	क्षितिज (m)	kshitij
aria (f)	हवा (f)	hava
faro (m)	प्रकाशस्तंभ (m)	prakāshastambh
tuffarsi (vr)	गोता मारना	gota mārana
affondare (andare a fondo)	डूब जाना	dūb jāna
tesori (m)	ख़ज़ाना (m)	khazāna

199. Nomi dei mari e degli oceani

Oceano (m) Atlantico	अटलांटिक महासागर (m)	atalāntik mahāsāgar
Oceano (m) Indiano	हिन्द महासागर (m)	hind mahāsāgar
Oceano (m) Pacifico	प्रशांत महासागर (m)	prashānt mahāsāgar
mar (m) Glaciale Artico	उत्तरी ध्रुव महासागर (m)	uttarī dhuv mahāsāgar
mar (m) Nero	काला सागर (m)	kāla sāgar
mar (m) Rosso	लाल सागर (m)	lāl sāgar
mar (m) Giallo	पीला सागर (m)	pīla sāgar
mar (m) Bianco	सफ़ेद सागर (m)	safed sāgar
mar (m) Caspio	कैस्पियन सागर (m)	kaispiyan sāgar
mar (m) Morto	मृत सागर (m)	mrt sāgar
mar (m) Mediterraneo	भूमध्य सागर (m)	bhūmadhy sāgar
mar (m) Egeo	ईजियन सागर (m)	ījiyan sāgar
mar (m) Adriatico	एड्रिएटिक सागर (m)	edrietik sāgar
mar (m) Arabico	अरब सागर (m)	arab sāgar
mar (m) del Giappone	जापान सागर (m)	jāpān sāgar
mare (m) di Bering	बेरिंग सागर (m)	bering sāgar
mar (m) Cinese meridionale	दक्षिण चीन सागर (m)	dakshin chīn sāgar

mar (m) dei Coralli	कोरल सागर (m)	koral sāgar
mar (m) di Tasman	तस्मान सागर (m)	tasmān sāgar
mar (m) dei Caraibi	करिबियन सागर (m)	karibiyan sāgar
mare (m) di Barents	बैरेंट्स सागर (m)	bairents sāgar
mare (m) di Kara	काड़ा सागर (m)	kāra sāgar
mare (m) del Nord	उत्तर सागर (m)	uttar sāgar
mar (m) Baltico	बाल्टिक सागर (m)	bāltik sāgar
mare (m) di Norvegia	नार्वे सागर (m)	nārve sāgar

200. Montagne

monte (m), montagna (f)	पहाड़ (m)	pahār
catena (f) montuosa	पर्वत माला (f)	parvat māla
crinale (m)	पहाड़ों का सिलसिला (m)	pahāron ka silasila
cima (f)	चोटी (f)	chotī
picco (m)	शिखर (m)	shikhar
piedi (m pl)	तलहटी (f)	talahatī
pendio (m)	ढलान (f)	dhalān
vulcano (m)	ज्वालामुखी (m)	jvālāmukhī
vulcano (m) attivo	सक्रिय ज्वालामुखी (m)	sakriy jvālāmukhī
vulcano (m) inattivo	निष्क्रिय ज्वालामुखी (m)	nishkriy jvālāmukhī
eruzione (f)	विस्फोटन (m)	visfotan
cratere (m)	ज्वालामुखी का मुख (m)	jvālāmukhī ka mukh
magma (m)	मैग्मा (m)	maigma
lava (f)	लावा (m)	lāva
fuso (lava ~a)	पिघला हुआ	pighala hua
canyon (m)	घाटी (m)	ghātī
gola (f)	तंग घाटी (f)	tang ghātī
crepaccio (m)	दरार (m)	darār
passo (m), valico (m)	मार्ग (m)	mārg
altopiano (m)	पठार (m)	pathār
falesia (f)	शिला (f)	shila
collina (f)	टीला (m)	tīla
ghiacciaio (m)	हिमनद (m)	himanad
cascata (f)	झरना (m)	jharana
geyser (m)	उष्ण जल स्रोत (m)	ushn jal srot
lago (m)	तालाब (m)	tālāb
pianura (f)	समतल प्रदेश (m)	samatal pradesh
paesaggio (m)	परिदृश्य (m)	paridrshy
eco (f)	गूँज (f)	gūnj
alpinista (m)	पर्वतारोही (m)	parvatārohī
scalatore (m)	पर्वतारोही (m)	parvatārohī
conquistare (~ una cima)	चोटी पर पहुँचना	chotī par pahunchana
scalata (f)	चढ़ाव (m)	charhāv

201. Nomi delle montagne

Alpi (f pl)	आल्पस (m)	ālpas
Monte (m) Bianco	मोन्ट ब्लैंक (m)	mont blaink
Pirenei (m pl)	पाइरीनीज़ (f pl)	pairīnīz
Carpazi (m pl)	कार्पाथियेन्स (m)	kārpāthiyens
gli Urali (m pl)	यूरल (m)	yūral
Caucaso (m)	कोकेशिया के पहाड़ (m)	kokeshiya ke pahār
Monte (m) Elbrus	एल्ब्रस पर्वत (m)	elbras parvat
Monti (m pl) Altai	अल्टाई पर्वत (m)	altaī parvat
Tien Shan (m)	तियान शान (m)	tiyān shān
Pamir (m)	पामीर पर्वत (m)	pāmīr parvat
Himalaia (m)	हिमालय (m)	himālay
Everest (m)	माउंट एवरेस्ट (m)	maunt evarest
Ande (f pl)	एंडीज़ (f pl)	endīz
Kilimangiaro (m)	किलीमन्जारो (m)	kilīmanjāro

202. Fiumi

fiume (m)	नदी (f)	nadī
fonte (f) (sorgente)	झरना (m)	jharana
letto (m) (~ del fiume)	नदी तल (m)	nadī tal
bacino (m)	बेसिन (m)	besin
sfociare nel ...	गिरना	girana
affluente (m)	उपनदी (f)	upanadī
riva (f)	तट (m)	tat
corrente (f)	धारा (f)	dhāra
a valle	बहाव के साथ	bahāv ke sāth
a monte	बहाव के विरुद्ध	bahāv ke virūddh
inondazione (f)	बाढ़ (f)	bārh
piena (f)	बाढ़ (f)	bārh
straripare (vi)	उमड़ना	umarana
inondare (vt)	पानी से भरना	pānī se bharana
secca (f)	छिछला पानी (m)	chhichhala pānī
rapida (f)	तेज़ उतार (m)	tez utār
diga (f)	बांध (m)	bāndh
canale (m)	नहर (f)	nahar
bacino (m) di riserva	जलाशय (m)	jalāshay
chiusa (f)	स्लूस (m)	slūs
specchio (m) d'acqua	जल स्रोत (m)	jal srot
palude (f)	दलदल (f)	daladal
pantano (m)	दलदल (f)	daladal
vortice (m)	भंवर (m)	bhanvar
ruscello (m)	झरना (m)	jharana

| potabile (agg) | पीने का | pīne ka |
| dolce (di acqua ~) | ताज़ा | tāza |

| ghiaccio (m) | बर्फ़ (m) | barf |
| ghiacciarsi (vr) | जम जाना | jam jāna |

203. Nomi dei fiumi

| Senna (f) | सीन (f) | sīn |
| Loira (f) | लॉयर (f) | loyar |

Tamigi (m)	थेम्स (f)	thems
Reno (m)	राइन (f)	rain
Danubio (m)	डेन्यूब (f)	denyūb

Volga (m)	वोल्गा (f)	volga
Don (m)	डॉन (f)	don
Lena (f)	लेना (f)	lena

Fiume (m) Giallo	ह्वांग हे (f)	hvāng he
Fiume (m) Azzurro	यांग्त्ज़ी (f)	yāngtzī
Mekong (m)	मेकांग (f)	mekāng
Gange (m)	गंगा (f)	ganga

Nilo (m)	नील (f)	nīl
Congo (m)	कांगो (f)	kāngo
Okavango	ओकावान्गो (f)	okāvāngo
Zambesi (m)	ज़म्बेज़ी (f)	zambezī
Limpopo (m)	लिम्पोपो (f)	limpopo
Mississippi (m)	मिसिसिपी (f)	misisipī

204. Foresta

| foresta (f) | जंगल (m) | jangal |
| forestale (agg) | जंगली | jangalī |

foresta (f) fitta	घना जंगल (m)	ghana jangal
boschetto (m)	उपवान (m)	upavān
radura (f)	खुला छोटा मैदान (m)	khula chhota maidān

| roveto (m) | झाड़ियाँ (f pl) | jhāriyān |
| boscaglia (f) | झाड़ियों भरा मैदान (m) | jhāriyon bhara maidān |

| sentiero (m) | फुटपाथ (m) | futapāth |
| calanco (m) | नाली (f) | nālī |

albero (m)	पेड़ (m)	per
foglia (f)	पत्ता (m)	patta
fogliame (m)	पत्तियां (f)	pattiyān

| caduta (f) delle foglie | पतझड़ (m) | patajhar |
| cadere (vi) | गिरना | girana |

cima (f)	शिखर (m)	shikhar
ramo (m), ramoscello (m)	टहनी (f)	tahanī
ramo (m)	शाखा (f)	shākha
gemma (f)	कलिका (f)	kalika
ago (m)	सुई (f)	suī
pigna (f)	शंकुफल (m)	shankufal
cavità (f)	खोखला (m)	khokhala
nido (m)	घोंसला (m)	ghonsala
tana (f) (del fox, ecc.)	बिल (m)	bil
tronco (m)	तना (m)	tana
radice (f)	जड़ (f)	jar
corteccia (f)	छाल (f)	chhāl
musco (m)	काई (f)	kaī
sradicare (vt)	उखाड़ना	ukhārana
abbattere (~ un albero)	काटना	kātana
disboscare (vt)	जंगल काटना	jangal kātana
ceppo (m)	ठूंठ (m)	thūnth
falò (m)	अलाव (m)	alāv
incendio (m) boschivo	जंगल की आग (f)	jangal kī āg
spegnere (vt)	आग बुझाना	āg bujhāna
guardia (f) forestale	वनरक्षक (m)	vanarakshak
protezione (f)	रक्षा (f)	raksha
proteggere (~ la natura)	रक्षा करना	raksha karana
bracconiere (m)	चोर शिकारी (m)	chor shikārī
tagliola (f) (~ per orsi)	फंदा (m)	fanda
raccogliere (vt)	बटोरना	batorana
perdersi (vr)	रास्ता भूलना	rāsta bhūlana

205. Risorse naturali

risorse (f pl) naturali	प्राकृतिक संसाधन (m pl)	prākrtik sansādhan
minerali (m pl)	खनिज पदार्थ (m pl)	khanij padārth
deposito (m) (~ di carbone)	तह (f pl)	tah
giacimento (m) (~ petrolifero)	क्षेत्र (m)	kshetr
estrarre (vt)	खोदना	khodana
estrazione (f)	खनिकर्म (m)	khanikarm
minerale (m) grezzo	अयस्क (m)	ayask
miniera (f)	खान (f)	khān
pozzo (m) di miniera	शैफ्ट (m)	shaifat
minatore (m)	खनिक (m)	khanik
gas (m)	गैस (m)	gais
gasdotto (m)	गैस पाइप लाइन (m)	gais paip lain
petrolio (m)	पेट्रोल (m)	petrol
oleodotto (m)	तेल पाइप लाइन (m)	tel paip lain
torre (f) di estrazione	तेल का कुँआ (m)	tel ka kuna

torre (f) di trivellazione	डेरिक (m)	derik
petroliera (f)	टैंकर (m)	tainkar
sabbia (f)	रेत (m)	ret
calcare (m)	चूना पत्थर (m)	chūna patthar
ghiaia (f)	बजरी (f)	bajarī
torba (f)	पीट (m)	pīt
argilla (f)	मिट्टी (f)	mittī
carbone (m)	कोयला (m)	koyala
ferro (m)	लोहा (m)	loha
oro (m)	सोना (m)	sona
argento (m)	चाँदी (f)	chāndī
nichel (m)	गिलट (m)	gilat
rame (m)	ताँबा (m)	tānba
zinco (m)	जस्ता (m)	jasta
manganese (m)	अयस (m)	ayas
mercurio (m)	पारा (f)	pāra
piombo (m)	सीसा (f)	sīsa
minerale (m)	खनिज (m)	khanij
cristallo (m)	क्रिस्टल (m)	kristal
marmo (m)	संगमरमर (m)	sangamaramar
uranio (m)	यूरेनियम (m)	yūreniyam

La Terra. Parte 2

206. Tempo

tempo (m)	मौसम (m)	mausam
previsione (f) del tempo	मौसम का पूर्वानुमान (m)	mausam ka pūrvānumān
temperatura (f)	तापमान (m)	tāpamān
termometro (m)	थर्मामीटर (m)	tharmāmīṭar
barometro (m)	बैरोमीटर (m)	bairomīṭar
umidità (f)	नमी (f)	namī
caldo (m), afa (f)	गरमी (f)	garamī
molto caldo (agg)	गरम	garam
fa molto caldo	गरमी है	garamī hai
fa caldo	गरम है	garam hai
caldo, mite (agg)	गरम	garam
fa freddo	ठंडक है	thandak hai
freddo (agg)	ठंडा	thanda
sole (m)	सूरज (m)	sūraj
splendere (vi)	चमकना	chamakana
di sole (una giornata ~)	धूपदार	dhūpadār
sorgere, levarsi (vr)	उगना	ugana
tramontare (vi)	डूबना	dūbana
nuvola (f)	बादल (m)	bādal
nuvoloso (agg)	मेघाच्छादित	meghāchchhādit
nube (f) di pioggia	घना बादल (m)	ghana bādal
nuvoloso (agg)	बदली	badalī
pioggia (f)	बारिश (f)	bārish
piove	बारिश हो रही है	bārish ho rahī hai
piovoso (agg)	बरसाती	barasātī
piovigginare (vi)	बूंदाबांदी होना	būndābāndī hona
pioggia (f) torrenziale	मूसलधार बारिश (f)	mūsaladhār bārish
acquazzone (m)	मूसलधार बारिश (f)	mūsaladhār bārish
forte (una ~ pioggia)	भारी	bhārī
pozzanghera (f)	पोखर (m)	pokhar
bagnarsi (~ sotto la pioggia)	भीगना	bhīgana
foschia (f), nebbia (f)	कुहरा (m)	kuhara
nebbioso (agg)	कुहरेदार	kuharedār
neve (f)	बर्फ़ (f)	barf
nevica	बर्फ़ पड़ रही है	barf par rahī hai

207. Rigide condizioni metereologiche. Disastri naturali

temporale (m)	गरजवाला तूफ़ान (m)	garajavāla tufân
fulmine (f)	बिजली (m)	bijalī
lampeggiare (vi)	चमकना	chamakana
tuono (m)	गरज (m)	garaj
tuonare (vi)	बादल गरजना	bādal garajana
tuona	बादल गरज रहा है	bādal garaj raha hai
grandine (f)	ओला (m)	ola
grandina	ओले पड़ रहे हैं	ole par rahe hain
inondare (vt)	बाढ़ आ जाना	bārh ā jāna
inondazione (f)	बाढ़ (f)	bārh
terremoto (m)	भूकंप (m)	bhūkamp
scossa (f)	झटका (m)	jhataka
epicentro (m)	अधिकेंद्र (m)	adhikendr
eruzione (f)	उद्गार (m)	udgār
lava (f)	लावा (m)	lāva
tromba (f) d'aria	बवंडर (m)	bavandar
tornado (m)	टोर्नेडो (m)	tornedo
tifone (m)	रतूफ़ान (m)	ratūfân
uragano (m)	समुद्री तूफ़ान (m)	samudrī tūfân
tempesta (f)	तूफ़ान (m)	tufân
tsunami (m)	सुनामी (f)	sunāmī
ciclone (m)	चक्रवात (m)	chakravāt
maltempo (m)	ख़राब मौसम (m)	kharāb mausam
incendio (m)	आग (f)	āg
disastro (m)	प्रलय (m)	pralay
meteorite (m)	उल्का पिंड (m)	ulka pind
valanga (f)	हिमस्खलन (m)	himaskhalan
slavina (f)	हिमस्खलन (m)	himaskhalan
tempesta (f) di neve	बर्फ़ का तुफ़ान (m)	barf ka tufân
bufera (f) di neve	बर्फ़िला तुफ़ान (m)	barfila tufân

208. Rumori. Suoni

silenzio (m)	सन्नाटा (m)	sannāta
suono (m)	ध्वनि (m)	dhvani
rumore (m)	शोर (m)	shor
far rumore	शोर मचाना	shor machāna
rumoroso (agg)	कोलाहलमय	kolāhalamay
ad alta voce (parlare ~)	ऊँचा	ūncha
alto (voce ~a)	ऊंचा	ūncha
costante (agg)	लगातार	lagātār

grido (m)	चिल्लाहट (f)	chillāhat
gridare (vi)	चिल्लाना	chillāna
sussurro (m)	फुसफुस (m)	fusafus
sussurrare (vi, vt)	फुसफुसाना	fusafusāna
abbaiamento (m)	भौं-भौं (f)	bhaun-bhaun
abbaiare (vi)	भौंकना	bhaunkana
gemito (m) (~ di dolore)	कराह (m)	karāh
gemere (vi)	कराहना	karāhana
tosse (f)	खाँस (f)	khāns
tossire (vi)	खाँसना	khānsana
fischio (m)	सीटी (f)	sītī
fischiare (vi)	सीटी बजाना	sītī bajāna
bussata (f)	खटखट (f)	khatakhat
bussare (vi)	खटखटाना	khatakhatāna
crepitare (vi)	चीर पड़ना	chīr parana
crepitio (m)	कड़क (m)	karak
sirena (f)	साइरन (f)	sairan
sirena (f) (di fabbrica)	साइरन (m)	sairan
emettere un fischio	सीटी बजना	sītī bajana
colpo (m) di clacson	होर्न (m)	horn
clacsonare (vi)	होर्न बजाना	horn bajāna

209. Inverno

inverno (m)	सर्दी (f)	sardī
invernale (agg)	सर्दी का	sardī ka
d'inverno	सर्दियों में	sardiyon men
neve (f)	बर्फ़ (f)	barf
nevica	बर्फ़ पड़ रही है	barf par rahī hai
nevicata (f)	बर्फ़बारी (f)	barfabārī
mucchio (m) di neve	बर्फ़ का ढेर (m)	barf ka rher
fiocco (m) di neve	हिमकण (m)	himakan
palla (f) di neve	बर्फ़ का गोला (m)	barf ka gola
pupazzo (m) di neve	हिम मानव (m)	him mānav
ghiacciolo (m)	हिमलंब (m)	himalamb
dicembre (m)	दिसम्बर (m)	disambar
gennaio (m)	जनवरी (f)	janavarī
febbraio (m)	फ़रवरी (m)	faravarī
gelo (m)	पाला (m)	pāla
gelido (aria ~a)	शीत	shīt
sotto zero	शून्य से नीचे	shūny se nīche
primi geli (m pl)	पहली ठंड (f)	pahalī thand
brina (f)	पाला (m)	pāla
freddo (m)	ठंडक (m)	thandak

fa freddo	ठंडक है	thandak hai
pelliccia (f)	फरकोट (m)	farakot
manopole (f pl)	दस्ताने (m pl)	dastāne

ammalarsi (vr)	बीमार पड़ जाना	bīmār par jāna
raffreddore (m)	ज़ुकाम (m)	zukām
raffreddarsi (vr)	ज़ुकाम होना	zukām hona

ghiaccio (m)	बर्फ़ (m)	barf
ghiaccio (m) trasparente	बर्फ़ की परत (f)	barf kī parat
ghiacciarsi (vr)	जम ज़ाना	jam jāna
banco (m) di ghiaccio	हिमखंड (m)	himakhand

sci (m pl)	स्की (m pl)	skī
sciatore (m)	स्कीयर (m)	skīyar
sciare (vi)	स्कीइंग करना	skīing karana
pattinare (vi)	स्केटिंग करना	sketing karana

Fauna

210. Mammiferi. Predatori

predatore (m)	परभक्षी (m)	parabhakshī
tigre (f)	बाघ (m)	bāgh
leone (m)	शेर (m)	sher
lupo (m)	भेड़िया (m)	bheriya
volpe (m)	लोमड़ी (f)	lomri
giaguaro (m)	जागुआर (m)	jāguār
leopardo (m)	तेंदुआ (m)	tendua
ghepardo (m)	चीता (m)	chīta
pantera (f)	काला तेंदुआ (m)	kāla tendua
puma (f)	पहाड़ी बिलाव (m)	pahādī bilāv
leopardo (m) delle nevi	हिम तेंदुआ (m)	him tendua
lince (f)	वन बिलाव (m)	van bilāv
coyote (m)	कोयोट (m)	koyot
sciacallo (m)	गीदड़ (m)	gīdar
iena (f)	लकड़बग्घा (m)	lakarabaggha

211. Animali selvatici

animale (m)	जानवर (m)	jānavar
bestia (f)	जानवर (m)	jānavar
scoiattolo (m)	गिलहरी (f)	gilaharī
riccio (m)	कांटा-चूहा (m)	kānta-chūha
lepre (f)	खरगोश (m)	kharagosh
coniglio (m)	खरगोश (m)	kharagosh
tasso (m)	बिज्जू (m)	bijjū
procione (f)	रैकून (m)	raikūn
criceto (m)	हैम्स्टर (m)	haimstar
marmotta (f)	मारमोट (m)	māramot
talpa (f)	छछूंदर (m)	chhachhūndar
topo (m)	चूहा (m)	chūha
ratto (m)	घूस (m)	ghūs
pipistrello (m)	चमगादड़ (m)	chamagādar
ermellino (m)	नेवला (m)	nevala
zibellino (m)	सेबल (m)	sebal
martora (f)	मारटेन (m)	māraten
donnola (f)	नेवला (m)	nevala
visone (m)	मिंक (m)	mink

castoro (m)	ऊदबिलाव (m)	ūdabilāv
lontra (f)	ऊदबिलाव (m)	ūdabilāv

cavallo (m)	घोड़ा (m)	ghora
alce (m)	मूस (m)	mūs
cervo (m)	हिरण (m)	hiran
cammello (m)	ऊंट (m)	ūnt

bisonte (m) americano	बाइसन (m)	baisan
bisonte (m) europeo	जंगली बैल (m)	jangalī bail
bufalo (m)	भैंस (m)	bhains

zebra (f)	ज़ेबरा (m)	zebara
antilope (f)	मृग (f)	mrg
capriolo (m)	मृगनी (f)	mrgnī
daino (m)	चीतल (m)	chītal
camoscio (m)	शैमी (f)	shaimī
cinghiale (m)	जंगली सुअर (m)	jangalī suār

balena (f)	ह्वेल (f)	hvel
foca (f)	सील (m)	sīl
tricheco (m)	वॉलरस (m)	volaras
otaria (f)	फर सील (f)	far sīl
delfino (m)	डॉलफ़िन (f)	dolafin

orso (m)	रीछ (m)	rīchh
orso (m) bianco	सफ़ेद रीछ (m)	safed rīchh
panda (m)	पांडा (m)	pānda

scimmia (f)	बंदर (m)	bandar
scimpanzè (m)	वनमानुष (m)	vanamānush
orango (m)	वनमानुष (m)	vanamānush
gorilla (m)	गोरिला (m)	gorila
macaco (m)	अफ़्रीकन लंगूर (m)	afrikan langūr
gibbone (m)	गिब्बन (m)	gibban

elefante (m)	हाथी (m)	hāthī
rinoceronte (m)	गैंडा (m)	gainda
giraffa (f)	ज़िराफ़ (m)	jirāf
ippopotamo (m)	दरियाई घोड़ा (m)	dariyaī ghora

canguro (m)	कंगारू (m)	kangārū
koala (m)	कोआला (m)	koāla

mangusta (f)	नेवला (m)	nevala
cincillà (f)	चिनचीला (f)	chinachīla
moffetta (f)	स्कंक (m)	skank
istrice (m)	शल्यक (f)	shalyak

212. Animali domestici

gatta (f)	बिल्ली (f)	billī
gatto (m)	बिल्ला (m)	billa
cane (m)	कुत्ता (m)	kutta

cavallo (m)	घोड़ा (m)	ghora
stallone (m)	घोड़ा (m)	ghora
giumenta (f)	घोड़ी (f)	ghorī
mucca (f)	गाय (f)	gāy
toro (m)	बैल (m)	bail
bue (m)	बैल (m)	bail
pecora (f)	भेड़ (f)	bher
montone (m)	भेड़ा (m)	bhera
capra (f)	बकरी (f)	bakarī
caprone (m)	बकरा (m)	bakara
asino (m)	गधा (m)	gadha
mulo (m)	खच्चर (m)	khachchar
porco (m)	सुअर (m)	suar
porcellino (m)	घेंटा (m)	ghenta
coniglio (m)	खरगोश (m)	kharagosh
gallina (f)	मुर्गी (f)	murgī
gallo (m)	मुर्गा (m)	murga
anatra (f)	बत्तख़ (f)	battakh
maschio (m) dell'anatra	नर बत्तख़ (m)	nar battakh
oca (f)	हंस (m)	hans
tacchino (m)	नर टर्की (m)	nar tarkī
tacchina (f)	टर्की (f)	tarkī
animali (m pl) domestici	घरेलू पशु (m pl)	gharelū pashu
addomesticato (agg)	पालतू	pālatū
addomesticare (vt)	पालतू बनाना	pālatū banāna
allevare (vt)	पालना	pālana
fattoria (f)	खेत (m)	khet
pollame (m)	मुर्गी पालन (f)	murgī pālan
bestiame (m)	मवेशी (m)	maveshī
branco (m), mandria (f)	पशु समूह (m)	pashu samūh
scuderia (f)	अस्तबल (m)	astabal
porcile (m)	सूअरखाना (m)	sūarakhāna
stalla (f)	गोशाला (f)	goshāla
conigliera (f)	खरगोश का दरबा (m)	kharagosh ka daraba
pollaio (m)	मुर्गीखाना (m)	murgīkhāna

213. Cani. Razze canine

cane (m)	कुत्ता (m)	kutta
cane (m) da pastore	गड़रिये का कुत्ता (m)	garariye ka kutta
barbone (m)	पूडल (m)	pūdal
bassotto (m)	डॉक्सहूण्ड (m)	dāksahūnd
bulldog (m)	बुलडॉग (m)	buladog
boxer (m)	बॉक्सर (m)	boksar

mastino (m)	मास्टिफ़ (m)	māstif
rottweiler (m)	रॉटवायलर (m)	rotavāyalar
dobermann (m)	डोबरमैन (m)	dobaramain

bassotto (m)	बास्सेट (m)	bāsset
bobtail (m)	बोब्टेल (m)	bobtel
dalmata (m)	डालमेशियन (m)	dālameshiyan
cocker (m)	कॉकर स्पैनियल (m)	kokar spainiyal

| terranova (m) | न्यूफ़ाउंडलंड (m) | nyūfaundaland |
| sanbernardo (m) | सेंट बर्नार्ड (m) | sent barnārd |

husky (m)	हस्की (m)	haskī
chow chow (m)	चाउ-चाउ (m)	chau-chau
volpino (m)	स्पीट्ज़ (m)	spītz
carlino (m)	पग (m)	pag

214. Versi emessi dagli animali

abbaiamento (m)	भौं-भौं (f)	bhaun-bhaun
abbaiare (vi)	भौंकना	bhaunkana
miagolare (vi)	म्याऊं-म्याऊं करना	myaūn-myaun karana
fare le fusa	घुरघुराना	ghuraghurāna

muggire (vacca)	रँभाना	ranbhāna
muggire (toro)	गर्जना	garjana
ringhiare (vi)	गुर्राना	gurrāna

ululato (m)	गुर्राहट (f)	gurrāhat
ululare (vi)	चिल्लाना (m)	chillāna
guaire (vi)	रिरियाना	ririyāna

belare (pecora)	मिमियाना	mimiyāna
grugnire (maiale)	घुरघुराना	ghuraghurāna
squittire (vi)	किकियाना	kikiyāna

gracidare (rana)	टर्र-टर्र करना	tarr-tarr karana
ronzare (insetto)	भनभनाना	bhanabhanāna
frinire (vi)	चरचराना	characharāna

215. Cuccioli di animali

cucciolo (m)	पशुशावक (m)	pashushāvak
micino (m)	बिल्लौटा (m)	billauta
topolino (m)	चुहिया (f)	chuhiya
cucciolo (m) di cane	पिल्ला (m)	pilla

leprotto (m)	खरगोश का बच्चा (m)	kharagosh ka bachcha
coniglietto (m)	खरगोश का बच्चा (m)	kharagosh ka bachcha
cucciolo (m) di lupo	भेड़िये का शावक (m)	bheriye ka shāvak
cucciolo (m) di volpe	लोमड़ी का शावक (m)	lomri ka shāvak
cucciolo (m) di orso	भालू का बच्चा (m)	bhālū ka bachcha

cucciolo (m) di leone	शेर का बच्चा (m)	sher ka bachcha
cucciolo (m) di tigre	बाघ का बच्चा (m)	bāgh ka bachcha
elefantino (m)	हाथी का बच्चा (m)	hāthī ka bachcha
porcellino (m)	घेंटा (m)	ghenta
vitello (m)	बछड़ा (m)	bachhara
capretto (m)	बकरी का बच्चा (m)	bakarī ka bachcha
agnello (m)	भेड़ का बच्चा (m)	bher ka bachcha
cerbiatto (m)	मृग का बच्चा (m)	mrg ka bachcha
cucciolo (m) di cammello	ऊट का बच्चा (m)	ūnt ka bachcha
piccolo (m) di serpente	सर्प का बच्चा (m)	sarp ka bachcha
piccolo (m) di rana	मेंढक का बच्चा (m)	mendhak ka bachcha
uccellino (m)	चिड़िया का बच्चा (m)	chiriya ka bachcha
pulcino (m)	मुर्गी का बच्चा (m)	murgī ka bachcha
anatroccolo (m)	बत्तख का बच्चा (m)	battakh ka bachcha

216. Uccelli

uccello (m)	चिड़िया (f)	chiriya
colombo (m), piccione (m)	कबूतर (m)	kabūtar
passero (m)	गौरैया (f)	gauraiya
cincia (f)	टिटरी (f)	titarī
gazza (f)	नीलकण्ठ पक्षी (f)	nīlakanth pakshī
corvo (m)	काला कौआ (m)	kāla kaua
cornacchia (f)	कौआ (m)	kaua
taccola (f)	कौआ (m)	kaua
corvo (m) nero	कौआ (m)	kaua
anatra (f)	बत्तख (f)	battakh
oca (f)	हंस (m)	hans
fagiano (m)	तीतर (m)	tītar
aquila (f)	चील (f)	chīl
astore (m)	बाज़ (m)	bāz
falco (m)	बाज़ (m)	bāz
grifone (m)	गिद्ध (m)	giddh
condor (m)	कॉन्डोर (m)	kondor
cigno (m)	राजहंस (m)	rājahans
gru (f)	सारस (m)	sāras
cicogna (f)	लकलक (m)	lakalak
pappagallo (m)	तोता (m)	tota
colibrì (m)	हमिंग बर्ड (f)	haming bard
pavone (m)	मोर (m)	mor
struzzo (m)	शुतुरमुर्ग (m)	shuturamurg
airone (m)	बगुला (m)	bagula
fenicottero (m)	फ़्लेमिन्गो (m)	flemingo
pellicano (m)	हवासिल (m)	havāsil
usignolo (m)	बुलबुल (m)	bulabul

rondine (f)	अबाबील (f)	abābīl
tordo (m)	मुखव्रण (f)	mukhavran
tordo (m) sasello	मुखव्रण (f)	mukhavran
merlo (m)	ब्लैकबर्ड (m)	blaikabard

rondone (m)	बतासी (f)	batāsī
allodola (f)	भरत (m)	bharat
quaglia (f)	वर्त्तक (m)	varttak

picchio (m)	कठफोड़ा (m)	kathafora
cuculo (m)	कोयल (f)	koyal
civetta (f)	उल्लू (m)	ullū
gufo (m) reale	गरुड़ उल्लू (m)	garūr ullū
urogallo (m)	तीतर (m)	tītar
fagiano (m) di monte	काला तीतर (m)	kāla tītar
pernice (f)	चकोर (m)	chakor

storno (m)	तिलिया (f)	tiliya
canarino (m)	कनारी (f)	kanārī
francolino (m) di monte	पिंगल तीतर (m)	pingal tītar
fringuello (m)	फ़िंच (m)	finch
ciuffolotto (m)	बुलफ़िंच (m)	bulafinch

gabbiano (m)	गंगा-चिल्ली (f)	ganga-chillī
albatro (m)	अल्बात्रोस (m)	albātros
pinguino (m)	पेंगुइन (m)	penguin

217. Uccelli. Cinguettio e versi

cantare (vi)	गाना	gāna
gridare (vi)	बुलाना	bulāna
cantare (gallo)	बाँग देना	bāng dena
chicchirichì (m)	कुकडूकू	kukarūnkū

chiocciare (gallina)	कुड़कुड़ाना	kurakurāna
gracchiare (vi)	कांय कांय करना	kāny kāny karana
fare qua qua	कुवैक कुवैक करना	kuvaik kuvaik karana
pigolare (vi)	चीं चीं करना	chīn chīn karana
cinguettare (vi)	चहकना	chahakana

218. Pesci. Animali marini

abramide (f)	ब्रीम (f)	brīm
carpa (f)	कार्प (f)	kārp
perca (f)	पर्च (f)	parch
pesce (m) gatto	कैटफ़िश (f)	kaitafish
luccio (m)	पाइक (f)	paik

salmone (m)	सैल्मन (f)	sailman
storione (m)	स्टर्जन (f)	starjan
aringa (f)	हेरिंग (f)	hering
salmone (m)	अटलांटिक सैल्मन (f)	atalāntik sailman

| scombro (m) | माक्रैल (f) | mākrail |
| sogliola (f) | फ्लैटफ़िश (f) | flaitafish |

lucioperca (f)	पाइक पर्च (f)	paik parch
merluzzo (m)	कॉड (f)	kod
tonno (m)	टूना (f)	tūna
trota (f)	ट्राउट (f)	traut

anguilla (f)	सर्पमीन (f)	sarpamīn
torpedine (f)	विद्युत शंकुश (f)	vidyut shankush
murena (f)	मोरे सर्पमीन (f)	more sarpamīn
piranha (f)	पिरान्हा (f)	pirānha

squalo (m)	शार्क (f)	shārk
delfino (m)	डॉलफ़िन (f)	dolafin
balena (f)	ह्वेल (f)	hvel

granchio (m)	केकड़ा (m)	kekara
medusa (f)	जेली फ़िश (f)	jelī fish
polpo (m)	आक्टोपस (m)	āktopas

stella (f) marina	स्टार फ़िश (f)	stār fish
riccio (m) di mare	जलसाही (f)	jalasāhī
cavalluccio (m) marino	समुद्री घोड़ा (m)	samudrī ghora

ostrica (f)	कस्तूरा (m)	kastūra
gamberetto (m)	झींगा (f)	jhīnga
astice (m)	लॉब्सटर (m)	lobsatar
aragosta (f)	स्पाइनी लॉब्सटर (m)	spainī lobsatar

219. Anfibi. Rettili

| serpente (m) | सर्प (m) | sarp |
| velenoso (agg) | विषैला | vishaila |

vipera (f)	वाइपर (m)	vaipar
cobra (m)	नाग (m)	nāg
pitone (m)	अजगर (m)	ajagar
boa (m)	अजगर (m)	ajagar
biscia (f)	साँप (f)	sānp
serpente (m) a sonagli	रैटल सर्प (m)	raital sarp
anaconda (f)	एनाकोन्डा (f)	enākonda

lucertola (f)	छिपकली (f)	chhipakalī
iguana (f)	इग्यूएना (m)	igyūena
varano (m)	मॉनिटर छिपकली (f)	monitar chhipakalī
salamandra (f)	सैलामैंडर (m)	sailāmaindar
camaleonte (m)	गिरगिट (m)	giragit
scorpione (m)	वृश्चिक (m)	vrshchik

tartaruga (f)	कछुआ (m)	kachhua
rana (f)	मेंढक (m)	mendhak
rospo (m)	भेक (m)	bhek
coccodrillo (m)	मगर (m)	magar

220. Insetti

insetto (m)	कीट (m)	kīt
farfalla (f)	तितली (f)	titalī
formica (f)	चींटी (f)	chīntī
mosca (f)	मक्खी (f)	makkhī
zanzara (f)	मच्छर (m)	machchhar
scarabeo (m)	भृंग (m)	bhrng
vespa (f)	हड्डा (m)	hadda
ape (f)	मधुमक्खी (f)	madhumakkhī
bombo (m)	भँवरा (m)	bhanvara
tafano (m)	गोमक्खी (f)	gomakkhī
ragno (m)	मकड़ी (f)	makarī
ragnatela (f)	मकड़ी का जाल (m)	makarī ka jāl
libellula (f)	व्याध-पतंग (m)	vyādh-patang
cavalletta (f)	टिड्डा (m)	tidda
farfalla (f) notturna	पतंगा (m)	patanga
scarafaggio (m)	तिलचट्टा (m)	tilachatta
zecca (f)	जूँआ (m)	juna
pulce (f)	पिस्सू (m)	pissū
moscerino (m)	भुनगा (m)	bhunaga
locusta (f)	टिड्डी (f)	tiddī
lumaca (f)	घोंघा (m)	ghongha
grillo (m)	झींगुर (m)	jhīngur
lucciola (f)	जुगनू (m)	juganū
coccinella (f)	सोनपंखी (f)	sonapankhī
maggiolino (m)	कोकचाफ़ (m)	kokachāf
sanguisuga (f)	जोंक (m)	jok
bruco (m)	इल्ली (f)	illī
verme (m)	केंचुआ (m)	kenchua
larva (f)	कीटडिंभ (m)	kītadimbh

221. Animali. Parti del corpo

becco (m)	चोंच (f)	chonch
ali (f pl)	पंख (m pl)	pankh
zampa (f)	पंजा (m)	panja
piumaggio (m)	पक्षी के पर (m)	pakshī ke par
penna (f), piuma (f)	पर (m)	par
cresta (f)	कलगी (f)	kalagī
branchia (f)	गलफड़ा (m)	galafara
uova (f pl)	अंडा (m)	anda
larva (f)	लार्वा (f)	lārva
pinna (f)	मछली का पंख (m)	machhalī ka pankh
squama (f)	स्केल (f)	skel
zanna (f)	खांग (m)	khāng

zampa (f)	पंजा (m)	panja
muso (m)	थूथन (m)	thūthan
bocca (f)	मुंह (m)	munh
coda (f)	पूँछ (f)	pūnchh
baffi (m pl)	मूँछें (f pl)	mūnchhen
zoccolo (m)	खुर (m)	khur
corno (m)	शृंग (m)	shrng
carapace (f)	कवच (m)	kavach
conchiglia (f)	कौड़ी (f)	kaurī
guscio (m) dell'uovo	अंडे का छिलका (m)	ande ka chhilaka
pelo (m)	जानवर के बाल (m)	jānavar ke bāl
pelle (f)	पशुचर्म (m)	pashucharm

222. Azioni degli animali

volare (vi)	उड़ना	urana
volteggiare (vi)	चक्कर लगाना	chakkar lagāna
volare via	उड़ जाना	ur jāna
battere le ali	पंख फड़फड़ाना	pankh farafarāna
beccare (vi)	चुगना	chugana
covare (vt)	अंडे सेना	ande sena
sgusciare (vi)	अंडे से बाहर निकलना	ande se bāhar nikalana
fare il nido	घोंसला बनाना	ghonsala banāna
strisciare (vi)	रेंगना	rengana
pungere (insetto)	डसना	dasana
mordere (vt)	काटना	kātana
fiutare (vt)	सूंघना	sūnghana
abbaiare (vi)	भौंकना	bhaunkana
sibilare (vi)	फुफकारना	fufakārana
spaventare (vt)	डराना	darāna
attaccare (vt)	हमला करना	hamala karana
rodere (osso, ecc.)	कुतरना	kutarana
graffiare (vt)	कुरेदना	kuredana
nascondersi (vr)	छिपाना	chhipāna
giocare (vi)	खेलना	khelana
cacciare (vt)	शिकार करना	shikār karana
ibernare (vi)	सीतनिद्रा में होना	sītanidra men hona
estinguersi (vr)	समास हो जाना	samāpt ho jāna

223. Animali. Ambiente naturale

ambiente (m) naturale	निवास-स्थान (m)	nivās-sthān
migrazione (f)	देशांतरण (m)	deshāntaran
monte (m), montagna (f)	पहाड़ (m)	pahār

| scogliera (f) | रीफ़ (m) | rīf |
| falesia (f) | शिला (f) | shila |

foresta (f)	वन (m)	van
giungla (f)	जंगल (m)	jangal
savana (f)	सवान्ना (m)	savānna
tundra (f)	तुंड्रा (m)	tundra

steppa (f)	घास का मैदान (m)	ghās ka maidān
deserto (m)	रेगिस्तान (m)	registān
oasi (f)	नख़लिस्तान (m)	nakhalistān

mare (m)	सागर (m)	sāgar
lago (m)	तालाब (m)	tālāb
oceano (m)	महासागर (m)	mahāsāgar

palude (f)	दलदल (m)	daladal
di acqua dolce	मीठे पानी का	mīthe pānī ka
stagno (m)	ताल (m)	tāl
fiume (m)	नदी (f)	nadī

tana (f) (dell'orso)	गुफ़ा (f)	gufa
nido (m)	घोंसला (m)	ghonsala
cavità (f) (~ in un albero)	खोखला (m)	khokhala
tana (f) (del fox, ecc.)	बिल (m)	bil
formicaio (m)	बांबी (f)	bāmbī

224. Cura degli animali

| zoo (m) | चिड़ियाघर (m) | chiriyāghar |
| riserva (f) naturale | पशुविहार (m) | pashuvihār |

allevatore (m)	पशुफ़ार्म (m)	pashufārm
gabbia (f) all'aperto	अहाता (m)	ahāta
gabbia (f)	पिंजरा (m)	pinjara
canile (m)	कुत्ताघर (m)	kuttāghar

piccionaia (f)	कबूतरखाना (m)	kabūtarakhāna
acquario (m)	मछलीघर (m)	machhalīghar
delfinario (m)	डॉल्फ़िनघर (m)	dolafinaghar

allevare (vt)	पालन करना	pālan karana
cucciolata (f)	बच्चे (m)	bachche
addomesticare (vt)	पालतू बनाना	pālatū banāna
ammaestrare (vt)	सधाना	sadhāna

| mangime (m) | चारा (m) | chāra |
| dare da mangiare | खिलाना | khilāna |

negozio (m) di animali	पालतू जानवरों की दुकान (f)	pālatū jānavaron kī dukān
museruola (f)	थूथन (f)	thūthan
collare (m)	पट्टा (m)	patta
nome (m) (di un cane, ecc.)	नाम (m)	nām
pedigree (m)	वंशावली (f)	vanshāvalī

225. Animali. Varie

branco (m)	झुंड (m)	jhund
stormo (m)	झुंड (m)	jhund
banco (m)	झुंड (m)	jhund
mandria (f)	झुंड (m)	jhund
maschio (m)	नर (m)	nar
femmina (f)	मादा (f)	māda
affamato (agg)	भूखा	bhūkha
selvatico (agg)	जंगली	jangalī
pericoloso (agg)	खतरनाक	khataranāk

226. Cavalli

cavallo (m)	घोड़ा (m)	ghora
razza (f)	नस्ल (f)	nasl
puledro (m)	बछड़ा (m)	bachhara
giumenta (f)	घोड़ी (f)	ghorī
mustang (m)	मुस्तांग (m)	mustāng
pony (m)	टट्टू (m)	tattū
cavallo (m) da tiro pesante	भारवाही घोड़ा (m)	bhāravāhī ghora
criniera (f)	अयाल (m)	ayāl
coda (f)	पूँछ (f)	pūnchh
zoccolo (m)	खुर (m)	khur
ferro (m) di cavallo	अश्वनाल (f)	ashvanāl
ferrare (vt)	नाल जड़ना	nāl jarana
fabbro (m)	लोहार (m)	lohār
sella (f)	काठी (f)	kāthī
staffa (f)	रक़ाब (m)	raqāb
briglia (f)	लगाम (f)	lagām
redini (m pl)	लगाम (f)	lagām
frusta (f)	चाबूक (m)	chābūk
fantino (m)	सवार (m)	savār
sellare (vt)	काठी कसना	kāthī kasana
montare in sella	काठी पर बैठना	kāthī par baithana
galoppo (m)	सरपट (f)	sarapat
galoppare (vi)	सरपट दौड़ना	sarapat daurana
trotto (m)	दुलकी चाल (m)	dulakī chāl
al trotto	दुलकी चाल चलना	dulakī chāl chalana
cavallo (m) da corsa	दौड़ का घोड़ा (m)	daur ka ghora
corse (f pl)	घुड़दौड़ (m pl)	ghuradaur
scuderia (f)	अस्तबल (m)	astabal
dare da mangiare	खिलाना	khilāna

fieno (m)	सूखी घास (f)	sūkhī ghās
abbeverare (vt)	पिलाना	pilāna
lavare (~ il cavallo)	नहलाना	nahalāna

pascolare (vi)	चरना	charana
nitrire (vi)	हिनहिनाना	hinahināna
dare un calcio	लात मारना	lāt mārana

Flora

227. Alberi

albero (m)	पेड़ (m)	per
deciduo (agg)	पर्णपाती	parnapātī
conifero (agg)	शंकुधर	shankudhar
sempreverde (agg)	सदाबहार	sadābahār
melo (m)	सेब वृक्ष (m)	seb vrksh
pero (m)	नाश्पाती का पेड़ (m)	nāshpātī ka per
ciliegio (m), amareno (m)	चेरी का पेड़ (f)	cherī ka per
prugno (m)	आलूबुख़ारे का पेड़ (m)	ālūbukhāre ka per
betulla (f)	सनोबर का पेड़ (m)	sanobar ka per
quercia (f)	बलूत (m)	balūt
tiglio (m)	लिनडेन वृक्ष (m)	linaden vrksh
pioppo (m) tremolo	आस्पेन वृक्ष (m)	āspen vrksh
acero (m)	मेपल (m)	mepal
abete (m)	फर का पेड़ (m)	far ka per
pino (m)	देवदार (m)	devadār
larice (m)	लार्च (m)	lārch
abete (m) bianco	फर (m)	far
cedro (m)	देवदर (m)	devadar
pioppo (m)	पोप्लर वृक्ष (m)	poplar vrksh
sorbo (m)	रोवाण (m)	rovān
salice (m)	विलो (f)	vilo
alno (m)	आल्डर वृक्ष (m)	āldar vrksh
faggio (m)	बीच (m)	bīch
olmo (m)	एल्म वृक्ष (m)	elm vrksh
frassino (m)	एश-वृक्ष (m)	esh-vrksh
castagno (m)	चेस्टनट (m)	chestanat
magnolia (f)	मैगनोलिया (f)	maiganoliya
palma (f)	ताड़ का पेड़ (m)	tār ka per
cipresso (m)	सरो (m)	saro
mangrovia (f)	मैनग्रोव (m)	mainagrov
baobab (m)	गोरक्षी (m)	gorakshī
eucalipto (m)	यूकेलिप्टस (m)	yūkeliptas
sequoia (f)	सेकोइया (f)	sekoiya

228. Arbusti

cespuglio (m)	झाड़ी (f)	jhārī
arbusto (m)	झाड़ी (f)	jhārī

| vite (f) | अंगूर की बेल (f) | angūr kī bel |
| vigneto (m) | अंगूर का बाग़ (m) | angūr ka bāg |

lampone (m)	रास्पबेरी की झाड़ी (f)	rāspaberī kī jhārī
ribes (m) rosso	लाल करेंट की झाड़ी (f)	lāl karent kī jhārī
uva (f) spina	गूज़बेरी की झाड़ी (f)	gūzaberī kī jhārī

acacia (f)	ऐकेशिय (m)	aikeshiy
crespino (m)	बारबेरी झाड़ी (f)	bāraberī jhārī
gelsomino (m)	चमेली (f)	chamelī

ginepro (m)	जूनिपर (m)	jūnipar
roseto (m)	गुलाब की झाड़ी (f)	gulāb kī jhārī
rosa (f) canina	जंगली गुलाब (m)	jangalī gulāb

229. Funghi

fungo (m)	गगन-धूलि (f)	gagan-dhūli
fungo (m) commestibile	खाने योग्य गगन-धूलि (f)	khāne yogy gagan-dhūli
fungo (m) velenoso	ज़हरीली गगन-धूलि (f)	zaharīlī gagan-dhūli
cappello (m)	छतरी (f)	chhatarī
gambo (m)	डंठल (f)	danthal

porcino (m)	सफ़ेद गगन-धूलि (f)	safed gagan-dhūli
boleto (m) rufo	नारंगी छतरी वाली गगन-धूलि (f)	nārangī chhatarī vālī gagan-dhūli
porcinello (m)	बर्च बोलेट (f)	barch bolet
gallinaccio (m)	शेंटरेल (f)	shentarel
rossola (f)	रसुला (f)	rasula

spugnola (f)	मोरेल (f)	morel
ovolaccio (m)	फ्लाई ऐगेरिक (f)	flaī aigerik
fungo (m) moscario	डेथ कैप (f)	deth kaip

230. Frutti. Bacche

frutto (m)	फल (m)	fal
frutti (m pl)	फल (m pl)	fal
mela (f)	सेब (m)	seb
pera (f)	नाश्पाती (f)	nāshpātī
prugna (f)	आलूबुखारा (m)	ālūbukhāra

fragola (f)	स्ट्रॉबेरी (f)	stroberī
amarena (f), ciliegia (f)	चेरी (f)	cherī
uva (f)	अंगूर (m)	angūr

lampone (m)	रास्पबेरी (f)	rāspaberī
ribes (m) nero	काली करेंट (f)	kālī karent
ribes (m) rosso	लाल करेंट (f)	lāl karent
uva (f) spina	गूज़बेरी (f)	gūzaberī
mirtillo (m) di palude	क्रैनबेरी (f)	krenaberī
arancia (f)	संतरा (m)	santara

mandarino (m)	नारंगी (f)	nārangī
ananas (m)	अनानास (m)	anānās
banana (f)	केला (m)	kela
dattero (m)	खजूर (m)	khajūr
limone (m)	नींबू (m)	nīmbū
albicocca (f)	खूबानी (f)	khūbānī
pesca (f)	आड़ू (m)	ārū
kiwi (m)	चीकू (m)	chīkū
pompelmo (m)	ग्रेपफ्रूट (m)	grepafrūt
bacca (f)	बेरी (f)	berī
bacche (f pl)	बेरियां (f pl)	beriyān
mirtillo (m) rosso	काओबेरी (f)	kaoberī
fragola (f) di bosco	जंगली स्ट्रॉबेरी (f)	jangalī stroberī
mirtillo (m)	बिलबेरी (f)	bilaberī

231. Fiori. Piante

fiore (m)	फूल (m)	fūl
mazzo (m) di fiori	गुलदस्ता (m)	guladasta
rosa (f)	गुलाब (f)	gulāb
tulipano (m)	ट्यूलिप (m)	tyūlip
garofano (m)	गुलनार (m)	gulanār
gladiolo (m)	ग्लेडियोलस (m)	glediyolas
fiordaliso (m)	नीलकूपी (m)	nīlakūpī
campanella (f)	ब्लूबेल (m)	blūbel
soffione (m)	कुकरौंधा (m)	kukaraundha
camomilla (f)	कैमोमाइल (m)	kaimomail
aloe (m)	मुसब्बर (m)	musabbar
cactus (m)	कैक्टस (m)	kaiktas
ficus (m)	रबड़ का पौधा (m)	rabar ka paudha
giglio (m)	कुमुदिनी (f)	kumudinī
geranio (m)	जेरेनियम (m)	jeraniyam
giacinto (m)	हायसिंथ (m)	hāyasinth
mimosa (f)	मिमोसा (m)	mimosa
narciso (m)	नरगिस (f)	naragis
nasturzio (m)	नस्टाशयम (m)	nastāshayam
orchidea (f)	आर्किड (m)	ārkid
peonia (f)	पियोनी (m)	piyonī
viola (f)	वॉयलेट (m)	voyalet
viola (f) del pensiero	पैंज़ी (m pl)	painzī
nontiscordardimé (m)	फर्गेट मी नाट (m)	fargent mī nāt
margherita (f)	गुलबहार (f)	gulabahār
papavero (m)	खशखाश (m)	khashakhāsh
canapa (f)	भांग (f)	bhāng

menta (f)	पुदीना (m)	pudīna
mughetto (m)	कामुदिनी (f)	kāmudinī
bucaneve (m)	सफ़ेद फूल (m)	safed fūl

ortica (f)	बिच्छू बूटी (f)	bichchhū būtī
acetosa (f)	सोरेल (m)	sorel
ninfea (f)	कुमुदिनी (f)	kumudinī
felce (f)	फर्न (m)	farn
lichene (m)	शैवाक (m)	shaivāk

serra (f)	शीशाघर (m)	shīshāghar
prato (m) erboso	घास का मैदान (m)	ghās ka maidān
aiuola (f)	फुलवारी (f)	fulavārī

pianta (f)	पौधा (m)	paudha
erba (f)	घास (f)	ghās
filo (m) d'erba	तिनका (m)	tinaka

foglia (f)	पत्ती (f)	pattī
petalo (m)	पंखड़ी (f)	pankharī
stelo (m)	डंडी (f)	dandī
tubero (m)	कंद (m)	kand

germoglio (m)	अंकुर (m)	ankur
spina (f)	काँटा (m)	kānta

fiorire (vi)	खिलना	khilana
appassire (vi)	मुरझाना	murajhāna
odore (m), profumo (m)	बू (m)	bū
tagliare (~ i fiori)	काटना	kātana
cogliere (vt)	तोड़ना	torana

232. Cereali, granaglie

grano (m)	दाना (m)	dāna
cereali (m pl)	अनाज की फ़सलें (m pl)	anāj kī fasalen
spiga (f)	बाल (f)	bāl

frumento (m)	गेहूं (m)	gehūn
segale (f)	रई (f)	raī
avena (f)	जई (f)	jaī

miglio (m)	बाजरा (m)	bājara
orzo (m)	जौ (m)	jau

mais (m)	मक्का (m)	makka
riso (m)	चावल (m)	chāval
grano (m) saraceno	मोथी (m)	mothī

pisello (m)	मटर (m)	matar
fagiolo (m)	राजमा (f)	rājama
soia (f)	सोया (m)	soya
lenticchie (f pl)	दाल (m)	dāl
fave (f pl)	फली (f pl)	falī

233. Ortaggi. Verdure

ortaggi (m pl)	सब्ज़ियाँ (f pl)	sabziyān
verdura (f)	हरी सब्ज़ियाँ (f)	harī sabjiyān
pomodoro (m)	टमाटर (m)	tamātar
cetriolo (m)	खीरा (m)	khīra
carota (f)	गाजर (f)	gājar
patata (f)	आलू (m)	ālū
cipolla (f)	प्याज़ (f)	pyāz
aglio (m)	लहसुन (m)	lahasun
cavolo (m)	बंदगोभी (f)	bandagobhī
cavolfiore (m)	फूल गोभी (f)	fūl gobhī
cavoletti (m pl) di Bruxelles	ब्रसेल्स स्प्राउट्स (m)	brasels sprauts
barbabietola (f)	चुकन्दर (m)	chukandar
melanzana (f)	बैंगन (m)	baingan
zucchina (f)	लौकी (f)	laukī
zucca (f)	कद्दू (m)	kaddū
rapa (f)	शलजम (f)	shalajam
prezzemolo (m)	अजमोद (f)	ajamod
aneto (m)	सोआ (m)	soa
lattuga (f)	सलाद पत्ता (m)	salād patta
sedano (m)	सेलरी (m)	selarī
asparago (m)	एस्परैगस (m)	esparaigas
spinaci (m pl)	पालक (m)	pālak
pisello (m)	मटर (m)	matar
fave (f pl)	फली (f pl)	falī
mais (m)	मकई (f)	makī
fagiolo (m)	राजमा (f)	rājama
peperone (m)	मिर्च (f)	mirch
ravanello (m)	मूली (f)	mūlī
carciofo (m)	आर्तिशोक (m)	artishok

GEOGRAFIA REGIONALE

Paesi. Nazionalità

234. Europa occidentale

Europa (f)	यूरोप (m)	yūrop
Unione (f) Europea	यूरोपीय संघ (m)	yūropīy sangh
europeo (m)	यरोपीय (m)	yaropīy
europeo (agg)	यरोपीय	yaropīy
Austria (f)	ऑस्ट्रिया (m)	ostriya
austriaco (m)	ऑस्ट्रियाई (m)	ostriyaī
austriaca (f)	ऑस्ट्रीयाई (f)	ostrīyaī
austriaco (agg)	ऑस्ट्रीयाई	ostrīyaī
Gran Bretagna (f)	ग्रेट ब्रिटेन (m)	gret briten
Inghilterra (f)	इंग्लैंड (m)	inglaind
britannico (m), inglese (m)	ब्रिटिश (m)	british
britannica (f), inglese (f)	ब्रिटिश (f)	british
inglese (agg)	अंग्रेज़	angrez
Belgio (m)	बेल्जियम (m)	beljiyam
belga (m)	बेल्जियाई (m)	beljiyaī
belga (f)	बेल्जियाई (f)	beljiyaī
belga (agg)	बेल्जियाई	beljiyaī
Germania (f)	जर्मन (m)	jarman
tedesco (m)	जर्मन (m)	jarman
tedesca (f)	जर्मन (f)	jarman
tedesco (agg)	जर्मन	jarman
Paesi Bassi (m pl)	नीदरलैंड्स (m)	nīdaralainds
Olanda (f)	हॉलैंड (m)	holaind
olandese (m)	डच (m)	dach
olandese (f)	डच (f)	dach
olandese (agg)	डच	dach
Grecia (f)	ग्रीस (m)	grīs
greco (m)	ग्रीक (m)	grīk
greca (f)	ग्रीक (f)	grīk
greco (agg)	ग्रीक	grīk
Danimarca (f)	डेन्मार्क (m)	denmārk
danese (m)	डेनिश (m)	denish
danese (f)	डेनिश (f)	denish
danese (agg)	डेनिश	denish
Irlanda (f)	आयरलैंड (m)	āyaralaind
irlandese (m)	आयरिश (m)	āyarish

irlandese (f)	आयरिश (f)	āyarish
irlandese (agg)	आयरिश	āyarish
Islanda (f)	आयसलैंड (m)	āyasalaind
islandese (m)	आयसलैंडर (m)	āyasalaindar
islandese (f)	आयसलैंडर (f)	āyasalaindar
islandese (agg)	आयसलैंडर	āyasalaindar
Spagna (f)	स्पेन (m)	spen
spagnolo (m)	स्पेनी (m)	spenī
spagnola (f)	स्पेनी (f)	spenī
spagnolo (agg)	स्पेनी	spenī
Italia (f)	इटली (m)	italī
italiano (m)	इतालवी (m)	itālavī
italiana (f)	इतालवी (f)	itālavī
italiano (agg)	इतालवी	itālavī
Cipro (m)	साइप्रस (m)	saipras
cipriota (m)	साइप्रस वासी (m)	saipras vāsī
cipriota (f)	साइप्रस वासी (f)	saipras vāsī
cipriota (agg)	साइप्रसी	saiprasī
Malta (f)	माल्टा (m)	mālta
maltese (m)	मोलतिज़ (m)	molatiz
maltese (f)	मोलतिज़ (f)	molatiz
maltese (agg)	मोलतिज़	molatiz
Norvegia (f)	नार्वे (m)	nārve
norvegese (m)	नार्वेजियन (m)	nārvejiyan
norvegese (f)	नार्वेजियन (f)	nārvejiyan
norvegese (agg)	नार्वेजियन	nārvejiyan
Portogallo (f)	पुर्तगाल (m)	purtagāl
portoghese (m)	पुर्तगाली (m)	purtagālī
portoghese (f)	पुर्तगाली (f)	purtagālī
portoghese (agg)	पुर्तगाली	purtagālī
Finlandia (f)	फ़िनलैंड (m)	finalaind
finlandese (m)	फ़िनिश (m)	finish
finlandese (f)	फ़िनिश (f)	finish
finlandese (agg)	फ़िनिश	finish
Francia (f)	फ़्रांस (m)	frāns
francese (m)	फ़्रांसीसी (m)	frānsīsī
francese (f)	फ़्रांसीसी (f)	frānsīsī
francese (agg)	फ़्रांसीसी	frānsīsī
Svezia (f)	स्वीडन (m)	svīdan
svedese (m)	स्वीड (m)	svīd
svedese (f)	स्वीड (f)	svīd
svedese (agg)	स्वीडिश	svīdish
Svizzera (f)	स्विट्ज़रलैंड (m)	svitzaralaind
svizzero (m)	स्विस (m)	svis
svizzera (f)	स्विस (f)	svis

svizzero (agg)	स्विस	svis
Scozia (f)	स्कॉटलैंड (m)	skotalaind
scozzese (m)	स्कॉटिश (m)	skotish
scozzese (f)	स्कॉटिश (f)	skotish
scozzese (agg)	स्कॉटिश	skotish
Vaticano (m)	वेटिकन (m)	vetikan
Liechtenstein (m)	लिकटेंस्टीन (m)	likatenstīn
Lussemburgo (m)	लक्ज़मबर्ग (m)	lakzamabarg
Monaco (m)	मोनाको (m)	monāko

235. Europa centrale e orientale

Albania (f)	अल्बानिया (m)	albāniya
albanese (m)	अल्बानियाई (m)	albāniyaī
albanese (f)	अल्बानियाई (f)	albāniyaī
albanese (agg)	अल्बानियाई	albāniyaī
Bulgaria (f)	बुल्गारिया (m)	bulgāriya
bulgaro (m)	बल्ग्रेरियाई (m)	balgeriyaī
bulgara (f)	बल्ग्रेरियाई (f)	balgeriyaī
bulgaro (agg)	बल्ग्रेरियाई	balgeriyaī
Ungheria (f)	हंगरी (m)	hangarī
ungherese (m)	हंगेरियाई (m)	hangeriyaī
ungherese (f)	हंगेरियाई (f)	hangeriyaī
ungherese (agg)	हंगेरियाई	hangeriyaī
Lettonia (f)	लाटविया (m)	lātaviya
lettone (m)	लाटवियाई (m)	lātaviyaī
lettone (f)	हंगेरियाई (f)	hangeriyaī
lettone (agg)	लाटवियाई	lātaviyaī
Lituania (f)	लिथुआनिया (m)	lithuāniya
lituano (m)	लिथुआनियन (m)	lithuāniyan
lituana (f)	लिथुआनियन (f)	lithuāniyan
lituano (agg)	लिथुआनियन	lithuāniyan
Polonia (f)	पोलैंड (m)	polaind
polacco (m)	पोलिश (m)	polish
polacca (f)	पोलिश (f)	polish
polacco (agg)	पोलिश	polish
Romania (f)	रोमानिया (m)	romāniya
rumeno (m)	रोमानियाई (m)	romāniyaī
rumena (f)	रोमानियाई (f)	romāniyaī
rumeno (agg)	रोमानियाई	romāniyaī
Serbia (f)	सर्बिया (m)	sarbiya
serbo (m)	सर्बियाई (m)	sarbiyaī
serba (f)	सर्बियाई (f)	sarbiyaī
serbo (agg)	सर्बियाई	sarbiyaī
Slovacchia (f)	स्लोवाकिया (m)	slovākiya
slovacco (m)	स्लोवाकियन (m)	slovākiyan

slovacca (f)	स्लोवाकियन (f)	slovākiyan
slovacco (agg)	स्लोवाकियन	slovākiyan
Croazia (f)	क्रोएशिया (m)	kroeshiya
croato (m)	क्रोएशियन (m)	kroeshiyan
croata (f)	क्रोएशियन (f)	kroeshiyan
croato (agg)	क्रोएशियन	kroeshiyan
Repubblica (f) Ceca	चेक गणतंत्र (m)	chek ganatantr
ceco (m)	चेक (m)	chek
ceca (f)	चेक (f)	chek
ceco (agg)	चेक	chek
Estonia (f)	एस्तोनिया (m)	estoniya
estone (m)	एस्तोनियन (m)	estoniyan
estone (f)	एस्तोनियन (f)	estoniyan
estone (agg)	एस्तोनियन	estoniyan
Bosnia-Erzegovina (f)	बोस्निया और हर्ज़ेगोविना	bosniya aur harzegovina
Macedonia (f)	मेसेडोनिया (m)	mesedoniya
Slovenia (f)	स्लोवेनिया (m)	sloveniya
Montenegro (m)	मोंटेनेग्रो (m)	montenegro

236. Paesi dell'ex Unione Sovietica

Azerbaigian (m)	आज़रबाइजान (m)	āzarabaijān
azerbaigiano (m)	आज़रबाइजानी (m)	āzarabaijānī
azerbaigiana (f)	आज़रबाइजानी (f)	āzarabaijānī
azerbaigiano (agg)	आज़रबाइजानी	āzarabaijānī
Armenia (f)	आर्मीनिया (m)	ārmīniya
armeno (m)	आर्मीनियन (m)	ārmīniyan
armena (f)	आर्मीनियन (f)	ārmīniyan
armeno (agg)	आर्मीनियाई	ārmīniyaī
Bielorussia (f)	बेलारूस (m)	belārūs
bielorusso (m)	बेलारूसी (m)	belārūsī
bielorussa (f)	बेलारूसी (f)	belārūsī
bielorusso (agg)	बेलारूसी	belārūsī
Georgia (f)	जॉर्जिया (m)	jorjiya
georgiano (m)	जॉर्जियन (m)	jorjiyan
georgiana (f)	जॉर्जियन (f)	jorjiyan
georgiano (agg)	जॉर्जिया	jorjiya
Kazakistan (m)	कज़ाकस्तान (m)	kazākastān
kazaco (m)	कज़ाकी (m)	kazākī
kazaca (f)	कज़ाकी (f)	kazākī
kazaco (agg)	कज़ाकी	kazākī
Kirghizistan (m)	किर्गीज़िया (m)	kirgīziya
kirghiso (m)	किर्गीज़ (m)	kirgīz
kirghisa (f)	किर्गीज़ (f)	kirgīz
kirghiso (agg)	किर्गीज़	kirgīz

Moldavia (f)	मोलदोवा (m)	moladova
moldavo (m)	मोलदोवियन (m)	moladoviyan
moldava (f)	मोलदोवियन (f)	moladoviyan
moldavo (agg)	मोलदोवियन	moladoviyan

Russia (f)	रूस (m)	rūs
russo (m)	रूसी (m)	rūsī
russa (f)	रूसी (f)	rūsī
russo (agg)	रूसी	rūsī

Tagikistan (m)	ताजिकिस्तान (m)	tājikistān
tagico (m)	ताजिक (m)	tājik
tagica (f)	ताजिक (f)	tājik
tagico (agg)	ताजिक	tājik

Turkmenistan (m)	तुर्कमानिस्तान (m)	turkamānistān
turkmeno (m)	तुर्कमानी (m)	turkamānī
turkmena (f)	तुर्कमानी (f)	turkamānī
turkmeno (agg)	तुर्कमानी	turkamānī

Uzbekistan (m)	उज़्बेकिस्तान (m)	uzbekistān
usbeco (m)	उज़्बेकी (m)	uzbekī
usbeca (f)	उज़्बेकी (f)	uzbekī
usbeco (agg)	उज़्बेकि	uzbeki

Ucraina (f)	यूक्रेन (m)	yūkren
ucraino (m)	यूक्रेनी (m)	yūkrenī
ucraina (f)	यूक्रेनी (f)	yūkrenī
ucraino (agg)	यूक्रेनी	yūkrenī

237. Asia

| Asia (f) | एशिया (f) | eshiya |
| asiatico (agg) | एशियई | eshiyī |

Vietnam (m)	वियतनाम (m)	viyatanām
vietnamita (m)	वियतनामी (m)	viyatanāmī
vietnamita (f)	वियतनामी (f)	viyatanāmī
vietnamita (agg)	वियतनामी	viyatanāmī

India (f)	भारत (m)	bhārat
indiano (m)	भारतीय (m)	bhāratīy
indiana (f)	भारतीय (f)	bhāratīy
indiano (agg)	भारतीय	bhāratīy

Israele (m)	इसायल (m)	isrāyal
israeliano (m)	इसाइली (m)	israilī
israeliana (f)	इसाइली (f)	israilī
israeliano (agg)	इसाइली	israilī

ebreo (m)	यहूदी (m)	yahūdī
ebrea (f)	यहूदी (f)	yahūdī
ebraico (agg)	यहूदी	yahūdī
Cina (f)	चीन (m)	chīn

cinese (m)	चीनी (m)	chīnī
cinese (f)	चीनी (f)	chīnī
cinese (agg)	चीनी	chīnī
coreano (m)	कोरियन (m)	koriyan
coreana (f)	कोरियन (f)	koriyan
coreano (agg)	कोरियन	koriyan
Libano (m)	लेबनान (m)	lebanān
libanese (m)	लेबनानी (m)	lebanānī
libanese (f)	लेबनानी (f)	lebanānī
libanese (agg)	लेबनानी	lebanānī
Mongolia (f)	मंगोलिया (m)	mangoliya
mongolo (m)	मंगोलियन (m)	mangoliyan
mongola (f)	मंगोलियन (f)	mangoliyan
mongolo (agg)	मंगोलियन	mangoliyan
Malesia (f)	मलेशिया (m)	maleshiya
malese (m)	मलेशियाई (m)	maleshiyaī
malese (f)	मलेशियाई (f)	maleshiyaī
malese (agg)	मलेशियाई	maleshiyaī
Pakistan (m)	पाकिस्तान (m)	pākistān
pakistano (m)	पाकिस्तानी (m)	pākistānī
pakistana (f)	पाकिस्तानी (f)	pākistānī
pakistano (agg)	पाकिस्तानी	pākistānī
Arabia Saudita (f)	सऊदी अरब (m)	saūdī arab
arabo (m), saudita (m)	अरब (m)	arab
araba (f), saudita (f)	अरबी (f)	arabī
arabo (agg)	अरबी	arabī
Tailandia (f)	थाईलैंड (m)	thaīlaind
tailandese (m)	थाई (m)	thaī
tailandese (f)	थाई (f)	thaī
tailandese (agg)	थाई	thaī
Taiwan (m)	ताइवान (m)	taivān
taiwanese (m)	ताइवानी (m)	taivānī
taiwanese (f)	ताइवानी (f)	taivānī
taiwanese (agg)	ताइवानी	taivānī
Turchia (f)	तुर्की (m)	turkī
turco (m)	तुर्क (m)	turk
turca (f)	तुर्क (m)	turk
turco (agg)	तुर्किश	turkish
Giappone (m)	जापान (m)	jāpān
giapponese (m)	जापानी (m)	jāpānī
giapponese (f)	जापानी (f)	jāpānī
giapponese (agg)	जापानी	jāpānī
Afghanistan (m)	अफ़्ग़ानिस्तान (m)	afagānistān
Bangladesh (m)	बांग्लादेश (m)	bānglādesh
Indonesia (f)	इण्डोनेशिया (m)	indoneshiya

Giordania (f)	जॉर्डन (m)	jordan
Iraq (m)	इराक़ (m)	irāq
Iran (m)	इरान (m)	irān
Cambogia (f)	कम्बोडिया (m)	kambodiya
Kuwait (m)	कुवैत (m)	kuvait

Laos (m)	लाओस (m)	laos
Birmania (f)	म्यांमर (m)	myāmmar
Nepal (m)	नेपाल (m)	nepāl
Emirati (m pl) Arabi	संयुक्त अरब अमीरात (m)	sanyukt arab amīrāt

Siria (f)	सीरिया (m)	sīriya
Palestina (f)	फ़िलिस्तीन (m)	filistīn
Corea (f) del Sud	दक्षिण कोरिया (m)	dakshin koriya
Corea (f) del Nord	उत्तर कोरिया (m)	uttar koriya

238. America del Nord

Stati (m pl) Uniti d'America	संयुक्त राज्य अमरीका (m)	sanyukt rājy amarīka
americano (m)	अमरीकी (m)	amarīkī
americana (f)	अमरीकी (f)	amarīkī
americano (agg)	अमरीकी	amarīkī

Canada (m)	कनाडा (m)	kanāda
canadese (m)	कैनेडियन (m)	kainediyan
canadese (f)	कैनेडियन (f)	kainediyan
canadese (agg)	कैनेडियन	kainediyan

Messico (m)	मेक्सिको (m)	meksiko
messicano (m)	मेक्सिकन (m)	meksikan
messicana (f)	मेक्सिकन (f)	meksikan
messicano (agg)	मेक्सिकन	meksikan

239. America centrale e America del Sud

Argentina (f)	अर्जेंटीना (m)	arjentīna
argentino (m)	अर्जेंटीनी (m)	arjentīnī
argentina (f)	अर्जेंटीनी (f)	arjentīnī
argentino (agg)	अर्जेंटीनी	arjentīnī

Brasile (m)	ब्राज़ील (m)	brāzīl
brasiliano (m)	ब्राज़ीली (m)	brāzīlī
brasiliana (f)	ब्राज़ीली (f)	brāzīlī
brasiliano (agg)	ब्राज़ीली	brāzīlī

Colombia (f)	कोलम्बिया (m)	kolambiya
colombiano (m)	कोलम्बियन (m)	kolambiyan
colombiana (f)	कोलम्बियन (f)	kolambiyan
colombiano (agg)	कोलम्बियन	kolambiyan

| Cuba (f) | क्यूबा (m) | kyūba |
| cubano (m) | क्यूबन (m) | kyūban |

| cubana (f) | क्यूबन (f) | kyūban |
| cubano (agg) | क्यूबाई | kyūbaī |

Cile (m)	चिली (m)	chilī
cileno (m)	चीलीयन (m)	chīlīyan
cilena (f)	चीलीयन (f)	chīlīyan
cileno (agg)	चीलीयन	chīlīyan

Bolivia (f)	बोलीविया (m)	bolīviya
Venezuela (f)	वेनेजुएला (m)	venezuela
Paraguay (m)	परागुआ (m)	parāgua
Perù (m)	पेरू (m)	perū

Suriname (m)	सूरीनाम (m)	sūrīnām
Uruguay (m)	उरुग्वे (m)	urugve
Ecuador (m)	इक्वेडोर (m)	ikvedor

Le Bahamas	बहामा (m)	bahāma
Haiti (m)	हाइटी (m)	haitī
Repubblica (f) Dominicana	डोमिनिकन रिपब्लिक (m)	dominikan ripablik
Panama (m)	पनामा (m)	panāma
Giamaica (f)	जमैका (m)	jamaika

240. Africa

Egitto (m)	मिस्र (m)	misr
egiziano (m)	मिस्री (m)	misrī
egiziana (f)	मिस्री (f)	misrī
egiziano (agg)	मिस्री	misrī

Marocco (m)	मोरक्को (m)	morakko
marocchino (m)	मोरकन (m)	morakan
marocchina (f)	मोरकन (f)	morakan
marocchino (agg)	मोरकन	morakan

Tunisia (f)	ट्युनीसिया (m)	tyunīsiya
tunisino (m)	ट्युनीसियन (m)	tyunīsiyan
tunisina (f)	ट्युनीसियन (f)	tyunīsiyan
tunisino (agg)	ट्युनीसियन	tyunīsiyan

Ghana (m)	घाना (m)	ghāna
Zanzibar	ज़ैंज़िबार (m)	zainzibār
Kenya (m)	केन्या (m)	kenya
Libia (f)	लीबिया (m)	lībiya
Madagascar (m)	मडागास्कार (m)	madāgāskār

Namibia (f)	नामीबिया (m)	nāmībiya
Senegal (m)	सेनेगाल (m)	senegāl
Tanzania (f)	तंज़ानिया (m)	tanzāniya
Repubblica (f) Sudafricana	दक्षिण अफ्रीका (m)	dakshin afrīka

africano (m)	अफ्रीकी (m)	afrīkī
africana (f)	अफ्रीकी (f)	afrīkī
africano (agg)	अफ्रीकी	afrīkī

241. Australia. Oceania

Italiano	Hindi	Traslitterazione
Australia (f)	आस्ट्रेलिया (m)	āstreliya
australiano (m)	आस्ट्रेलियन (m)	āstreliyan
australiana (f)	आस्ट्रेलियन (f)	āstreliyan
australiano (agg)	आस्ट्रेलियन	āstreliyan
Nuova Zelanda (f)	न्यू ज़ीलैंड (m)	nyū zīlaind
neozelandese (m)	न्यू ज़ीलैंडियन (m)	nyū zīlaindiyan
neozelandese (f)	न्यू ज़ीलैंडियन (f)	nyū zīlaindiyan
neozelandese (agg)	न्यू ज़ीलैंडियन	nyū zīlaindiyan
Tasmania (f)	तास्मानिया (m)	tāsmāniya
Polinesia (f) Francese	फ्रेंच पॉलीनेशिया (m)	french polīneshiya

242. Città

Italiano	Hindi	Traslitterazione
L'Aia	हेग (m)	heg
Amburgo	हैम्बर्ग (m)	haimbarg
Amsterdam	एम्स्टर्डम (m)	emstardam
Ankara	अंकारा (m)	ankāra
Atene	एथेन्स (m)	ethens
L'Avana	हवाना (m)	havāna
Baghdad	बगदाद (m)	bagadād
Bangkok	बैंकॉक (m)	bainkok
Barcellona	बार्सिलोना (m)	bārsilona
Beirut	बेरूत (m)	berūt
Berlino	बर्लिन (m)	barlin
Bombay, Mumbai	मुम्बई (m)	mumbī
Bonn	बॉन (m)	bon
Bordeaux	बोर्दी (m)	bordo
Bratislava	ब्राटीस्लावा (m)	brātīslāva
Bruxelles	ब्रसेल्स (m)	brasels
Bucarest	बुखारेस्ट (m)	bukhārest
Budapest	बुडापेस्ट (m)	budāpest
Il Cairo	काहिरा (m)	kāhira
Calcutta	कोलकाता (m)	kolakāta
Chicago	शिकागो (m)	shikāgo
Città del Messico	मेक्सिको सिटी (f)	meksiko sitī
Copenaghen	कोपनहेगन (m)	kopanahegan
Dar es Salaam	दार-एस-सलाम (m)	dār-es-salām
Delhi	दिल्ली (f)	dillī
Dubai	दुबई (m)	dubī
Dublino	डब्लिन (m)	dablin
Düsseldorf	डसेलडॉर्फ (m)	daseladorf
Firenze	फ्लोरेंस (m)	florens
Francoforte	फ्रैंकफर्ट (m)	frainkfart
Gerusalemme	यरूशलम (m)	yarūshalam

Ginevra	जेनेवा (m)	jeneva
Hanoi	हनोई (m)	hanoï
Helsinki	हेलसिंकी (m)	helasinkī
Hiroshima	हिरोशीमा (m)	hiroshīma
Hong Kong	हांगकांग (m)	hāngakāng
Istanbul	इस्तांबुल (m)	istāmbul
Kiev	कीव (m)	kīv
Kuala Lumpur	कुआला लुम्पुर (m)	kuāla lumpur

Lione	लिओन (m)	lion
Lisbona	लिस्बन (m)	lisban
Londra	लंदन (m)	landan
Los Angeles	लॉस एंजेलेस (m)	los enjeles

Madrid	मेड्रिड (m)	medrid
Marsiglia	मार्सेल (m)	mārsel
Miami	मियामी (m)	miyāmī
Monaco di Baviera	म्यूनिख़ (m)	myūnikh
Montreal	मॉट्रियल (m)	māntriyal
Mosca	मॉस्को (m)	mosko

Nairobi	नैरोबी (m)	nairobī
Napoli	नेपल्स (m)	nepals
New York	न्यू यॉर्क (m)	nyū york
Nizza	नीस (m)	nīs

Oslo	ओस्लो (m)	oslo
Ottawa	ओटावा (m)	otāva
Parigi	पेरिस (m)	peris
Pechino	बीजिंग (m)	bījing
Praga	प्राग (m)	prāg
Rio de Janeiro	रिओ डे जैनेरो (m)	rio de jainero
Roma	रोम (m)	rom

San Pietroburgo	सेंट पीटरस्बर्ग (m)	sent pītarasbarg
Seoul	सियोल (m)	siyol
Shanghai	शंघाई (m)	shanghaī
Sidney	सिडनी (m)	sidanī
Singapore	सिंगापुर (m)	singāpur
Stoccolma	स्टॉकहोम (m)	stokahom

Taipei	ताइपे (m)	taipe
Tokio	टोकियो (m)	tokiyo
Toronto	टोरोन्टो (m)	toronto

Varsavia	वॉरसों (m)	voraso
Venezia	वीनिस (m)	vīnis
Vienna	विएना (m)	viena
Washington	वॉशिंग्टन (m)	voshingtan

243. Politica. Governo. Parte 1

| politica (f) | राजनीति (f) | rājanīti |
| politico (agg) | राजनीतिक | rājanītik |

217

politico (m)	राजनीतिज्ञ (m)	rājanītigy
stato (m) (nazione, paese)	राज्य (m)	rājy
cittadino (m)	नागरिक (m)	nāgarik
cittadinanza (f)	नागरिकता (f)	nāgarikata

| emblema (m) nazionale | राष्ट्रीय प्रतीक (m) | rāshtrīy pratīk |
| inno (m) nazionale | राष्ट्रीय धुन (f) | rāshtrīy dhun |

governo (m)	सरकार (m)	sarakār
capo (m) di Stato	देश का नेता (m)	desh ka neta
parlamento (m)	संसद (m)	sansad
partito (m)	दल (m)	dal

| capitalismo (m) | पुंजीवाद (m) | punjīvād |
| capitalistico (agg) | पुंजीवादी | punjīvādī |

| socialismo (m) | समाजवाद (m) | samājavād |
| socialista (agg) | समाजवादी | samājavādī |

comunismo (m)	साम्यवाद (m)	sāmyavād
comunista (agg)	साम्यवादी	sāmyavādī
comunista (m)	साम्यवादी (m)	sāmyavādī

democrazia (f)	प्रजातंत्र (m)	prajātantr
democratico (m)	प्रजातंत्रवादी (m)	prajātantravādī
democratico (agg)	प्रजातंत्रवादी	prajātantravādī
partito (m) democratico	प्रजातंत्रवादी पार्टी (m)	prajātantravādī pārtī

liberale (m)	उदारवादी (m)	udāravādī
liberale (agg)	उदारवादी	udāravādī
conservatore (m)	रूढ़िवादी (m)	rūrhivādī
conservatore (agg)	रूढ़िवादी	rūrhivādī

repubblica (f)	गणतंत्र (m)	ganatantr
repubblicano (m)	गणतंत्रवादी (m)	ganatantravādī
partito (m) repubblicano	गणतंत्रवादी पार्टी (m)	ganatantravādī pārtī

elezioni (f pl)	चुनाव (m pl)	chunāv
eleggere (vt)	चुनना	chunana
elettore (m)	मतदाता (m)	matadāta
campagna (f) elettorale	चुनाव प्रचार (m)	chunāv prachār

votazione (f)	मतदान (m)	matadān
votare (vi)	मत डालना	mat dālana
diritto (m) di voto	मताधिकार (m)	matādhikār

candidato (m)	उम्मीदवार (m)	ummīdavār
candidarsi (vr)	चुनाव लड़ना	chunāv larana
campagna (f)	अभियान (m)	abhiyān

| d'opposizione (agg) | विरोधी | virodhī |
| opposizione (f) | विरोध (m) | virodh |

visita (f)	यात्रा (f)	yātra
visita (f) ufficiale	सरकारी यात्रा (f)	sarakārī yātra
internazionale (agg)	अंतर्राष्ट्रीय	antarrāshtrīy

| trattative (f pl) | वार्ता (f pl) | vārtta |
| negoziare (vi) | वार्ता करना | vārtta karana |

244. Politica. Governo. Parte 2

società (f)	समाज (m)	samāj
costituzione (f)	संविधान (m)	sanvidhān
potere (m) (~ politico)	शासन (m)	shāsan
corruzione (f)	भ्रष्टाचार (m)	bhrashtāchār

| legge (f) | कानून (m) | kānūn |
| legittimo (agg) | कानूनी | kānūnī |

| giustizia (f) | न्याय (m) | nyāy |
| giusto (imparziale) | न्यायी | nyāyī |

comitato (m)	समिति (f)	samiti
disegno (m) di legge	विधेयक (m)	vidheyak
bilancio (m)	बजट (m)	bajat
politica (f)	नीति (f)	nīti
riforma (f)	सुधार (m)	sudhār
radicale (agg)	आमूल	āmūl

forza (f) (potenza)	ताकत (f)	tākat
potente (agg)	प्रबल	prabal
sostenitore (m)	समर्थक (m)	samarthak
influenza (f)	असर (m)	asar

regime (m) (~ militare)	शासन (m)	shāsan
conflitto (m)	टकराव (m)	takarāv
complotto (m)	साज़िश (f)	sāzish
provocazione (f)	उकसाव (m)	ukasāv

rovesciare (~ un regime)	तख्ता पलटना	takhta palatana
rovesciamento (m)	तख्ता पलट (m)	takhta palat
rivoluzione (f)	क्रांति (f)	krānti

| colpo (m) di Stato | तख्ता पलट (m) | takhta palat |
| golpe (m) militare | फौजी बगावत (f) | faujī bagāvat |

crisi (f)	संकट (m)	sankat
recessione (f) economica	आर्थिक मंदी (f)	ārthik mandī
manifestante (m)	प्रदर्शक (m)	pradarshak
manifestazione (f)	प्रदर्शन (m)	pradarshan
legge (f) marziale	फौजी कानून (m)	faujī kānūn
base (f) militare	सैन्य अड्डा (m)	sainy adda

| stabilità (f) | स्थिरता (f) | sthirata |
| stabile (agg) | स्थिर | sthir |

sfruttamento (m)	शोषण (m)	shoshan
sfruttare (~ i lavoratori)	शोषण करना	shoshan karana
razzismo (m)	जातिवाद (m)	jātivād
razzista (m)	जातिवादी (m)	jātivādī

| fascismo (m) | फ़ासिवादी (m) | fāsivādī |
| fascista (m) | फ़ासिस्ट (m) | fāsist |

245. Paesi. Varie

straniero (m)	विदेशी (m)	videshī
straniero (agg)	विदेश	videsh
all'estero	परदेश में	paradesh men

emigrato (m)	प्रवासी (m)	pravāsī
emigrazione (f)	प्रवासन (m)	pravāsan
emigrare (vi)	प्रवास करना	pravās karana

Ovest (m)	पश्चिम (m)	pashchim
Est (m)	पूर्व (m)	pūrv
Estremo Oriente (m)	सुदूर पूर्व (m)	sudūr pūrv

civiltà (f)	सभ्यता (f)	sabhyata
umanità (f)	मानवजाति (f)	mānavajāti
mondo (m)	संसार (m)	sansār
pace (f)	शांति (f)	shānti
mondiale (agg)	विश्वव्यापी	vishvavyāpī

patria (f)	मातृभूमि (f)	mātrbhūmi
popolo (m)	जनता (m)	janata
popolazione (f)	जनता (m)	janata
gente (f)	लोग (m)	log
nazione (f)	जाति (f)	jāti
generazione (f)	पीढ़ी (f)	pīrhī
territorio (m)	प्रदेश (m)	pradesh
regione (f)	क्षेत्र (m)	kshetr
stato (m)	राज्य (m)	rājy

tradizione (f)	रिवाज़ (m)	rivāz
costume (m)	परम्परा (m)	parampara
ecologia (f)	परिस्थितिकी (f)	paristhitikī

indiano (m)	रेड इंडियन (m)	red indiyan
zingaro (m)	जिप्सी (f)	jipsī
zingara (f)	जिप्सी (f)	jipsī
di zingaro	जिप्सी	jipsī

impero (m)	साम्राज्य (m)	sāmrājy
colonia (f)	उपनिवेश (m)	upanivesh
schiavitù (f)	दासता (f)	dāsata
invasione (f)	हमला (m)	hamala
carestia (f)	भूखमरी (f)	bhūkhamarī

246. Principali gruppi religiosi. Credi religiosi

| religione (f) | धर्म (m) | dharm |
| religioso (agg) | धार्मिक | dhārmik |

fede (f)	धर्म (m)	dharm
credere (vi)	आस्था रखना	āstha rakhana
credente (m)	आस्तिक (m)	āstik
ateismo (m)	नास्तिकवाद (m)	nāstikavād
ateo (m)	नास्तिक (m)	nāstik
cristianesimo (m)	ईसाई धर्म (m)	īsaī dharm
cristiano (m)	ईसाई (m)	īsaī
cristiano (agg)	ईसाई	īsaī
cattolicesimo (m)	कैथोलिक धर्म (m)	kaitholik dharm
cattolico (m)	कैथोलिक (m)	kaitholik
cattolico (agg)	कैथोलिक	kaitholik
Protestantesimo (m)	प्रोटेस्टेंट धर्म (m)	protestent dharm
Chiesa (f) protestante	प्रोटेस्टेंट चर्च (m)	protestent charch
protestante (m)	प्रोटेस्टेंट (m)	protestent
Ortodossia (f)	ऑर्थोडॉक्सी (m)	orthodoksī
Chiesa (f) ortodossa	ऑर्थोडॉक्स चर्च (m)	orthodoks charch
ortodosso (m)	ऑर्थोडॉक्सी (m)	orthodoksī
Presbiterianesimo (m)	प्रेस्बिटेरियनवाद (m)	presbiteriyanavād
Chiesa (f) presbiteriana	प्रेस्बिटेरियन चर्च (m)	presbiteriyan charch
presbiteriano (m)	प्रेस्बिटेरियन (m)	presbiteriyan
Luteranesimo (m)	लुथर धर्म (m)	luthar dharm
luterano (m)	लुथर (m)	luthar
confessione (f) battista	बैप्टिस्ट चर्च (m)	baiptist charch
battista (m)	बैप्टिस्ट (m)	baiptist
Chiesa (f) anglicana	अंग्रेज़ी चर्च (m)	angrezī charch
anglicano (m)	अंग्रेज़ी (m)	angrezī
mormonismo (m)	मोर्मनवाद (m)	mormanavād
mormone (m)	मोर्मन (m)	morman
giudaismo (m)	यहूदी धर्म (m)	yahūdī dharm
ebreo (m)	यहूदी (m)	yahūdī
buddismo (m)	बौद्ध धर्म (m)	bauddh dharm
buddista (m)	बौद्ध (m)	bauddh
Induismo (m)	हिन्दू धर्म (m)	hindū dharm
induista (m)	हिन्दू (m)	hindū
Islam (m)	इस्लाम (m)	islām
musulmano (m)	मुस्लिम (m)	muslim
musulmano (agg)	मुस्लिम	muslim
sciismo (m)	शिया इस्लाम (m)	shiya islām
sciita (m)	शिया (m)	shiya
sunnismo (m)	सुन्नी इस्लाम (m)	sunnī islām
sunnita (m)	सुन्नी (m)	sunnī

247. Religioni. Sacerdoti

prete (m)	पादरी (m)	pādarī
Papa (m)	पोप (m)	pop
monaco (m)	मठवासी (m)	mathavāsī
monaca (f)	नन (f)	nan
pastore (m)	पादरी (m)	pādarī
abate (m)	एब्बट (m)	ebbat
vicario (m)	विकार (m)	vikār
vescovo (m)	बिशप (m)	bishap
cardinale (m)	कार्डिनल (m)	kārdinal
predicatore (m)	प्रीचर (m)	prīchar
predica (f)	धर्मोपदेश (m)	dharmopadesh
parrocchiani (m)	ग्रामवासी (m)	grāmavāsī
credente (m)	आस्तिक (m)	āstik
ateo (m)	नास्तिक (m)	nāstik

248. Fede. Cristianesimo. Islam

Adamo	आदम (m)	ādam
Eva	हव्वा (f)	havva
Dio (m)	भगवान (m)	bhagavān
Signore (m)	ईश्वर (m)	īshvar
Onnipotente (m)	सर्वशक्तिशाली (m)	sarvashaktishālī
peccato (m)	पाप (m)	pāp
peccare (vi)	पाप करना	pāp karana
peccatore (m)	पापी (m)	pāpī
peccatrice (f)	पापी (f)	pāpī
inferno (m)	नरक (m)	narak
paradiso (m)	जन्नत (m)	jannat
Gesù	ईसा (m)	īsa
Gesù Cristo	ईसा मसीह (m)	īsa masīh
Spirito (m) Santo	पवित्र आत्मा (m)	pavitr ātma
Salvatore (m)	मुक्तिदाता (m)	muktidāta
Madonna	वर्जिन मैरी (f)	varjin mairī
Diavolo (m)	शैतान (m)	shaitān
del diavolo	शैतानी	shaitānī
Satana (m)	शैतान (m)	shaitān
satanico (agg)	शैतानी	shaitānī
angelo (m)	फरिश्ता (m)	farishta
angelo (m) custode	देवदूत (m)	devadūt
angelico (agg)	देवदूतीय	devadūtīy

apostolo (m)	धर्मदूत (m)	dharmadūt
arcangelo (m)	महादेवदूत (m)	mahādevadūt
Anticristo (m)	ईसा मसीह का शत्रु (m)	īsa masīh ka shatru

Chiesa (f)	गिरजाघर (m)	girajāghar
Bibbia (f)	बाइबिल (m)	baibil
biblico (agg)	बाइबिल का	baibil ka

Vecchio Testamento (m)	ओल्ड टेस्टामेंट (m)	old testāment
Nuovo Testamento (m)	न्यू टेस्टामेंट (m)	nyū testāment
Vangelo (m)	धर्मसिद्धान्त (m)	dharmasiddhānt
Sacra Scrittura (f)	धर्म ग्रंथ (m)	dharm granth
Il Regno dei Cieli	स्वर्ग (m)	svarg

comandamento (m)	धर्मादेश (m)	dharmādesh
profeta (m)	पैगंबर (m)	paigambar
profezia (f)	आगामवाणी (f)	āgāmavānī

Allah	अल्लाह (m)	allāh
Maometto	मुहम्मद (m)	muhammad
Corano (m)	कुरान (m)	qurān

moschea (f)	मस्जिद (m)	masjid
mullah (m)	मुल्ला (m)	mulla
preghiera (f)	दुआ (f)	dua
pregare (vi, vt)	दुआ करना	dua karana

pellegrinaggio (m)	तीर्थ यात्रा (m)	tīrth yātra
pellegrino (m)	तीर्थ यात्री (m)	tīrth yātrī
La Mecca (f)	मक्का (m)	makka

chiesa (f)	गिरजाघर (m)	girajāghar
tempio (m)	मंदिर (m)	mandir
cattedrale (f)	गिरजाघर (m)	girajāghar
gotico (agg)	गोथिक	gothik
sinagoga (f)	सीनागोग (m)	sīnāgog
moschea (f)	मस्जिद (m)	masjid

cappella (f)	चैपल (m)	chaipal
abbazia (f)	ईसाई मठ (m)	īsaī math
convento (m) di suore	मठ (m)	math
monastero (m)	मठ (m)	math

campana (f)	घंटा (m)	ghanta
campanile (m)	घंटाघर (m)	ghantāghar
suonare (campane)	बजाना	bajāna

croce (f)	क्रॉस (m)	kros
cupola (f)	गुंबद (m)	gumbad
icona (f)	देव प्रतिमा (f)	dev pratima

anima (f)	आत्मा (f)	ātma
destino (m), sorte (f)	भाग्य (f)	bhāgy
male (m)	बुराई (f)	buraī
bene (m)	भलाई (f)	bhalaī
vampiro (m)	पिशाच (m)	pishāch

strega (f)	डायन (f)	dāyan
demone (m)	असुर (m)	asur
spirito (m)	आत्मा (f)	ātma
redenzione (f)	प्रयाश्चित (m)	prayāshchit
redimere (vt)	प्रयाश्चित करना	prayāshchit karana
messa (f)	धार्मिक सेवा (m)	dhārmik seva
dire la messa	उपासना करना	upāsana karana
confessione (f)	पापस्वीकरण (m)	pāpasvīkaran
confessarsi (vr)	पापस्वीकरण करना	pāpasvīkaran karana
santo (m)	संत (m)	sant
sacro (agg)	पवित्र	pavitr
acqua (f) santa	पवित्र पानी (m)	pavitr pānī
rito (m)	अनुष्ठान (m)	anushthān
rituale (agg)	सांस्कारिक	sānskārik
sacrificio (m) (offerta)	कुरबानी (f)	kurabānī
superstizione (f)	अंधविश्वास (m)	andhavishvās
superstizioso (agg)	अंधविश्वासी	andhavishvāsī
vita (f) dell'oltretomba	परलोक (m)	paralok
vita (f) eterna	अमर जीवन (m)	amar jīvan

VARIE

249. Varie parole utili

aiuto (m)	सहायता (f)	sahāyata
barriera (f) (ostacolo)	बाधा (f)	bādha
base (f)	आधार (m)	ādhār
bilancio (m) (equilibrio)	संतुलन (m)	santulan
categoria (f)	श्रेणी (f)	shrenī
causa (f) (ragione)	कारण (m)	kāran
coincidenza (f)	समकालीनता (f)	samakālīnata
comodo (agg)	आरामदेह	ārāmadeh
compenso (m)	क्षतिपुर्ति (f)	kshatipurti
confronto (m)	तुलना (f)	tulana
cosa (f) (oggetto, articolo)	वस्तु (f)	vastu
crescita (f)	वृद्धि (f)	vrddhi
differenza (f)	फ़र्क (m)	fark
effetto (m)	प्रभाव (m)	prabhāv
elemento (m)	तत्व (m)	tatv
errore (m)	ग़लती (f)	galatī
esempio (m)	उदाहरण (m)	udāharan
fatto (m)	तथ्य (m)	tathy
forma (f) (aspetto)	रूप (m)	rūp
frequente (agg)	बारंबार	bārambār
genere (m) (tipo, sorta)	प्रकार (m)	prakār
grado (m) (livello)	मात्रा (f)	mātra
ideale (m)	आदर्श (m)	ādarsh
inizio (m)	शुरू (m)	shurū
labirinto (m)	भूलभुलैया (f)	bhūlabhulaiya
modo (m) (maniera)	तरीका (m)	tarīka
momento (m)	पल (m)	pal
oggetto (m) (cosa)	चीज़ें (f)	chīzen
originale (m) (non è una copia)	मूल (m)	mūl
ostacolo (m)	अवरोध (m)	avarodh
parte (f) (~ di qc)	भाग (m)	bhāg
particella (f)	टुकड़ा (m)	tukara
pausa (f)	विराम (m)	virām
pausa (f) (sosta)	विराम (m)	virām
posizione (f)	स्थिति (f)	sthiti
principio (m)	उसूल (m)	usūl
problema (m)	समस्या (f)	samasya
processo (m)	प्रक्रिया (f)	prakriya
progresso (m)	उन्नति (f)	unnati

| proprietà (f) (qualità) | गुण (m) | gun |
| reazione (f) | प्रतिक्रिया (f) | pratikriya |

rischio (m)	जोखिम (m)	jokhim
ritmo (m)	गति (f)	gati
scelta (f)	चुनाव (m)	chunāv
segreto (m)	रहस्य (m)	rahasy
serie (f)	श्रृंखला (f)	shrrnkhala

sfondo (m)	पृष्ठिका (f)	prshtika
sforzo (m) (fatica)	प्रयत्न (m)	prayatn
sistema (m)	प्रणाली (f)	pranālī
situazione (f)	स्थिति (f)	sthiti
soluzione (f)	हल (m)	hal

standard (agg)	मानक	mānak
standard (m)	मानक (m)	mānak
stile (m)	शैली (f)	shailī
sviluppo (m)	विकास (m)	vikās
tabella (f) (delle calorie, ecc.)	सारणी (f)	sāranī

termine (m)	ख़त्म (m)	khatm
termine (m) (parola)	पारिभाषिक शब्द (m)	pāribhāshik shabd
tipo (m)	ढंग (m)	dhang
turno (m) (aspettare il proprio ~)	बारी (f)	bārī
urgente (agg)	अत्यावश्यक	atyāvashyak

urgentemente	तत्काल	tatkāl
utilità (f)	उपयोग (m)	upayog
variante (f)	विकल्प (m)	vikalp
verità (f)	सच (m)	sach
zona (f)	क्षेत्र (m)	kshetr

250. Modificatori. Aggettivi. Parte 1

a buon mercato	सस्ता	sasta
abbronzato (agg)	सांवला	sānvala
acido, agro (sapore)	खट्टा	khatta
affamato (agg)	भूखा	bhūkha
affilato (coltello ~)	तेज़	tez

allegro (agg)	हँसमुख	hansamukh
alto (voce ~a)	ऊंचा	ūncha
amaro (sapore)	कड़वा	karava
antico (civiltà, ecc.)	प्राचीन	prāchīn
aperto (agg)	खुला	khula

artificiale (agg)	कृत्रिम	krtrim
bagnato (vestiti ~i)	भीगा	bhīga
basso (~a voce)	धीमा	dhīma
bello (agg)	सुंदर	sundar
breve (di breve durata)	अल्पकालिक	alpakālik
bruno (agg)	काले मुँख का	kāle munkh ka

buio, scuro (stanza ~a)	अंधेरा	andhera
buono (un libro, ecc.)	अच्छा	achchha
buono, gentile	नेक	nek
buono, gustoso	मज़ेदार	mazedār
caldo (agg)	गरम	garam
calmo (agg)	शांत	shānt
caro (agg)	महंगा	mahanga
cattivo (agg)	बुरा	bura
centrale (agg)	केंद्रीय	kendrīy
chiaro (un significato ~)	साफ़	sāf
chiaro, tenue (un colore ~)	हल्का	halka
chiuso (agg)	बंद	band
cieco (agg)	अंधा	andha
civile (società ~)	नागरिक	nāgarik
clandestino (agg)	गुप्त	gupt
collegiale (decisione ~)	संयुक्त	sanyukt
compatibile (agg)	अनुकूल	anukūl
complicato (progetto, ecc.)	कठिन	kathin
contento (agg)	संतुष्ट	santusht
continuo (agg)	दीर्घकालिक	dīrghakālik
continuo (ininterrotto)	निरंतर	nirantar
cortese (gentile)	दयालु	dayālu
corto (non lungo)	छोटा	chhota
crudo (non cotto)	कच्चा	kachcha
denso (fumo ~)	घना	ghana
destro (lato ~)	दायां	dāyān
di seconda mano	इस्तेमाल किया हुआ	istemāl kiya hua
di sole (una giornata ~)	सूरज का	sūraj ka
differente (agg)	विभिन्न	vibhinn
difficile (decisione)	मुश्किल	mushkil
distante (agg)	सुदूर	sudūr
diverso (agg)	भिन्न	bhinn
dolce (acqua ~)	ताज़ा	tāza
dolce (gusto)	मीठा	mītha
dolce, tenero	नाज़ुक	nāzuk
dritto (linea, strada ~a)	सीधा	sīdha
duro (non morbido)	कड़ा	kara
eccellente (agg)	उत्कृष्ट	utkrsht
eccessivo (esagerato)	अत्यधिक	atyadhik
enorme (agg)	विशाल	vishāl
esterno (agg)	बाहरी	bāharī
facile (agg)	आसान	āsān
faticoso (agg)	थकाऊ	thakaū
felice (agg)	प्रसन्न	prasann
fertile (terreno)	उपजाऊ	upajaū
fioco, soffuso (luce ~a)	धुंधला	dhundhala
fitto (nebbia ~a)	घना	ghana

forte (una persona ~)	शक्तिशाली	shaktishālī
fosco (oscuro)	विषादपूर्ण	vishādapūrn
fragile (porcellana, vetro)	नाज़ुक	nāzuk
freddo (bevanda, tempo)	ठंडा	thanda

fresco (freddo moderato)	ठंडा	thanda
fresco (pane ~)	ताज़ा	tāza
gentile (agg)	विनम्र	vinamr
giovane (agg)	जवान	javān
giusto (corretto)	ठीक	thīk

gradevole (voce ~)	अच्छा	achchha
grande (agg)	बड़ा	bara
grasso (cibo ~)	चरबीला	charabīla
grato (agg)	आभारी	ābhārī

gratuito (agg)	मुफ्त	muft
idoneo (adatto)	उचित	uchit
il più alto	उच्चतम	uchchatam
il più importante	सबसे महत्वपूर्ण	sabase mahatvapūrn
il più vicino	निकटतम	nikatatam

immobile (agg)	अचल	achal
importante (agg)	महत्वपूर्ण	mahatvapūrn
impossibile (agg)	असंभव	asambhav
incomprensibile (agg)	समझ से बाहर	samajh se bāhar
indispensabile	ज़रूरी	zarūrī

inesperto (agg)	अनुभवहीन	anubhavahīn
insignificante (agg)	महत्वहीन	mahatvahīn
intelligente (agg)	बुद्धिमान	buddhimān
interno (agg)	आंतरिक	āntarik

intero (agg)	पूरा	pūra
largo (strada ~a)	चौड़ा	chaura
legale (agg)	कानूनी	kānūnī
leggero (che pesa poco)	हल्का	halka
libero (agg)	मुक्त	mukt

limitato (agg)	सीमित	sīmit
liquido (agg)	तरल	taral
liscio (superficie ~a)	समतल	samatal
lontano (agg)	दूर	dūr
lungo (~a strada, ecc.)	लंबा	lamba

251. Modificatori. Aggettivi. Parte 2

magnifico (agg)	सुंदर	sundar
magro (uomo ~)	दुबला	dubala
malato (agg)	बीमार	bīmār
maturo (un frutto ~)	पक्का	pakka
meticoloso, accurato	सुव्यवस्थित	suvvavasthit
miope (agg)	निकटदर्शी	nikatadarshī
misterioso (agg)	रहस्यपूर्ण	rahasyapūrn

molto magro (agg)	पतला	patala
molto povero (agg)	गरीब	garīb
morbido (~ al tatto)	नरम	naram

morto (agg)	मृत	mrt
nativo (paese ~)	देसी	desī
necessario (agg)	ज़रूरी	zarūrī
negativo (agg)	नकारात्मक	nakārātmak
nervoso (agg)	बेचैन	bechain

non difficile	आसान	āsān
non molto grande	बड़ा नहीं	bara nahin
noncurante (negligente)	लापरवाह	lāparavāh
normale (agg)	साधारण	sādhāran
notevole (agg)	महत्वपूर्ण	mahatvapūrn

nuovo (agg)	नया	naya
obbligatorio (agg)	अनिवार्य	anivāry
opaco (colore)	मैट	mait
opposto (agg)	उल्टा	ulta

ordinario (comune)	आम	ām
originale (agg)	मूल	mūl
ostile (agg)	शत्रुतापूर्ण	shatrutāpūrn
passato (agg)	बीता हुआ	bīta hua
per bambini	बच्चों का	bachchon ka

perfetto (agg)	उत्तम	uttam
pericoloso (agg)	खतरनाक	khataranāk
permanente (agg)	स्थायी	sthāyī
personale (agg)	व्यक्तिगत	vyaktigat
pesante (agg)	भारी	bhārī

piatto (schermo ~)	सपाट	sapāt
piatto, piano (superficie ~a)	समतल	samatal
piccolo (agg)	छोटा	chhota
pieno (bicchiere, ecc.)	भरा	bhara

poco chiaro (agg)	धुंधला	dhundhala
poco profondo (agg)	उथला	uthala
possibile (agg)	संभव	sambhav
posteriore (agg)	पिछा	pichha
povero (agg)	गरीब	garīb

preciso, esatto	ठीक	thīk
premuroso (agg)	विचारशील	vichārashīl
presente (agg)	वर्तमान	vartamān

principale (più importante)	मुख्य	mukhy
principale (primario)	मूल	mūl
privato (agg)	निजी	nijī
probabile (agg)	मुमकिन	mumakin
prossimo (spazio)	समीप	samīp

| pubblico (agg) | सार्वजनिक | sārvajanik |
| pulito (agg) | साफ़ | sāf |

puntuale (una persona ~)	ठीक	thīk
raro (non comune)	असाधारण	asādhāran
rischioso (agg)	खतरनाक	khataranāk
salato (cibo)	नमकीन	namakīn
scorso (il mese ~)	पिछला	pichhala
secco (asciutto)	सूखा	sūkha
semplice (agg)	सरल	saral
sereno (agg)	निर्मेघ	nirmegh
sicuro (non pericoloso)	सुरक्षित	surakshit
simile (agg)	मिलता-जुलता	milata-julata
sinistro (agg)	बायाँ	bāyān
soddisfatto (agg)	संतुष्ट	santusht
solido (parete ~a)	मज़बूत	mazabūt
spazioso (stanza ~a)	विस्तृत	vistrt
speciale (agg)	ख़ास	khās
spesso (un muro ~)	मोटा	mota
sporco (agg)	मैला	maila
stanco (esausto)	थका	thaka
straniero (studente ~)	विदेश	videsh
stretto (un vicolo ~)	तंग	tang
stupido (agg)	बेवकूफ़	bevakūf
successivo, prossimo	अगला	agala
supplementare (agg)	अतिरिक्त	atirikt
surgelato (cibo ~)	जमा	jama
tiepido (agg)	गरम	garam
tranquillo (agg)	शांत	shānt
trasparente (agg)	पारदर्शी	pāradarshī
triste (infelice)	उदास	udās
triste, mesto	उदास	udās
uguale (identico)	समान	samān
ultimo (agg)	आख़िरी	ākhirī
umido (agg)	नमी	namī
unico (situazione ~a)	अद्वितीय	advitīy
vecchio (una casa ~a)	पुराना	purāna
veloce, rapido	तेज़	tez
vicino, accanto (avv)	निकट	nikat
vicino, prossimo	पड़ोस	paros
vuoto (un bicchiere ~)	खाली	khālī

I 500 VERBI PRINCIPALI

Italiano	Hindi	Traslitterazione
abbagliare (vt)	अंधा करना	andha karana
abbassare (vt)	नीचे करना	nīche karana
abbracciare (vt)	गले लगाना	gale lagāna
abitare (vi)	रहना	rahana
accarezzare (vt)	सहलाना	sahalāna
accendere (~ la tv, ecc.)	चलाना	chalāna
accendere (con una fiamma)	जलाना	jalāna
accompagnare (vt)	साथ चलना	sāth chalana
accorgersi (vr)	देखना	dekhana
accusare (vt)	आरोप लगाना	ārop lagāna
aderire a ...	जुड़ना	jurana
adulare (vt)	चापलूसी करना	chāpalūsī karana
affermare (vt)	स्वीकार करना	svīkār karana
afferrare (la palla, ecc.)	पकड़ना	pakarana
affittare (dare in affitto)	किराए पर लेना	kirae par lena
aggiungere (vt)	और डालना	aur dālana
agire (Come intendi ~?)	करना	karana
agitare (scuotere)	हिलाना	hilāna
agitare la mano	हाथ हिलाना	hāth hilāna
aiutare (vt)	मदद करना	madad karana
alleggerire (~ la vita)	आसान बनाना	āsān banāna
allenare (vt)	प्रशिक्षित करना	prashikshit karana
allenarsi (vr)	प्रशिक्षण करना	prashikshan karana
alludere (vi)	इशारा करना	ishāra karana
alzarsi (dal letto)	उठना	uthana
amare (qn)	प्यार करना	pyār karana
ammaestrare (vt)	सधाना	sadhāna
ammettere (~ qc)	मानना	mānana
ammirare (vi)	सराहना	sarāhana
amputare (vt)	अंगविच्छेद करना	angavichchhed karana
andare (in macchina)	जाना	jāna
andare a letto	सोने जाना	sone jāna
annegare (vi)	डूबना	dūbana
annoiarsi (vr)	ऊबना	ūbana
annotare (vt)	लिखना	likhana
annullare (vt)	रद्द करना	radd karana
apparire (vi)	सामने आना	sāmane āna
appartenere (vi)	स्वामी होना	svāmī hona

appendere (~ le tende)	टांगना	tāngana
applaudire (vi, vt)	तालियां बजाना	tāliyān bajāna
aprire (vt)	खोलना	kholana
arrendersi (vr)	मान जाना	mān jāna
arrivare (di un treno)	पहुंचना	pahunchana
arrossire (vi)	चेहरा लाल होना	chehara lāl hona
asciugare (~ i capelli)	सुखाना	sukhāna
ascoltare (vi)	सुनना	sunana
aspettare (vt)	इंतज़ार करना	intazār karana
aspettarsi (vr)	आशा करना	āsha karana
aspirare (vi)	... की महत्त्वाकांक्षा करना	... kī mahattvākānksha karana
assistere (vt)	मदद करना	madad karana
assomigliare a ...	मिलता-जुलता होना	milata-julata hona
assumere (~ personale)	काम पर रखना	kām par rakhana
attaccare (vt)	हमला करना	hamala karana
aumentare (vi)	बढ़ना	barhana
aumentare (vt)	बढ़ाना	barhāna
autorizzare (vt)	अनुमति देना	anumati dena
avanzare (vi)	आगे बढ़ना	āge barhana
avere (vt)	होना	hona
avere fretta	जल्दी करना	jaldī karana
avere paura	डरना	darana
avvertire (vt)	चेतावनी देना	chetāvanī dena
avviare (un progetto)	शुरू करना	shurū karana
avvicinarsi (vr)	पास आना	pās āna
basarsi su ...	आधारित होना	ādhārit hona
bastare (vi)	बहुत हो जाना	bahut ho jāna
battersi (~ contro il nemico)	लड़ना	larana
bere (vi, vt)	पीना	pīna
bruciare (vt)	जलाना	jalāna
bussare (alla porta)	खटखटाना	khatakhatāna
cacciare (vt)	शिकार करना	shikār karana
cacciare via	भगा देना	bhaga dena
calmare (vt)	शांत करना	shānt karana
cambiare (~ opinione)	बदलना	badalana
camminare (vi)	जाना	jāna
cancellare (gomma per ~)	साफ़ करना	sāf karana
canzonare (vt)	मज़ाक उड़ाना	mazāk urāna
capeggiare (vt)	संचालन करना	sanchālan karana
capire (vt)	समझना	samajhana
capovolgere (~ qc)	उलटना	ulatana
caricare (~ un camion)	लादना	lādana
caricare (~ una pistola)	भरना	bharana
cenare (vi)	भोजन करना	bhojan karana
cercare (vt)	तलाश करना	talāsh karana

cessare (vt)	बंद करना	band karana
chiamare (nominare)	नाम देना	nām dena
chiamare (rivolgersi a)	बुलाना	bulāna
chiedere (~ aiuto)	बुलाना	bulāna
chiedere (domandare)	कहना	kahana
chiudere (~ la finestra)	बंद करना	band karana
citare (vt)	उद्धत करना	uddhat karana
cogliere (fiori, ecc.)	तोड़ना	torana
collaborare (vi)	सहयोग करना	sahayog karana
collocare (vt)	रखना	rakhana
coltivare (vt)	उगाना	ugāna
combattere (vi)	झगड़ना	jhagarana
cominciare (vt)	शुरू करना	shurū karana
compensare (vt)	क्षतिपूर्ति करना	kshatipūrti karana
competere (vi)	प्रतियोगिता करना	pratiyogita karana
compilare (vt)	संकलन करना	sankalan karana
complicare (vt)	उलझाना	ulajhāna
comporre (~ un brano musicale)	रचना	rachana
comportarsi (vr)	बरताव करना	baratāv karana
comprare (vt)	खरीदना	kharīdana
compromettere (vt)	समझौता करना	samajhauta karana
concentrarsi (vr)	ध्यान देना	dhyān dena
condannare (vt)	सज़ा देना	saza dena
confessarsi (vr)	मानना	mānana
confondere (vt)	उलट-पलट करना	ulat-palat karana
confrontare (vt)	तुलना करना	tulana karana
congratularsi (con qn per qc)	बधाई देना	badhaī dena
conoscere (qn)	जानना	jānana
consigliare (vt)	सलाह देना	salāh dena
consultare (medico, ecc.)	सलाह करना	salāh karana
contagiare (vt)	संक्रमित करना	sankramit karana
contagiarsi (vr)	छूत का रोग लगना	chhūt ka rog lagana
contare (calcolare)	गिनना	ginana
contare su ...	भरोसा रखना	bharosa rakhana
continuare (vt)	जारी रखना	jārī rakhana
controllare (vt)	नियंत्रित करना	niyantrit karana
convincere (vt)	यकीन दिलाना	yakīn dilāna
convincersi (vr)	यकीन आना	yakīn āna
coordinare (vt)	समन्वय करना	samanvay karana
correggere (vt)	ठीक करना	thīk karana
correre (vi)	दौड़ना	daurana
costare (vt)	दाम होना	dām hona
costringere (vt)	विवश करना	vivash karana
creare (vt)	बनाना	banāna
credere (vt)	विश्वास करना	vishvās karana
curare (vt)	इलाज कराना	ilāj karāna

253. Verbi D-G

dare da mangiare	खिलाना	khilāna
dare istruzioni	निर्देश देना	nirdesh dena
decidere (~ di fare qc)	फ़ैसला करना	faisala karana
decollare (vi)	उड़ना	urana
decorare (adornare)	सजाना	sajāna
decorare (qn)	पुरस्कार देना	puraskār dena
dedicare (~ un libro)	अर्पित करना	arpit karana
denunciare (vt)	आरोप लगाना	ārop lagāna
desiderare (vt)	चाहना	chāhana
difendere (~ un paese)	रक्षा करना	raksha karana
difendersi (vr)	रक्षा करना	raksha karana
dipendere da ...	निर्भर होना	nirbhar hona
dire (~ la verità)	कहना	kahana
dirigere (~ un'azienda)	नेतृत्व करना	netrtv karana
discutere (vt)	वाद-विवाद करना	vād-vivād karana
disprezzare (vt)	नफ़रत करना	nafarat karana
distribuire (~ volantini, ecc.)	बाँटना	bāntana
distribuire (vt)	बांटना	bāntana
distruggere (~ documenti)	तबाह करना	tabāh karana
disturbare (vt)	बाधा डालना	bādha dālana
diventare pensieroso	ख्यालों में गुम रहना	khyālon men gum rahana
diventare, divenire	हो जाना	ho jāna
divertire (vt)	मन बहलाना	man bahalāna
divertirsi (vr)	आनंद उठाना	ānand uthāna
dividere (vt)	विभाजित करना	vibhājit karana
dovere (v aus)	ज़रूर	zarūr
dubitare (vi)	शक करना	shak karana
eliminare (un ostacolo)	हटाना	hatāna
emanare (~ odori)	निकलना	nikalana
emanare odore	गंध देना	gandh dena
emergere (sommergibile)	पानी की सतह पर आना	pānī kī satah par āna
entrare (vi)	अंदर आना	andar āna
equipaggiare (vt)	तैयारी करना	taiyārī karana
ereditare (vt)	उत्तराधिकार में पाना	uttarādhikār men pāna
esaminare (~ una proposta)	विचार करना	vichār karana
escludere (vt)	बरख़ास्त करना	barakhāst karana
esigere (vt)	माँगना	māngana
esistere (vi)	होना	hona
esprimere (vt)	प्रकट करना	prakat karana
essere (vi)	होना	hona
essere arrabbiato con ...	क्रोध में आना	krodh men āna
essere causa di ...	की वजह होना	kī vajah hona
essere conservato	बचाना	bachāna

essere d'accordo	राज़ी होना	rāzī hona
essere diverso da ...	फ़र्क़ होना	fark hona
essere in guerra	युद्ध करना	yuddh karana
essere necessario	आवश्यक होना	āvashyak hona
essere perplesso	सटपटाना	satapatāna

essere preoccupato	फ़िक्र होना	fikr hona
essere sdraiato	लेटना	letana
estinguere (~ un incendio)	बुझाना	bujhāna
evitare (vt)	टालना	tālana
far arrabbiare	क्रोध में लाना	krodh men lāna

far conoscere	परिचय कराना	parichay karāna
far fare il bagno	नहाना	nahāna
fare (vt)	करना	karana
fare colazione	नाश्ता करना	nāshta karana
fare copie	ज़ीरोक्स करना	zīroks karana

fare foto	फ़ोटो खींचना	foto khīnchana
fare il bagno	तैरना	tairana
fare il bucato	धोना	dhona
fare la conoscenza di ...	परिचय करना	parichay karana

fare le pulizie	साफ़ करना	sāf karana
fare un bagno	नहाना	nahāna
fare un rapporto	रिपोर्ट करना	riport karana
fare un tentativo	कोशिश करना	koshish karana

fare, preparare	बनाना	banāna
fermarsi (vr)	रुकना	rukana
fidarsi (vt)	यकीन करना	yakīn karana
finire, terminare (vt)	ख़त्म करना	khatm karana

firmare (~ un documento)	हस्ताक्षर करना	hastākshar karana
formare (vt)	बनाना	banāna
garantire (vt)	गारंटी देना	gārantī dena
gettare (~ il sasso, ecc.)	फेंकना	fenkana
giocare (vi)	खेलना	khelana

girare (~ a destra)	मोड़ना	morana
girare lo sguardo	मुड़ना	murana
gradire (vt)	अच्छा लगना	achchha lagana
graffiare (vt)	खरोंचना	kharonchana

gridare (vi)	चिल्लाना	chillāna
guardare (~ fisso, ecc.)	देखना	dekhana
guarire (vi)	ठीक हो जाना	thīk ho jāna
guidare (~ un veicolo)	कार चलाना	kār chalāna

254. Verbi I-O

illuminare (vt)	प्रकाश करना	prakāsh karana
imballare (vt)	लपेटना	lapetana
imitare (vt)	नकल करना	nakal karana

immaginare (vt)	सोचना	sochana
importare (vt)	आयात करना	āyāt karana
incantare (vt)	मोहना	mohana
indicare (~ la strada)	दिखाना	dikhāna
indignarsi (vr)	गुस्से में आना	gusse men āna
indirizzare (vt)	रास्ता बताना	rāsta batāna
indovinare (vt)	अनुमान लगाना	anumān lagāna
influire (vt)	असर डालना	asar dālana
informare (vt)	ख़बर देना	khabar dena
informare di ...	बताना	batāna
ingannare (vt)	धोखा देना	dhokha dena
innaffiare (vt)	सींचना	sīnchana
innamorarsi di ...	प्रेम में पड़ना	prem men parana
insegnare (qn)	सीखाना	sīkhāna
inserire (vt)	डालना	dālana
insistere (vi)	आग्रह करना	āgrah karana
insultare (vt)	अपमान करना	apamān karana
interessare (vt)	रुचि लेना	ruchi lena
interessarsi di ...	रुचि लेना	ruchi lena
intervenire (vi)	घुलना-मिलना	ghulana-milana
intraprendere (vt)	ज़िम्मेदारी लेना	zimmedārī lena
intravedere (vt)	देख लेना	dekh lena
inventare (vt)	आविष्कार करना	āvishkār karana
inviare (~ una lettera)	भेजना	bhejana
invidiare (vt)	ईर्ष्या करना	īrshya karana
invitare (vt)	आमंत्रित करना	āmantrit karana
irritare (vt)	नाराज़ करना	nārāz karana
irritarsi (vr)	नाराज़ होना	nārāz hona
iscrivere (su una lista)	दर्ज करना	darj karana
isolare (vt)	अलग करना	alag karana
ispirare (vt)	प्रेरित करना	prerit karana
lamentarsi (vr)	शिकायत करना	shikāyat karana
lasciar cadere	गिराना	girāna
lasciare (abbandonare)	छोड़ना	chhorana
lasciare (ombrello, ecc.)	छोड़ना	chhorana
lavare (vt)	धोना	dhona
lavorare (vi)	काम करना	kām karana
legare (~ qn a un albero)	बांधना	bāndhana
legare (~ un prigioniero)	बाँधना	bāndhana
leggere (vi, vt)	पढ़ना	parhana
liberare (vt)	आज़ाद करना	āzād karana
liberarsi (~ di qn, qc)	छुटकारा पान	chhutakāra pān
limitare (vt)	पाबंदी लगाना	pābandī lagāna
lottare (sport)	कुश्ती लड़ना	kushtī larana
mancare le lezioni	ग़ैरहाज़िर होना	gairahājir hona
mangiare (vi, vt)	खाना	khāna

memorizzare (vt)	याद करना	yād karana
mentire (vi)	झूठ बोलना	jhūth bolana
menzionare (vt)	उल्लेख करना	ullekh karana
meritare (vt)	लायक होना	lāyak hona
mescolare (vt)	मिलाना	milāna
mettere fretta a …	जल्दी करना	jaldī karana
mettere in ordine	ठीक करना	thīk karana
mettere via	रख देना	rakh dena
mettere, collocare	रखना	rakhana
minacciare (vt)	धमकाना	dhamakāna
mirare, puntare su …	निशाना लगाना	nishāna lagāna
moltiplicare (vt)	गुणा करना	guna karana
mostrare (vt)	दिखाना	dikhāna
nascondere (vt)	छिपाना	chhipāna
negare (vt)	नकारना	nakārana
negoziare (vi)	वार्ता करना	vārtta karana
noleggiare (~ una barca)	किराये पर लेना	kirāye par lena
nominare (incaricare)	तय करना	tay karana
nuotare (vi)	तैरना	tairana
obbedire (vi)	मानना	mānana
obiettare (vt)	एतराज़ करना	etarāz karana
occorrere (vi)	ज़रूरी होना	zarūrī hona
odorare (sentire odore)	सूंघना	sūnghana
offendere (qn)	नाराज़ करना	nārāz karana
omettere (vt)	छोड़ना	chhorana
ordinare (~ il pranzo)	ऑर्डर करना	ordar karana
ordinare (mil.)	हुक्म देना	hukm dena
organizzare (vt)	आयोजित करना	āyojit karana
origliare (vi)	छिपकर सुनना	chhipakar sunana
ormeggiarsi (vr)	किनारे लगाना	kināre lagāna
osare (vt)	साहस करना	sāhas karana
osservare (vt)	देखना	dekhana

255. Verbi P-R

pagare (vi, vt)	दाम चुकाना	dām chukāna
parlare con …	से कहना	se kahana
partecipare (vi)	भाग लेना	bhāg lena
partire (vi)	चला जाना	chala jāna
peccare (vi)	पाप करना	pāp karana
penetrare (vi)	घुसना	ghusana
pensare (credere)	सोचना	sochana
pensare (vi, vt)	सोचना	sochana
perdere (ombrello, ecc.)	खोना	khona
perdonare (vt)	क्षमा करना	kshama karana

permettere (vt)	अनुमति देना	anumati dena
pesare (~ molto)	वज़न करना	vazan karana
pescare (vi)	मछली पकड़ना	machhalī pakarana
pettinarsi (vr)	अपने बालों में कंघी करना	apane bālon men kanghī karana
piacere (vi)	अच्छा लगना	achchha lagana
piangere (vi)	रोना	rona
pianificare (~ di fare qc)	योजना बनाना	yojana banāna
picchiare (vt)	पीटना	pītana
picchiarsi (vr)	झगड़ना	jhagarana
portare (qc a qn)	लाना	lāna
portare via	ले जाना	le jāna
possedere (vt)	रखना	rakhana
potere (vi)	सकना	sakana
pranzare (vi)	भोजन करना	bhojan karana
preferire (vt)	तरजीह देना	tarajīh dena
pregare (vi, vt)	दुआ देना	dua dena
prendere (vt)	लेना	lena
prendere in prestito	कर्ज़ लेना	karz lena
prendere nota	लिख लेना	likh lena
prenotare (~ un tavolo)	बुक करना	buk karana
preoccupare (vt)	परेशान करना	pareshān karana
preoccuparsi (vr)	परेशान होना	pareshān hona
preparare (~ un piano)	तैयार करना	taiyār karana
presentare (~ qn)	प्रस्तुत करना	prastut karana
preservare (~ la pace)	बचाना	bachāna
prevalere (vi)	विजयी होना	vijayī hona
prevedere (vt)	भविष्य देखना	bhavishy dekhana
privare (vt)	वंचित करना	vanchit karana
progettare (edificio, ecc.)	डिज़ाइन बनाना	dizain banāna
promettere (vt)	वचन देना	vachan dena
pronunciare (vt)	उच्चारण करना	uchchāran karana
proporre (vt)	प्रस्ताव करना	prastāv karana
proteggere (vt)	रक्षा करना	raksha karana
protestare (vi)	विरोध करना	virodh karana
provare (vt)	साबित करना	sābit karana
provocare (vt)	उकसाना	ukasāna
pubblicizzare (vt)	विज्ञापन देना	vigyāpan dena
pulire (vt)	साफ़ करना	sāf karana
pulirsi (vr)	साफ़ करना	sāf karana
punire (vt)	सज़ा देना	saza dena
raccomandare (vt)	सिफ़ारिश करना	sifārish karana
raccontare (~ una storia)	बताना	batāna
raddoppiare (vt)	दुगुना करना	duguna karana
rafforzare (vt)	दृढ़ करना	drrh karana
raggiungere (arrivare a)	पहुंचना	pahunchana

raggiungere (obiettivo)	पाना	pāna
rammaricarsi (vr)	अफ़सोस करना	afasos karana
rasarsi (vr)	शेव करना	shev karana
realizzare (vt)	पूरा करना	pūra karana
recitare (~ un ruolo)	अभिनय करना	abhinay karana
regolare (~ un conflitto)	सुलझाना	sulajhāna
respirare (vi)	साँस लेना	sāns lena
riconoscere (~ qn)	पहचानना	pahachānana
ricordare (a qn di fare qc)	याद दिलाना	yād dilāna
ricordare (vt)	याद करना	yād karana
ricordarsi di (~ qn)	याद करना	yād karana
ridere (vi)	हंसना	hansana
ridurre (vt)	कम करना	kam karana
riempire (vt)	भरना	bharana
rifare (vt)	दोबारा करना	dobāra karana
rifiutare (vt)	इन्कार करना	inkār karana
rimandare (vt)	वापस भेजना	vāpas bhejana
rimproverare (vt)	ताने देना	tāne dena
rimuovere (~ una macchia)	धब्बा मिटाना	dhabba mitāna
ringraziare (vt)	धन्यवाद देना	dhanyavād dena
riparare (vt)	ठीक करना	thīk karana
ripetere (ridire)	दोहराना	doharāna
riposarsi (vr)	आराम करना	ārām karana
risalire a (data, periodo)	तारीख़ डालना	tārīkh dālana
rischiare (vi, vt)	जोखिम उठाना	jokhim uthāna
risolvere (~ un problema)	हल करना	hal karana
rispondere (vi, vt)	जवाब देना	javāb dena
ritornare (vi)	लौटाना	lautāna
rivolgersi a …	संबोधित करना	sambodhit karana
rompere (~ un oggetto)	तोड़ना	torana
rovesciare (~ il vino, ecc.)	छलकाना	chhalakāna
rubare (~ qc)	चुराना	churāna

256. Verbi S-V

salpare (vi)	फेंक देना	fenk dena
salutare (vt)	स्वागत करना	svāgat karana
salvare (~ la vita a qn)	बचाना	bachāna
sapere (qc)	मालूम होना	mālūm hona
sbagliare (vi)	ग़लती करना	galatī karana
scaldare (vt)	गरमाना	garamāna
scambiare (vt)	बदलाना	badalāna
scambiarsi (vr)	बदलना	badalana
scavare (~ un tunnel)	खोदना	khodana
scegliere (vt)	चुनना	chunana

scendere (~ per le scale)	उतरना	utarana
scherzare (vi)	मज़ाक करना	mazāk karana
schiacciare (~ un insetto)	कुचलना	kuchalana
scoppiare (vi)	फटना	fatana
scoprire (vt)	जानकारी पाना	jānakārī pāna
scoprire (vt)	खोजना	khojana
screpolarsi (vr)	चीर पड़ना	chīr parana
scrivere (vi, vt)	लिखना	likhana
scusare (vt)	माफ़ी देना	māfī dena
scusarsi (vr)	माफ़ी मांगना	māfī māngana
sedere (vi)	बैठना	baithana
sedersi (vr)	बैठ जाना	baith jāna
segnare (~ con una croce)	चिह्न लाना	chihn lāna
seguire (vt)	पीछे जाना	pīchhe jāna
selezionare (vt)	चुनना	chunana
seminare (vt)	बोना	bona
semplificare (vt)	सरल बनाना	saral banāna
sentire (percepire)	महसूस करना	mahasūs karana
servire (~ al tavolo)	सेवा करना	seva karana
sgridare (vt)	डाँटना	dāntana
significare (vt)	अर्थ होना	arth hona
slegare (vt)	ढीला करना	dhīla karana
smettere di parlare	चुप होना	chup hona
soddisfare (vt)	संतुष्ट करना	santusht karana
soffiare (vento, ecc.)	फूंकना	fūnkana
soffrire (provare dolore)	सहना	sahana
sognare (fantasticare)	सपने देखना	sapane dekhana
sognare (fare sogni)	सपना देखना	sapana dekhana
sopportare (~ il freddo)	सहना	sahana
sopravvalutare (vt)	ज़्यादा आंकना	zyāda ānkana
sorpassare (vt)	गुज़रना	guzarana
sorprendere (stupire)	हैरान करना	hairān karana
sorridere (vi)	मुस्कुराना	muskurāna
sospettare (vt)	शक करना	shak karana
sospirare (vi)	आह भरना	āh bharana
sostenere (~ una causa)	समर्थन करना	samarthan karana
sottolineare (vt)	रेखांकित करना	rekhānkit karana
sottovalutare (vt)	कम आंकना	kam ānkana
sovrastare (vi)	ऊँचा होना	ūncha hona
sparare (vi)	गोली चलाना	golī chalāna
sparire (vi)	गायब होना	gāyab hona
spegnere (~ la luce)	बुझाना	bujhāna
sperare (vi, vt)	आशा रखना	āsha rakhana
spiare (vt)	छिपकर देखना	chhipakar dekhana
spiegare (vt)	समझाना	samajhāna
spingere (~ la porta)	धकेलना	dhakelana

splendere (vi)	चमकना	chamakana
sporcarsi (vr)	मैला होना	maila hona
sposarsi (vr)	शादी करना	shādī karana
spostare (~ i mobili)	सरकाना	sarakāna
sputare (vi)	थूकना	thūkana
staccare (vt)	काटना	kātana
stancare (vt)	थकाना	thakāna
stancarsi (vr)	थकना	thakana
stare (sul tavolo)	रखा होना	rakha hona
stare bene (vestito)	फिट करना	fit karana
stirare (con ferro da stiro)	इस्तरी करना	istarī karana
strappare (vt)	फाड़ना	fārana
studiare (vt)	पढ़ना	parhana
stupirsi (vr)	हैरान होना	hairān hona
supplicare (vt)	प्रार्थना करके मनाना	prārthana karake manāna
supporre (vt)	अंदाज़ा लगाना	andāza lagāna
sussultare (vi)	सिहर जाना	sihar jāna
svegliare (vt)	जगाना	jagāna
tacere (vi)	चुप रहना	chup rahana
tagliare (vt)	काटना	kātana
tenere (conservare)	रखना	rakhana
tentare (vt)	कोशिश करना	koshish karana
tirare (~ la corda)	खींचना	khīnchana
toccare (~ il braccio)	छूना	chhūna
togliere (rimuovere)	हटाना	hatāna
tradurre (vt)	अनुवाद करना	anuvād karana
trarre una conclusione	नतीजा निकालना	natīja nikālana
trasformare (vt)	रूप बदलना	rūp badalana
trattenere (vt)	रोकना	rokana
tremare (~ dal freddo)	कांपना	kāmpana
trovare (vt)	ढूंढ लेना	dhūnrh lena
tuffarsi (vr)	गोता मारना	gota mārana
uccidere (vt)	मारना	mārana
udire (percepire suoni)	सुनना	sunana
unire (vt)	संयुक्त करना	sanyukt karana
usare (vt)	उपयोग करना	upayog karana
uscire (andare fuori)	बाहर जाना	bāhar jāna
uscire (libro)	छापना	chhāpana
utilizzare (vt)	उपयोग करना	upayog karana
vaccinare (vt)	टीका लगाना	tīka lagāna
vantarsi (vr)	डींग मारना	ḍīng mārana
vendere (vt)	बेचना	bechana
vendicare (vt)	बदला लेना	badala lena
versare (~ l'acqua, ecc.)	डालना	dālana
vietare (vt)	मना करना	mana karana

vivere (vi)	जीना	jīna
volare (vi)	उड़ना	urana
voler dire (significare)	अर्थ बताना	arth batāna
volere (desiderare)	चाहना	chāhana
votare (vi)	मतदान डालना	matadān dālana

www.ingramcontent.com/pod-product-compliance
Lightning Source LLC
Chambersburg PA
CBHW071326090426
42738CB00012B/2803